日本簿記学説の歴史探訪

上野清貴［編著］

創成社

序　文

　本書は，日本の代表的な簿記学説の系譜をたどることにより，その発展形態を確認するとともに，それらの現代簿記理論への影響を考察するものである。さらに本書は，約1世紀半にわたるこれまでの代表的な簿記学者（会計学者）の学説を総合的に研究することによって，簿記理論構築のための思想および方法論を獲得し，もって，今後の簿記理論研究および簿記理論構築の指標となることを目的としている。

　本書は4部構成となっている。すなわち，第1部「簿記理論の黎明」，第2部「簿記理論の発展」，第3部「簿記理論の成熟」および第4部「簿記理論の新展開」である。そこにおいて簿記理論の研究対象とした簿記学者は，1866年出生の下野直太郎から1944年出生の新田忠誓（敬称略）までの19名であり，したがって，本書は19章からなっている。そして，各章の順番は出生年順としている。

　本書の概要は次のとおりである。まず，第1部「簿記理論の黎明」はわが国の明治時代における簿記理論の黎明期を考察の対象としている。そこでは，下野直太郎，吉田良三，上野道輔および太田哲三の簿記理論学説を検討している。

　第2部「簿記理論の発展」はわが国の代表的な会計原則である「企業会計原則」との関わりで簿記理論を考察している。そこでの簿記理論学説の研究対象者は，黒澤清，片野一郎，沼田嘉穂，山下勝治，井上達雄および木村重義である。

　第3部「簿記理論の成熟」は「日本簿記学会」設立の関わりで簿記理論を考察の対象としている。そこでは，嶌村剛雄，高寺貞男，中村忠，武田隆二および安平昭二の簿記理論学説を取り扱っている。

　そして，第4部「簿記理論の新展開」は簿記理論の深化と方向性を考察し，今後の簿記理論の発展方向を示唆している。そこでの簿記理論学説の研究対象者は，井尻雄士，森川八洲男，笠井昭次および新田忠誓である。

　本書を作成するにあたって，次のような方針を立てた。

(1) 簿記を実践的教育的な観点からではなく，理論的な観点から検討する。

(2) 簿記理論思考の変遷が大きい場合に，それを主として論点とする。

(3) 各簿記理論学説が採用している勘定学説をできるだけ取り上げる。

(4) 各簿記理論学説の後世への影響を指摘する。その場合，先代からの簿記理論継承には触れず，後世への影響のみを述べる。

(5) 各簿記学者において複数の代表的書籍があり，主張が変遷しているケースもありうるが，原則として，著者の代表的な1冊を取り上げ，その1冊を深堀りする方向で検討する。その場合，その1冊を取り上げた理由を明示する。

(6) 各簿記学者のできるだけ最近の主張を取り上げることが望ましいが，各学者の代表的で最も適切と思われる主張を検討の対象とする。

さらに，本書を特色あるものにするために，次のことを行った。

(1) 各簿記学者のイメージを得るために，各章のはじめに各学者の肖像写真を掲載した。

(2) 各章のはじめに各簿記学者の略歴を掲示した。

(3) 同時に，各簿記学者の主要業績を5点に絞って掲示した。その場合，簿記書に限定せず，会計書を含んでもよいことにした。

以上が本書の方針および特徴である。これまで，会計研究の領域において会計学説研究は多々見受けられるが，一貫した簿記学説研究はほとんどないといってよいと思われる。とりわけ，わが国における体系的な簿記学説研究は皆無である。その意味で，本書は簿記学界および会計学界に少なからず貢献できるのではないかと，自負するところである。

最後に，出版事情の厳しい中で，本書の出版を快くお引き受けいただいた創成社代表取締役社長の塚田尚寛氏および同出版部長の西田徹氏に感謝申し上げたい。両氏には長年にわたり親密なお世話をいただいた。さらに，西田氏には，本書の作成に際していろいろと貴重なアドバイスをいただいた。ここに改めて心より謝意を述べる次第である。

2019年3月22日

上野清貴

目　次

序　文

第 1 部　簿記理論の黎明

第 1 章　下野直太郎と收支簿記　―――――――――――――― 1

Ⅰ　はじめに ……………………………………………………… 1

Ⅱ　簿記の対象と要素説 …………………………………………… 2

Ⅲ　収支簿記への接近 ……………………………………………… 5

Ⅳ　収支簿記の展開 ………………………………………………… 8

Ⅴ　おわりに ……………………………………………………… 14

第 2 章　吉田良三と取引要素　―――――――――――――― 16

Ⅰ　はじめに ……………………………………………………… 16

Ⅱ　複式簿記の説明 ………………………………………………… 17

Ⅲ　取引要素 ……………………………………………………… 19

Ⅳ　取引要素の要素数と結合関係 ………………………………… 23

Ⅴ　おわりに ……………………………………………………… 26

第 3 章　上野道輔と資本方程式　―――――――――――――― 30

Ⅰ　はじめに ……………………………………………………… 30

Ⅱ　簿記の位置づけ ………………………………………………… 32

Ⅲ　上野簿記理論の特徴 …………………………………………… 39

Ⅳ　おわりに ……………………………………………………… 40

第 4 章　太田哲三と動態論　―――――――――――――――― 42

Ⅰ　はじめに ……………………………………………………… 42

Ⅱ　太田の複式簿記観 ……………………………………………… 43

Ⅲ　太田による動態論の形成過程 ………………………………… 48

Ⅳ　『最新商業簿記』［1924］ …………………………………… 52

Ⅴ　おわりに ……………………………………………………… 55

第2部　簿記理論の発展

第5章　黒澤清と拡張収支計算 ——————— 57

 Ⅰ はじめに ………………………………………………… 58
 Ⅱ 企業活動と現金収支計算 ……………………………… 58
 Ⅲ 収支計算の拡張 ………………………………………… 60
 Ⅳ 資本計算への展開 ……………………………………… 62
 Ⅴ おわりに ………………………………………………… 68

第6章　片野一郎と財産目録 ——————————— 70

 Ⅰ はじめに ………………………………………………… 70
 Ⅱ 簿記の意義と企業会計制度としての簿記の地位 ……… 71
 Ⅲ 財産目録の重視 ………………………………………… 74
 Ⅳ おわりに ………………………………………………… 82

第7章　沼田嘉穂と帳簿組織 ——————————— 83

 Ⅰ はじめに ………………………………………………… 83
 Ⅱ 帳簿組織の概念 ………………………………………… 84
 Ⅲ 帳簿組織論と簿記学 …………………………………… 86
 Ⅳ 帳簿組織の発展 ………………………………………… 88
 Ⅴ 分割仕訳帳制と精算勘定 ……………………………… 93
 Ⅵ おわりに ………………………………………………… 95

第8章　山下勝治と損益計算 ——————————— 96

 Ⅰ はじめに ………………………………………………… 96
 Ⅱ 簿記の目的 ……………………………………………… 98
 Ⅲ 複式簿記の発展と損益計算 ………………………… 101
 Ⅳ 企業資本の管理手段としての勘定記録 …………… 106
 Ⅴ おわりに ……………………………………………… 108

第9章　井上達雄と財務諸表的簿記 —————— 111

 Ⅰ はじめに ……………………………………………… 111
 Ⅱ 簿記の本質と簿記の目的 …………………………… 113
 Ⅲ 財務諸表と簿記 ……………………………………… 115
 Ⅳ 企業会計原則と簿記 ………………………………… 118
 Ⅴ おわりに ……………………………………………… 122

目　次 | vii

第10章　木村重義と在高・損益二勘定系統説 ── 124

　Ⅰ　はじめに ……………………………………………124
　Ⅱ　商品勘定と在高・損益勘定 ………………………126
　Ⅲ　分配可能利益と営利企業 …………………………132
　Ⅳ　おわりに ……………………………………………138

第3部　簿記理論の成熟

第11章　嶌村剛雄と簿記の管理機能 ──────── 141

　Ⅰ　はじめに ……………………………………………141
　Ⅱ　簿記の目的と役割 …………………………………142
　Ⅲ　簿記の機能の関連性 ………………………………145
　Ⅳ　おわりに ……………………………………………152

第12章　高寺貞男と企業資本二重分類簿記 ──── 154

　Ⅰ　はじめに ……………………………………………154
　Ⅱ　会計と簿記の関係 …………………………………156
　Ⅲ　簿記の一般理論としての企業資本二重分類簿記 … 161
　Ⅳ　おわりに ……………………………………………168

第13章　中村忠と取引要素の結合関係 ────── 170

　Ⅰ　はじめに ……………………………………………170
　Ⅱ　簿記学と会計学 ……………………………………172
　Ⅲ　勘定理論 ……………………………………………173
　Ⅳ　勘定分類 ……………………………………………175
　Ⅴ　取引要素の結合関係 ………………………………176
　Ⅵ　おわりに ……………………………………………180

第14章　武田隆二と簿記公準 ─────────── 182

　Ⅰ　はじめに ……………………………………………183
　Ⅱ　簿記と会計の関係 …………………………………183
　Ⅲ　簿記公準の理論 ……………………………………185
　Ⅳ　簿記公準に立脚した処理例 ………………………193
　Ⅴ　おわりに ……………………………………………195

第**15**章	安平昭二と実体・名目二勘定系統説 ———— 198

　　Ⅰ　はじめに …………………………………………………199
　　Ⅱ　勘定理論体系 ……………………………………………200
　　Ⅲ　実体・名目二勘定系統説 ………………………………208
　　Ⅳ　おわりに …………………………………………………212

第4部　簿記理論の新展開

第**16**章	井尻雄士と三式簿記 ————————————— 215

　　Ⅰ　はじめに …………………………………………………215
　　Ⅱ　三式簿記の論理 …………………………………………217
　　Ⅲ　おわりに …………………………………………………228

第**17**章	森川八洲男と複式簿記機構 ——————————— 231

　　Ⅰ　はじめに …………………………………………………231
　　Ⅱ　複式簿記機構 ……………………………………………233
　　Ⅲ　企業会計の枠組みに関する2つの見方と複式簿記機構 ……235
　　Ⅳ　現行企業会計制度と複式簿記機構 ……………………237
　　Ⅴ　おわりに …………………………………………………241

第**18**章	笠井昭次と二面的勘定分類機構 ————————— 243

　　Ⅰ　はじめに …………………………………………………243
　　Ⅱ　会計（学）と簿記（学）を峻別する意義 ……………244
　　Ⅲ　笠井理論における二面性概念の諸相 …………………249
　　Ⅳ　おわりに …………………………………………………255

第**19**章	新田忠誓と管理簿記 ————————————— 257

　　Ⅰ　はじめに …………………………………………………258
　　Ⅱ　簿記学と会計学 …………………………………………259
　　Ⅲ　簿記の役割 ………………………………………………268
　　Ⅳ　おわりに …………………………………………………269

人名索引　273
事項索引　275

第1部　簿記理論の黎明

第1章　下野直太郎と収支簿記

下野直太郎

【略歴】
1866 年　岐阜県生まれ。
1888 年　東京高等商業学校卒業。
1892 年　東京高等商業学校講師。
1894 年　東京高等商業学校教授。
1926 年　商学博士。
1939 年　死去。73 歳。

【主要業績】
『簿記精理』瀧關舍, 1895 年。
「貸借對照表の形式を論ず」『會計』第 1 巻第 1 号, 1-18 頁, 1917 年。
「收支簿記法を論ず」『商学研究』第 1 巻第 2 号, 399-411 頁, 1921 年。
「計算の本體を論ず」『商学研究』第 2 巻第 2 号, 413-422 頁, 1922 年。
『單複・貸借・收支簿記會計法』森山書店, 1931 年。

1　はじめに

　下野直太郎（以下，下野）は，最初の著述である『簿記精理』の中で，簿記の計算要素を交換，貸借および損益の3つに分解して，すべての取引がこの3つの要素の結合によって表せることを明らかにした（下野 [1895] 16 頁）。現代において，取引が資産，負債，資本，収益，費用の組合せによって成り立っていることは，どのような簿記の教科書にも書いてあることであるが，要素説は，日本では「はじめて下野博士によって提唱された」（飯野 [1955] 22 頁）の

であり[1]，「簿記会計学の領域で学問的な業績を上げた最初の人」（中村 [1983] 22 頁）である。また，『簿記精理』では計算の対象を，資金が投入されているあらゆる形態のもの（金銭）として，投入された資金の変化を表すべきことを説いた。この点も初期の重要な業績である。

その後，各勘定の増減を客観的な立場から記録する貸借簿記は「其根本原理に於て虚構的假定に立脚し且つ自家撞着を含む處あり」（下野 [1931] 2 頁）とし，その問題点を解消するため，主観的な立場から記録する収支簿記へと展開させ，それが『単複・貸借・收支簿記會計法』として結実する。その背後には「由來鷗米の學問に心醉せる我國民は玆に先蹤端緒を得，我國特有の立場よりして經濟法律其他の政治及社會科學を研究するときは其原理並に應用に於て大に鷗米諸國とは趣を異にする處あるを發見し，我國固有なる論斷に到達すべきを信ず」（下野 [1931] 2 頁）るのであるが，「其善悪を問はず只無闇にこれを輸入し來り徒に堆積せるのみにて未だ何人も出で丶能く之を整理し統一するものなきが故に，皇國の美風は反て沒却せられ」（下野 [1931] 2 頁）ているという思いがあり，欧米を真似るだけではなく，日本に最も適した簿記会計を導入する必要性を説いたのである。

以下では【主要業績】にあげた著述を辿りながら，下野が提唱する簿記の特徴を論じる。

II　簿記の対象と要素説

1　簿記会計の対象

下野は，「會計は財産の増減及變化の始末を明瞭にするもの」（下野 [1895] 1 頁）であり，その「計算の本體は……財産の増減を計算するに外ならず」（下野 [1922] 413 頁），「簿記とは會計帳簿の組立及記入の方法を講するものなり」（下野 [1895] 1 頁）と述べ，会計および簿記について，計算（評価）を行う目的を定

---

1) 太田は「それこそ恐らくは日本唯一の勘定學説である」（太田 [1940] 4 頁）とも述べている。

義することが会計であり，その目的を達成するための記帳技術が簿記であると捉えていると考えられる。

　簿記によって作成される帳簿が「其取引の結果として基本たるべき正味財産高に生じたる増減並に事業財團の内容の變化を算定表示し，以て將來の事業經營に資すべき方法」（下野［1931］1頁）が明らかになる。つまり，財産の状況が事業の状況を表すのであり，「財産は損益に依るにあらざれば増減することなし」（下野［1895］9頁）」とされているとおり，財産の増減を記録することが簿記の中心課題となる。

　したがって，「計算學を修むるものゝ第一に研究すべきは計算の本體如何の問題なるべし。……如何にして計算すべきやは第二の問題にして先づ何を計算するやを知らざるべからざればなり。」（下野［1922］413頁）人々は単に「財産の増減を計算するに外ならず」（下野［1922］413頁）というけれども，では「何を以て財産とするや其實質範圍如何が第一の疑問なり」（下野［1922］413頁）とする。

　この疑問に対して，「計算學上財産とは何物を指稱するやと問はば予は金錢に外ならずと答えんと欲す。もちろん金錢は之を現金と同視することをなきを要す。……物品其物の勘定にてはこれなくして之に投じたる金の勘定なればなり。……原籍本擔は現金に在れども取引の結果として一時有形の物に宿ることあり又無形の關係に宿ることあり」（下野［1922］414頁）という。つまり，下野は資金が投入された状態にあるものを財産と考えていて，その変化を捉え，個々の金錢（資産・負債）がどのように変化しているか，その変化の結果，金錢全体がどのくらい増減している（利益）かを計らなければならないと考えている。

　そして，金錢の変形の状況を生存価値と死亡価値に分けて捉えて，前者を資産・負債として，後者を損益とする。図表1-1のとおり，生存価値にかかる諸勘定は「過去の事實を記録し」（下野［1922］418頁），「現在及未来の金」（下野［1922］414頁）であるとともに，「現金物品等……現存せるものあり之と對照することを得」（下野［1922］419頁）る勘定である。一方，死亡価値にかかる諸勘定も「過去の事實を記録」（下野［1922］418頁）する点では生存価値と同じであ

図表 1 - 1　金銭価値

	金錢價值		
	積　極	消　極	
現在	現　金	一覧拂債務	生存價值
未來	物品金 貸　金	物品債務 借　金	
	資　産	負　債	
過去	損失金	利益金	死亡價值
	減資金	投資金	

(出典) 下野 [1922] 417 頁

るが，「過去の金」（下野 [1922] 414 頁）であり，「帳簿面の數字以外に之と對照すべきものなし」（下野 [1922] 418 頁）勘定となる。

　この考え方は「貸借対照表が原価で記載されなければならないことを意味しており，動態論の思考」（中村 [1983] 23 頁），つまり，投下された資金の動きを会計で捉えるという考え方である。一般に，動態論はシュマーレンバッハ（Schmalenbach）が確立したと考えられているが，同じ時期に下野も同じことを考えていたのである。「唯シュ氏（シュマーレンバッハ—筆者）はその説を展開して大著述したのに反し，博士（下野—筆者）は貸借對照表の本質と形式なる小論文に固結してしまった……惜しまざるを得ない」（太田 [1940] 10 頁）といわれるほどの業績であった。

2　要素説

　下野は，金銭価値の増減という「單純行為の結合になるものにして之を單純行為に分解記入計算することを得兹に複式簿記計算法の根柢」にあるものとし，図表1-2のような結合関係を示す。

　図表1-2の左側を借方，右側を貸方と捉える場合，それに基づく簿記は貸借簿記である。下野は『簿記精理』において，最初は貸借簿記の方法を説いた。ただし，下野は１つの疑問をもっていた。それは，借方と貸方への各勘定の記録についてである。

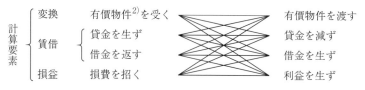

図表 1 − 2　取引要素結合関係

（出典）下野［1895］16 頁

下野はいう。「有價物件を基礎とし其受渡を借と貸とに當て箝めて此意を推し廣めたる」（下野［1895］23 頁）ところではあるけれども，「通俗貸借なる語に依りて了解する處とは全く別義を意味する如く見ゆる」（下野［1895］24 頁）と。「然れども貸借なる語を適用したるは決して偶然に非ざる……貸借は人の働きなり然るに今事物をも人の如く見立てて此働きを附興したるなり……借方即ち負債主の地位……貸方即ち債主の地位……」（下野［1895］24 頁）として，借方は自らが借主になっているのはなく，勘定の相手方が借主の状態にあると説明して，貸借簿記の方法を説くのである。

III　収支簿記への接近

1　當店勘定―収支簿記への接近

貸借簿記では，生じた貸金を借方に記録したり，各勘定における残高の表示場所が損益勘定・資産負債勘定における各勘定の残高の表示場所と反対になる。特に後者については「損益及び残高の二勘定と其他の諸勘定とは其形式上借貸の関係に於て聊か其趣を異にする處ある」（下野［1895］52 頁）と指摘されていて，「特種の勘定（個別の勘定）より惣括の勘定に轉じたるにすぎず」（下野［1895］52 頁），技術的な問題なのであると捉えられていると考えられるのであるが，これを理解するために「當店勘定」が使われる。

例えば，「甲某より五百圓の商品を掛買いしたるときは

2）図表 1 − 1 における物品金のことである。

（借）　商品　500　　　　　（貸）　當店　500

　　　　　當店　500　　　　　　　　　甲某　500

とすべきを省略して

　　　（借）　商品　500　　　　　（貸）　甲某　500

と仕譯したるなり」（下野 [1895] 53頁）として，貸借簿記で行われる仕訳が実
は省略形であり，そこでは必ず「當店勘定」が使われていると考える。そし
て，「今假に當店の勘定を立つるときは

借		當店勘定	貸	
甲某	500	商品		500

となるべき」（下野 [1895] 53頁）という。このように表現されると，資産負債
勘定の残高が，それぞれの勘定における残高（次期繰越）と同じ側に出現する
ことになる。

　「當店勘定」を使った説明は，『簿記精理』の最後の部分で注意書き的な，転
記の考え方の説明の位置づけでなされるのであるが[3]，「當店勘定」の使い方は
収支簿記の手法に近いと考えられる。「下野博士が収支簿記に傾倒せられたは
何時頃からか明かでない（太田 [1940] 17頁）」けれども，『簿記精理』の時点か
ら構想があったものと思われる。

2　當店勘定から事業勘定への展開

　『簿記精理』以降，1910年代後半まで著作が見当たらないが，1910年代後半
から雑誌『會計』，『一橋論叢』を中心に多くの論文が発表され，収支簿記に近
づくための議論がなされていく。

　「貸借對照表の形式を論ず」では公表される貸借対照表の形式が一貫してお
らず[4]，「同一の問題が，明治三十三四年の頃，英國に於ても議論せられ，……
然れども要するに皮相便宜の議論に過ぎずして學理の徹底せるもの未だ之ある

　3）それゆえ，「當店勘定」を使わなければならない理由などについての説明はない。
　4）資産が左側に並べられる米國式と，資産が右側に並べられる英國式が混在して
　　いた。

を聞かず」（下野 [1895] 4 頁）状態であり，この点の統一が必要であることを主張した。そこで下野は「事業」勘定を使って議論を展開することによって英國式の貸借対照表を支持する。

「簿記計算の立場は常に事業を本位とす。すなわち事業に金を持ち來る者は貸主にして事業より金を持ち去る者は借主なり。又事業所屬の金を預かる者は借主にして，事業の為に支拂を為す者は貸主なり。勿論，借主と云ひ，貸主と稱するは事業に對しての謂にして，事業は借主に對して貸主，貸主に對して借主たるなり。」（下野 [1917] 5 頁）

「金主たるもの事業に出資すれば，……此金を銀行に當座預けとす。

借	金主ハ		貸
		事業へ	1,000

借	事業ハ		貸
金主ニ	1,000	銀行へ	1,000

借	銀行ハ		貸
事業ニ	1,000		

此金を以て商品を買入れたり……代金支拂をなしたる銀行

借	商品ハ		貸
事業ニ	1,000		

借	事業ハ		貸
銀行ニ	1,000	商品へ	1,000

借	銀行ハ		貸
		事業へ	1,000

乃ち以上二個の取引結果を綜合すれば，

借		金主ハ		貸
		事業へ		1,000

借		商品ハ		貸
事業ニ	1,000			

借		銀行ハ		貸
事業ニ	1,000	事業へ		1,000

借		事業ハ		貸
金主ニ	1,000	銀行へ		1,000
銀行ニ	1,000	商品へ		1,000

　此事業勘定こそ是即ち其店の貸借對照表にして，其借方即ち店の借方には諸貸主よりの負債を掲げ，貸方には店に對して借主たるべきもの，即ち各種の資産を列することとなりて，……英國式に一致す」（下野［1917］6-7頁）るのである。

　「以上所説に據り，余は疾に英國式の正當なるを認め，明治廿七年拙著簿記精理第一編に於て，其要旨を發表せり」（下野［1917］12頁）として，「當店勘定」を使った処理から「事業勘定」を使った処理が導き出されていると述べている。

Ⅳ　収支簿記の展開

1　當店勘定から金銭出納日記帳への展開
　「収支簿記法を論ず」では金銭出納日記帳への展開がみられる[5]。

---

5) 下野理論の集大成は『單複・貸借・収支簿記會計法』であると考えられるが，同書では「収支簿記法を論ず」がそのまま収録されており，収支簿記の原型は同論文で完成していたものと考えられる。

第1章　下野直太郎と収支簿記 ｜ 9

　先に述べたように，貸借簿記では借方・貸方の理解が難しい。貸借簿記では，例えば，借方は自らが借主になっているのはなく，勘定の相手方が借主の状態にあると考える。つまり，「英米では，借・貸の思考方法（客観的見方）が日常の観念と同じであるので，理解の妨げにならないが，日本ではその見方が異なる」（島本［2015］192頁）ため，日本人にとって，借方・貸方への仕訳を直感的に理解することが難しいのである。

　そこで「貸借二字の適用問題に関して，之を其店の見地よりして主観的に使用」（下野［1921］399頁）する収支簿記が大原簿記學校において使われ始めた。実際に，下野は「某私立大學に於て講述したる銀行簿記に於て，先以て此収支計算法を採り而後貸借術語の適用を説き，其成績頗る良好なるを認識せり」（下野［1921］399頁）といい，収支簿記によって理解が容易になるという。

　収支簿記では「先以て凡ての取引を金錢の出納と見做して之を金錢出納帳に記入」（下野［1921］400頁）する。以下の設例（下野［1931］15-16頁）を金錢出納日記帳に記入すると，図表1−3のとおりである。

［設例］3月1日　資本として現金 ¥1,000 受取る
　　　　　2日　甲店より商品買入れ此代金 ¥2,000 の内半額現金支拂殘半金
　　　　　　　　掛借とす
　　　　　3日　右商品半量仕入原價 ¥1,000 のものを ¥1,500 にて丙商店に
　　　　　　　　賣渡し代金として本日附向二ヶ月後拂同店振出約手受取る
　　　　　4日　右手形を銀行に譲渡すに付利子 ¥50 を前引したる殘金
　　　　　　　　¥1,450 受取る
　　　　　5日　甲店掛借の内拂 ¥500

　ここで振替収入・振替払（振替取引）とは，「入金取引と出金取引と結合して同時に發生したるため，現金の収支を省略し單に一の入金勘定と他の出金勘定との振替差引に止むるもの」（下野［1931］25頁）である。例えば，3月2日の商品の掛け仕入 ¥1,000 部分は仕入先から一旦借りたお金をすぐに商品の仕入に充てたと考え，収入の欄に ¥1,000 の掛借金が記録されるとともに，支出の欄

図表 1 - 3　金銭出納日記帳

収入　　　　　　　　　　　　　金銭出納日記帳　　　　　　　　　　　　　支出

日付	摘　要	振替収入	現金収入	日付	摘　要	振替拂	現金拂
3月1日	資 本 金		1,000	3月2日	商　　品	1,000	1,000
2日	掛 借 金	1,000		3日	受　　手	1,500	
3日	商　　品	1,000		4日	割 引 料	50	
〃	賣買利益	500		5日	掛 借 金		500
4日	受　　手	50	1,450		支出總高		1,500
				6日	現金残高		950
	収入總高	2,550	2,450			2,550	2,450

（出典）下野［1931］26 頁

にも記入される[6]。簿記の対象を金銭とみなし，現金収支以外を記録するために振替取引という概念が使われることとなった。

　ここで主張される収支簿記は，これまで主張されてきた簿記が，次の点でさらに徹底されたものと考えられる。

　1 点目は，金銭出納日記帳が當店勘定を拡張したものである点である。すなわち，事業の立場で記録を行う視点が貫かれている。そして，金銭出納日記帳には現金収支取引と振替取引が記入されるため，そのうち現金収支取引の差額から現金残高を計算することができ，金銭出納日記帳を現金勘定として使う[7]。図表1-3でも貸方末尾にて現金残高が計算されており，貸借簿記とは逆側に計上されていることがわかる。

　2 点目は，すべての取引を金銭の出納とみなしている点である。下野は有價物件の「原價なるものは是卽ち買得者が有價物件に貸し與へたる金額」（下野

---

　6) ただし，非現金取引を現金取引に擬制して記入することが収支簿記の最大の短所ともいわれている（島本［2015］191 頁）。
　7)「収支簿記法を論ず」，『單複・貸借・収支簿記會計法』では元帳に現金勘定は設けられていない。

［1895］25頁）と考え，「物品其物の勘定にてはこれなくして之に投じたる金の勘定」（下野［1922］414頁）と考えている。「資産の價値を物自體のうちに求めないで與へられたものとなる所に重要な意義がある。」（太田［1940］9頁）すなわち，「金錢價値―資産の有する―を金錢と見て，資産を金錢の變形體なりと觀察する所に下野會計學の最大な特色がある。これがやがて收支簿記卽ち金錢會計主義を謳歌せしめるに至ったものであることは容易に看取される」（太田［1940］8頁）のである。

　このように，下野は借方・貸方の用法の難しさを克服する為の簿記教授法という観点から収支簿記の利点を説き，普及すべく主張をし始めているけれども，金銭を会計の対象として記録することが，必然的に，収支簿記の採用につながっていると考えられる[8]。

2　元帳への転記

　収支簿記ではすべての取引を金銭取引とみなすため，金銭出納日記帳が仕訳帳の役割を果たすことになる。したがって，金銭出納日記帳から元帳へ転記が行われることになり，「元帳に轉記するに當りては，貸借簿記法に於て使用する金錢出納日記帳より轉記する場合の如く其貸借を顚倒することなくして收支其儘に轉記する。」（下野［1921］400頁）このルールに基づいて上述の金銭出納日記帳から元帳への転記を示すと，図表1-4のとおりである。

　収支簿記では，すべての勘定への転記が貸借簿記とは逆であり，かつ，金銭出納日記帳における記録と同じ側に転記される。3月1日の取引は資本金として現金収入があったため，金銭出納日記帳の借方に記入されるとともに，資本金勘定の借方にそのまま転記される。

3　損益勘定と貸借対照表

　続いて「先づ元帳面損益勘定にて収支したる残高を取集めて損益勘定を作

---

8) 太田も「シュマーレンバッハの思想を簿記の學理に採用してワルヴは收支説を立てた。下野博士は自から大原式收支簿記の先棒をかついだ。これまた相似た結末を來たした」（太田［1940］10頁）と指摘している。

図表 1 − 4　収支簿記における元帳

受取手形	
1,500	1,500

商品	
1,000	2,000

掛借金	
1,000	500

資本金	
	1,000

賣買利益	
	500

割引料	
	50

り，次に此損益勘定収支差引残高及其他の諸勘定尻と，出納帳面に見張るべき現金残高とを取集めて貸借對照表を作成」（下野 [1921] 40 頁）する。図表 1 − 4 に基づいて損益勘定，貸借対照表を作成すると，図表 1 − 5 のとおりである。

(1)　損益勘定

　下野は，「之（損益─筆者）を事業の立場より見れば，事業は利益に由りて得たる金は資本主よりの預り金にして，他日資本主に拂渡すべき性質のものなるにより，之を事業の借方に記入し，之に反して損失に由りて失ひたる金は，他日資本主より塡補を受くるか，然らざれば利益金・積立金・資本金等資本主に對する借金と差引計算すべき性質のものになるにより，當分之を事業の貸方に記入し置くを得べし」（下野 [1917] 15 頁）」とし，利益を借方に，損費を貸方に記録することになる。この記入方法は，収入・支出が金銭出納日記帳と同じ形になるため，「何人にも明瞭なるべき形式」（下野 [1931] 29 頁）である。

(2)　貸借対照表

　下野は，貸借対照表は「元帳面總勘定の残高を貸借双方に振分け列擧し其合計を平均するを見て全體に於て勘定に脱漏違算之なきを檢するためにする一種の略式試算表たり得るもの」（下野 [1931] 31 頁）であり，「出資者の第一に知ら

第1章　下野直太郎と収支簿記 | 13

図表 1 − 5　損益勘定と貸借対照表

収入	損	益	支出
賣 買 利 益	500	割 引 料	50
		正味利益金	450
	500		500

貸借對照表

借方	金錢収支結末表		貸方
掛 借 金	500	現　　金	950
資 本 金	1,000	商　　品	1,000
正味利益金	450		
	1,950		1,950

（出典）下野 [1931] 28 頁

んと欲す處」（下野 [1927] 73 頁）に対応するために「金の出所と使途を明かに
し収支差引現金残高を示すは勘定の本質にして貸借對照表の任務」（下野
[1927] 73 頁）となるとする。

　すなわち，貸借対照表は，金銭収支の発生状況を損益勘定に，その結果を貸
借対照表にまとめることで，「他人の金銭を信託され居る者が其の出資者に示
して承認を受け，自己の責任を解除するに必要不可缺勘定書」（下野 [1931] 31
頁）として機能するのであり，図表1−5で損益勘定と並列されていることか
らもわかるとおり，勘定なのである[9]。

9）太田も，「博士の考えでは，それ（貸借対照表—筆者）は『自己勘定』である」
　（太田 [1940] 13 頁）とも指摘されている。

(3) 貸借対照表と財産目録の関係

　一方で，下野は，債権者が債権を回収できるかどうかを知りたがっており，貸借対照表だけではそれに対応できないと考える。「債権者の知らんと欲する處」（下野 [1927] 73 頁）に対応するために，「財産目録面には時價見積額を以て事業の現在財力を示す」（下野 [1927] 74 頁）のである。つまり，「金銭收支の事實は貸借對照表を以て之を語らしめ別に財産目録なるものを調製し其中には事業所属の資産及負債に就き，逐一詳細に記述し，且其取得年月日取得原價及目録調製時に於ける市價を標準として之を評價し世人をして自ら其當否を判断するに必要なるべき事項を漏さざらしめ以て事業財團の内容を開示すると同時に其實在を突留む」（下野 [1931] 32 頁）ことにより，貸借対照表によって出資者への責任を果たし，財産目録によって債権者への責任を果たすことが想定されている。

　このように下野は貸借対照表と財産目録の役割を明確に区別している。「結局一表を以て二の異る目的に役立たせることは不可能であり，強いてなさんとすれば必ずや誤解のもととなる」（下野 [1927] 73 頁）のである。これは，貸借対照表を収支簿記から生み出される勘定として位置づけることになるため，下野の収支簿記理論が補強される結果になったと考えられる。

V　おわりに

　以上，下野の簿記学説について概観してきた。その特徴は次のようにいうことができる。

(1)　動態論の思考を確立したこと

(2)　金銭価値の増減に基づいて取引を分解・結合する要素説を確立したこと

(3)　簿記の対象を金銭価値をみることから収支簿記法を展開したこと

　このうち (1) および (2) は現代の簿記（会計）理論の基礎になっているものである。現代では当たり前のことに感じられるかもしれないが，簿記会計に関する一貫した説明がなされていなかった当時，会計の目的・簿記の必要性を一貫した考え方に基づいて展開した点こそ，下野学説の最大の特徴ということ

ができ，本章の冒頭であげた中村の見解のとおり，最初の学問的な業績であり，現代に至るまで多大な影響を与えているといえる。

　一方，（3）については，簿記に精通する人材を多数輩出している大原簿記学校にて使われ，下野によって文部大臣に向けた建議まで行われた（下野［1931］1頁）が，制度に定着するには至らなかった。貸借簿記が普及していたという理由もあろうが，「博士の學問に理解者は甚だ少ない。……その立論が余りに簡潔であり，何等の比較研究もなく説明もなされてゐないからである」（太田［1940］2頁）といわれている点も影響しているものと考えられる。

　しかし，（1）および（2）だけでも日本の簿記・会計界に多大なる影響を与えていることは事実であり，きわめて大きな功績を残した人物であるといえるのである。

【参考文献】
　飯野利夫［1955］「一橋学問の伝統と反省：會計學」『一橋論叢』第 34 巻第 5 号，20-34頁。
　太田哲三［1940］「下野会計学の全貌」『会計』第 46 巻第 1 号，1-22 頁。
　島本克彦［2015］『簿記教育上の諸問題』関西学院大学出版会。
　下野直太郎［1895］『簿記精理』凧閣舎。
　下野直太郎［1917］「貸借對照表の形式を論ず」『會計』第 1 巻第 1 号，1-18 頁。
　下野直太郎［1921］「收支簿記法を論ず」『商学研究』第 1 巻第 2 号，399-411 頁。
　下野直太郎［1922］「計算の本體を論ず」『商学研究』第 2 巻第 2 号，413-422 頁。
　下野直太郎［1927］「貸借對照表と財産目録との異同辨」『會計』第 21 巻第 4 号，70-82頁。
　下野直太郎［1931］『単複・貸借・收支簿記會計法』森山書店。
　中村　忠［1983］「一橋会計学を担った人たち」『一橋論叢』第 89 巻第 4 号，21-34 頁。

【写真出所】
　一橋大学附属図書館ホームページ

（小野正芳）

第2章　吉田良三と取引要素

吉田良三

【略歴】
1878 年　高知県生まれ。
1901 年　東京高等商業学校卒業。
1902 年　早稲田大学講師。
1903 年　東京高等商業学校専攻部卒業。
1906 年　早稲田大学教授。
1918 年　東京高等商業学校教授。
1925 年　東京商科大学教授。
1935 年　商学博士。
1935 年　中央大学商学部教授。
1938 年　定年退職，名誉教授。
1944 年　死去。67 歳。

【主要業績】
『會計學』同文舘出版, 1910 年。
『最新式近世簿記精義』同文舘出版, 1914 年。
『最新式近世銀行簿記』同文舘出版, 1914 年。
『会計監査』同文舘出版, 1921 年。
『商業簿記提要』同文舘出版, 1933 年。

I　はじめに

　吉田良三（以下，吉田）は，明治後期より，大正・昭和前期まで，わが国の簿記・会計学の研究および教育の進歩発展に多大の貢献をした。また，各種商業学校，実業学校，中学校等の学生および教員といった幅広い読者を対象に非

常に多くの簿記書を刊行した。どの書物も多く増刷され，教科書として全国的に広く採用されていた。専攻部で指導を受け，晩年の10年余り著述を手伝った田島四郎は，吉田について次のように述べている。

「その学説はきわめて中正穏健であり，その著作はどれを取ってみても，簡にして要を得ており，平易な表現によって，難解な理論も一たび先生の頭の中を通過することによって，一読してよく理解できるようになると言われたものです。」(田島 [1976] (中島編) 152 頁)

吉田は，商業簿記以外にも銀行簿記・工業簿記・原価計算および会計監査について多大の貢献をしているが，本章では商業簿記のみに限定する。まず吉田の考える複式簿記の特徴について述べ，とりわけ現在の簿記書まで影響を及ぼしている取引要素・分類・結合関係について，以下その主張の変遷をみることによって考察する。

II 複式簿記の説明

吉田の取引要素について述べる前に，彼が簿記をどのように考えていたのかを述べておく必要があろう。吉田は，大正前期まで，簿記を「事業の經營に依り其主體の財産に生ずる變動を整然明瞭に記録計算する方法を研究する學術たり」(吉田 [1919] 1 頁) と説明していた。そして，記帳方法 (記録計算法) の異なる点から単式簿記と複式簿記に分類した。複式簿記の説明として，貸借複記による記帳・貸借平均の理・記帳の正否の自検・一切の取引の記録・貸借対照表と損益計算書の作成をあげている。とりわけ，明治期は貸借 (複記) の用語を重視したため，複式簿記を主に複式＝貸借と形式的面から理解していたように思える[1]。

下記においても述べるが，大正後期より，形式面だけでなく，財産対資本と

---

1) 当時の状況について，兒林は次のように述べている。「貸借論を以て複式簿記の原理と稱するのは通説であって，……貸借論を以て複式簿記法の全部的最大問題と為し，簿記教育の改造は貸借の解明に依つて成就せらるゝものである……。」(兒林 [1921] 7 頁)

いう関係から簿記を説明するようになり，財産計算と資本計算という内容（計算）面まで含めて考えるようになった。そのため，簿記の定義を述べる場合，財産の変動ではなく，財産および資本の変動として定義されるようになったと思われる。『大正八年改訂近世商業簿記改訂17版』（吉田［1919]）において，「資本（Net worth）とは正味財産高或いは身代のことにして財産を貨幣価格にて見積もりたる総額たり，」また資産総額と負債総額とが一致する場合，「財産はあるも財産高即ち資本は之れなし」（11頁）というように正味財産高が資本という用語に言い換えて説明されている。

　なぜ定義の中に資本という用語を追加したのであろうか。それは，記原理を等式を用いて説明するように変えたためだと思われる。つまり，いまでいう資本等式の負債を移項した貸借対照表等式を用いて説明すると左辺の変動だけでなく右辺の変動をも考慮したためであろうと考えられる。『改訂増補近世簿記精義』（吉田［1925]）では，「複式簿記の理論は均衡説（Equilibrium doctrine）に発す」として次のように説明している[2]。

　「即ち凡て事物は其構成要素間に均衡を保たんとする性質を有し，此理法の下に簿記の取引も亦其構成要素間に均衡を保つものにして，此均衡を現はす記録法が複記式たるなり。而して複式簿記に於ける最初の記録的均衡は事業が所有する資産と其負債及元入資本との間に保つたる、均衡に依て開始せらる、ものとす。

　總資産（Total Assets）＝總負債（Total Liabilities）＋資本（Proprietorship or Net Investment）」（吉田［1925]41頁）

　そして，複式簿記の基礎について次のように説明している。「複式簿記の基礎は總ての資産に對して必ず之が請求者（Claimant）あるの事實を實現する記録法にして，……事業が負債を有する時には總資産＝總負債＋資本なる等式関係に記録が開始せらる、なり。」（吉田［1925]43頁）

　その後，昭和に入って出版された『商業簿記提要』（吉田［1934]）では，主要

　2）吉田［1923b]では簿記の定義を次のように変更している。「簿記とは事業の經營につき其主體の財産及資本の變動を正確明瞭に記録する法則及其適用を研究する學科たり」（1頁）

な簿記の用語に英語だけでなくドイツ語が括弧書きにて注釈されることからもわかるように，ドイツの経営経済学の影響がみられる。おそらく，大正末期から昭和にかけてシェアー（Schär）の物的二勘定説等を日本に紹介した上野道輔の簿記書を無視できなくなったのであろう。吉田はその事情をはしがきにて次のように述べている。

　「本書（商業簿記提要—筆者）は今から二十餘年前に出版し，爾来今日迄に數十版を重ねた拙著近世商業簿記に代はらしめるために公刊したものである。過去二十年間に於ける經濟界の進展は内外共に驚くべきものがあり，ために經濟生活は複雑化し，之に順應して其記帳處理法たる簿記にも亦種々の考案が企てられ改善が施され，其組織設定上又記帳手續き上非常な進歩發達をなし，又其理論の上には獨逸に發達せる經營經濟學の影響を受けて大なる變革を來たした。斯くて簿記は其理論亦其實際に於いても長足の進歩を遂げ，殊に我國にては最近數年來，從來の英米流實用主義的研究に加ふるに獨逸流の理論的研究が盛となり，所謂學問的研究に於て簿記は其面目を一新した觀がある。」（吉田［1934］はしがき）

　なお，上記の等式による二面的計算については述べており，損益勘定は資本勘定の下位ないし従属勘定として解されているが，複式簿記を二面的計算による純損益の一致という点にまで深く言及していない。

III　取引要素

　まず，取引をどのような要素に分解し，それをどのように分類して考えていたのであろうか。代表的な書物を用いて年代別に抽出してみると，図表2−1のようになるであろう。当初は下野直太郎の取引要素，つまり「有價物」「貸金」「借金」「損費」を踏襲している（下野［1895］16頁）。その後，「貸金」・「借金」を「債権」・「債務」へ変更し，「資産」（「有形資産」・「無形資産」）・「負債」「資本」として要素用語の変更を行っている。初学者への理解しやすさと上に述べた均衡説（等式説）を意識しながら変更したと思われる。

　『第三回改訂簡易商業簿記教科書』（吉田［1923a］）よりそれまで「財産高」と

図表 2－1 吉田にみる簿記上の取引の定義と取引要素・要素数の変遷

『最新商業簿記』[1904] 17頁／『最新商業簿記教科書』[1907] 19, 29頁／『簡易商業簿記教科書』[1907] 40, 43, 61-62頁	『甲種商業簿記教科書（上巻）』[1911] 38, 40-45, 55頁	『最新式近世簿記精義』[1914] 12, 29, 49頁／『最新式近世商業簿記』[1914] 17, 20頁	『大正八年改訂最新式近世商業簿記改訂17版』[1919] 14, 20, 22頁／『第二回改版甲種商業簿記教科書（上巻）』[1920] 9, 55頁	『第三回改訂簡易商業簿記教科書』[1923a] 4-5, 53, 64頁	『第二回改訂最新式近世商業簿記』[1923b] 20, 32頁	『改訂増補近世簿記精義』[1925] 36, 60頁	『三訂商業簿記教科書（上巻）』[1932] 11, 55頁	『商業簿記提要』[1934] 13, 29-36頁
財産に増減変化を惹起す事件の総称たり。	取引とは簿記計算の基礎となるものにして財産に増減変化を惹起す事件の総称たり。	取引とは財産に増減変化を惹起す事件の総称たり。取引とは財産に変動変化を惹起す事件の総称たり。	取引とは財産に増減変化を惹起す事件の総称たり。取引とは財産に変動を惹起す事件の総称たり。	取引とは財産に変動変化を惹起す事件の総称たり。取引とは財産又は資本に変動を惹起す事件の総称たり。	取引とは財産の増加又は減少を惹起す事件の総称たり。	取引とは財産即ち資産負債に変動を惹起す事件の総称たり。	取引とは財産又は資本に増減変化を惹起す事件の総称たり。	取引とは財産及び資本に変動を惹起す事件の総称たり。
有價物の取得 有價物の喪失	有價物の取得 有價物の喪失	有價物の取得 有價物の喪失	有形資産の増（有價物を受く） 有形資産の減（有價物を渡す）	有形資産の増 有形資産の減	有形資産の増 有形資産の減	資産の増加 資産の減少	有形資産の増 有形資産の減	資産の増 資産の減
債權の發生 債權の消滅	債權の發生 債權の消滅	債權の發生 債權の消滅	無形資産の増（貸金を生ず） 無形資産の減（貸金を取返す）	無形資産の増 無形資産の減	無形資産の増 無形資産の減		無形資産の増 無形資産の減	
債務の發生 債務の消滅	債務の發生 債務の消滅	債務の發生 債務の消滅	負債の増（借金を生ず） 負債の減（借金を返す）	負債の増 負債の減	負債の増 負債の減	負債の増加 負債の減少	負債の増 負債の減	負債の増 負債の減
			資本金の増（元入又は増資） 資本金の減（引出又は減資）	資本金の増 資本金の減	資本金の増 資本金の減	事業主の出資 事業主の引出	元入又は増資 引出又は減資	資本の増 資本の減

取引要素結合関係	損費用を生ず（損失を生ず）（上記1907年の書物）	利益を生ず	八要素	結合法則
	損費の發生	利益の發生	八要素	結合関係（法則）
	損失の發生	利益の發生	取引六要素（資産の増加・減少、負債の増加・減少、資本の増加・減少）有債物の取得／有債物の發生は資産／有債物の喪失は資産の消滅は資産の減少は負債の發生と利益の發生又は資本の減少／負債の消滅又は元入／引出又は減資／損費の發生は負債の増加／又は増資と資本の減少	勘定口座の左右記入関係
	損失の増（損失を生ず）損失の減（損失を減ず）	利益の増（利益を生ず）利益の減（利益を減ず）	取引六要素（資産の増加・減少、負債の増加・減少、資本の増加・減少）取引構成十二要素 ＊十二要素の各々に小活字で付記さるるは各要素の通俗的名前なり（64頁）	仕譯法則
	損費の増 損費の減	利益の増 利益の減	取引六要素（資産の増加・減少、負債の増加・減少、資本の増加・減少）取引構成十二要素 取引要素の数は財産及資本を分類する精粗に伴り自由に増減し得るが故に六又は十二に一定せるにあらず、取引六要素	取引仕譯の準據
	損失の發生	利益の發生	八要素（資産の増加…、負債の増加…事業主の出資・利益の増加…権の増加、負債の減少・事業主の引出・損失の發生を請求権の減少）	借方記入事項と貸方記入事項
	損失の増 損失の減	利益の増 利益の減	取引六要素（資産の増加・減少、負債の増加・減少、資本の増加・減少）取引十二要素	結合関係
	損失の増（損失の減）	利益の増（利益の減）	八要素 但し、取引要素の数は財産及資本を分類する程度の精粗に応じて増減し得るから、八要素とは限らない。	結合関係

して説明していた「資本」が取引要素の１つに追加されていることに留意すべきと思われる。しかし，その意味は事業が事業主に負う一種の仮想的負債あるいは一種の准負債として説明していた。『第二回改訂最新式近世商業簿記』（吉田 [1923b]）で次のように説明している。

「資本の性質として資本は事業が事業主に負ふ一種の假想的負債と為す。之を簿記學上責務（Accountability）と稱し實際負債にあらざるも，事業の所有する資産が何人に歸屬するかを問はず，簿記計算上は事業（Business）と事業主（Proprietor）とを別個の人格と看做し，事業の會計は事業を以て主體となし，事業所屬の全資産は事業が所有し又其負債は總て事業が負ふものとす。」（吉田 [1923b] 13-14, 24 頁）

『商業簿記提要』（吉田 [1934]）以降になると，上に述べたドイツの経営経済学の影響を受け，（自己）資本を次のように定義し，それまでの負債性から資本性へと変更する。「資本とは利潤追求のために循環過程に置かれた抽象的な價値の總體である。……思うに，企業と其所有主とを分離し，会計を企業の会計とすることは正しいが，資本を以て所有主に對する企業の債務と見ることは理論上誤ってゐる。但し，初學者にとっては，かかる見方をすることが了解し易い便宜はある。」（吉田 [1934] 11 頁）

また，負債については，（1）法律上の所謂債務であって，将来同額の適当な財貨を財産中から分離引き渡すべき性質のもの（消極財産）と（2）資本と同一範疇に属し，資産すなわち財産と対立させられる概念であり，他人資本と解する２説があると述べている。しかし，前者の説によると初学者にとってはその説明法が了解し易い長所があるものの，下記の短所があるので，理論上後者の説に加担すべきと述べている。

（1）　純財産すなわちいわゆる資本中にも元入資本のごとき負債と同じ意味の直接的価値計算をなしうるものがある。

（2）　負債をマイナス量とすることは，単なる数学的な考え方で現実を無視した規定である。

（3）　株式会社形態の発達によって負債と自己資本との間にはその区別が希薄になった。

IV　取引要素の要素数と結合関係

　吉田が1920年『第二回改版甲種商業簿記教科書（上巻）』において8要素から10要素へと変更した（図表2-1参照）ため，木村との論争が生じた[3]。現在では，この論争についてはほとんど取り上げられず，あくまで要素数の結合関係について借方と貸方の各要素を線で結ぶことについて議論されることが多い。しかし，この論争を検討することによって，取引要素の要素数と結合関係について，吉田の意図するところが明らかになる。その論争から判明した主要な点を要約すると，下記のようになる。
　　(1)　取引要素による説明は，直接貸借の意義を説明するものではなく，取
　　　　引を仕訳するにあたり適用する簡便法則である。それゆえ，厳密に適用
　　　　すると不都合が生じる。問題となる取引ないし場合について，次のよう
　　　　に説明している。
　　①　財産に増減変化を生じない取引（振替取引）は，旧名前の財産が減少
　　　　（増加）して，新名前の財産が増加（減少）したとみなせばよい。
　　②　決算仕訳や訂正仕訳の場合に，要素の数にもよるが，みなし適用を行
　　　　う必要がある。
　　③　要素を適用する場合，事実に反してみなし適用を行う必要がある。
　　(2)　取引要素は分解するべきものではなく，また分割すべきものは取引要
　　　　素でないということではなく，「茲に要素とはそんな理化學的性質のも
　　　　のではなく，單に財産資本の構成項目を意味するに過ぎないので，勘定
　　　　科目と同一義のものである。故に勘定科目が之を數個の科目に總括する
　　　　ことも亦多數の科目に分割することも自由であると同樣，取引構成の要
　　　　素なるものも亦之を綜合することも分解することも自由に出來る。」（吉

3）木村［1921a］の吉田の取引要素説批判から始まり，吉田［1921a］の反論，それに対する木村［1921b］の再度批判，吉田［1921b］の再度の反論，木村［1921c］再再度の批判に終る一連の論争のことである。両者の根拠としている外国文献は参考文献に掲げている。なお，この論争については，鹿野［1921］も論評している。

田［1921b］60-61 頁）

(3)　論争時点では，等式説に基づきながらも，あくまで負債は財産の一部であり，資本も負債の一種と説明することはできるとしていた。そのため，損費の発生をもってケスター（Kester）の減少と一致せずとの批判がなされた（木村［1921b］45 頁）。それに対して，吉田は次のように説明した[4]。「元より損費を構成する損失と費用とは其性質に相違ありて，損失は永久に資本の減少なるも，費用は収益を獲るコストにして他日収益に依り酬ひらるる理由に依て資本の減少にあらずとも云ひ得べし。然し之は収益と給付と結付け考察するが故にして，費用の支払なる取引を単独に考察すれば，是れ事業財産上に或る資産の減少又は或る負債の増加のみを惹起し，之を償う他の資産の増加又は負債の減少を伴はざる故，其価格だけ財産高たる資本に減少を生じること損失の生じたる場合と同じである。故に費用の発生は損失の発生と共に資本の減少と一致するものである。」（吉田［1921b］60-61 頁）

(4)　資本を負債とみる要素説は等式説とは異なるが，10 要素説において資本を 1 つの構成要素としたきっかけは Kester［1917］にある。

　これらの点を踏まえて，その後の吉田の簿記教科書では 12 要素を経て 8 要素となる。そして，下記のような補足説明をしている。

　「十二要素中『損失の減』及『利益の減』なる二要素は實際には極めて稀に発生するが故，両要素を無視し，損失も利益も『増』のみを取りて，要素數を十に分つて記憶するも可なり。」（吉田［1932］58-59 頁）「取引要素の数は財産及資本を分類する精粗に応じて増減せしめ得るから，必ずしも八要素に限るものではない。」（吉田［1934］29-30 頁）

　この論争とその後の補足説明から，取引要素の数にはこだわらない。また，

4）この点について，論争後刊行された吉田［1925］では次のように説明している。「損失には純粋の損失と費用たる損失がある。其発生が共に資本に減少を惹起す点は相同じきも，前者が永久に資本の減少に終るに反し後者は之が冗費たらざる限り他方に於て又は將来に於て収益を発生し資本に増加を来たすことに依り回復さるゝの相違あり。」（33 頁）

第 2 章　吉田良三と取引要素 | 25

図表 2 - 2　吉田良三による「仕譯手引」

（次掲諸項は何れも適當なる勘定の借方に記入）	（次掲諸項は何れも適當なる勘定の貸方に記入）
（1）　資産の取得又は増加	（7）　資産の喪失又は減少
（2）　負債の消滅又は減少	（8）　負債の発生又は増加
（3）　損失又は費用の発生	（9）　利益の発生
（4）　事業主が営業より資産を引出し又は営業が事業主の負債を引繼ぐに基く資本の減少	（10）　事業主が資産を以て出資し又は営業の負債を引受くることに基く資本の増加
（5）　或勘定に於ける貸方記入又は其貸方残高を他勘定に振替	（11）　或勘定に於ける借方記入又は其借方残高を他勘定に振替
（6）　他勘定より振替へられたる其借方記入又は其借方残高	（12）　他勘定より振替へられたる其貸方記入又は其貸方残高

（出典）吉田［1925］77-78 頁

　その要素間の結合については，単に借方・貸方への記入ないし仕訳の方法について，理解を容易にするために結合分類を示しているにすぎないということが判明するのである。また吉田の簿記書では，必ず取引要素の結合関係図が示されると思われがちであるが，理論書である 1925 年刊行の『改訂増補近世簿記精義』ではその取引要素の結合関係図は掲載されず，資産の増減以外を請求権（Equity）の増減と考えて説明がなされている。そして，「取引が複雑にして其仕譯の困難なる時之を容易に解決する仕譯の手引」（吉田［1925］77 頁）として，図表 2-2 を示している。ただ，この手引きは教科書では示していない。詳細に説明することによる学習者の混乱を避けるためと推測される。

　現在の簿記書では，吉田の特定年度の簿記書を取り上げ，またそれを引用し，要素間の結合について議論されることが多い。推測するに，後の簿記学者が上記の論争や教科書の改訂を顧みず，取引要素の結合関係を主に営業取引に適用したことによる。また，結合関係を線で結ぶ等，吉田の意図とは異なり，指導者および学習者に無用な混乱を生じさせているように思われる。

V おわりに

　吉田が述べる複式簿記の特徴，取引要素・要素数・結合関係について述べてきた。吉田は常に内外の簿記の進歩発達を取り入れ，各教科書の内容について改訂を行っている。とりわけ，簿記の当初の基礎的な理論については，取引の定義における財産の増減ないし変動という場合の財産の概念の捉え方にあったと解される。上で述べたように，当初は資産と負債だけでなく資本も含んで使用していたことに留意する必要がある。言い換えると，負債あるいは資本の性質をどのように考えるかであった。その考え方によって，取引概念の定義や取引要素も変更された。大正期になり次第に（正味）財産高ないし正味身代ということを資本という用語で表現するようになった。それは簿記の対象とする組織が，個人企業組織から株式会社の形態へと変化したためと思われる。

　大正期までの吉田簿記の教科書では，財産・取引・取引構成要素・取引構成要素の結合関係・貸借・仕訳の説明までを複（記）式原理としていた。大正後期になると簿記を1つの勘定の体系，つまり，財産系統と資本系統の物的二勘定説の影響が出てくる。そこで，簿記の定義や説明に変化がみられるようになる。大正後期においては上に述べたように，複式簿記の出発点を均衡説，つまり，総資産＝総負債＋資本の等式により説明するようになる。そして，均衡説ないし等式による説明だけでなく，勘定系統の説明が付加されるようになる。ただし，この期ではまだ資本という用語は，企業が企業所有主に対して負担する一種の（仮想的）債務であり，第三者からの借入金と同じ負債（対内負債）として説明する。

　では，損益についてはどう考えていたのであろうか。『第二回改訂最新式近世商業簿記』（吉田 [1923b]）では，「利益とは事業主の出資以外の原因に依り事業の資本が増加することをいう」（15頁），「損失とは利益の反対で事業の資本が事業主の引出又は減資以外の原因に依り減少することをいう」（16頁）と定義している。言い換えると，利益（損失）を事業主に対する債務の増加（減少）の事実というように考えていた。勘定分類を示すと，次のようになろう。

(1) 財産勘定（資産と負債とに属する勘定の総称）

(2) 資本主勘定（事業と事業主との関係を処理する勘定・資本金勘定と引出金勘定）

(3) 損益勘定（損失および利益を処理する諸勘定）

『商業簿記提要』（吉田 [1934]）では，上に述べたように，（自己）資本の負債性から資本性への変更に伴い，勘定の分類も次のように変更されている。それに伴い取引要素も 8 要素に変更されている。

(1) 資産勘定

(2) 負債勘定

(3) 資本勘定

　　資本主（自己資本）勘定（資本金勘定・引出金勘定）

　　損益勘定（資本金勘定に対する派生的の下位勘定）

　吉田の取引要素およびその結合関係については，どの年代のどの教科書ないし書物での記述かによって異なっている。また，その変遷は日本の簿記学の変遷でもあろう。吉田の取引要素の結合関係については，取引要素の増減を説明するための単なる原則を述べたにすぎず，振替取引や決算仕訳等の取引例をすべて理解させるための結合表ではないことに留意すべきである。取引要素の結合を用いて仕訳の法則を説明する場合，上に述べた吉田の真意を理解し，必要仕訳の手引やみなし適用等の補足説明を行うべきと思われる。

【参考文献】

安藤英義［2002］「吉田良三「取引要素説」の形成」『一橋論叢』第 128 巻 5 号, 1-17 頁。

飯野利夫［1955］「會計学」『一橋論叢』第 34 巻 4 号, 20-34 頁。

鹿野清次郎［1921］「計理学教授ノ方針ニ就キテ（上）」『計理學研究』第 7 號, 40-43 頁。

木村清五郎［1921a］「取引ノ八要素及十要素ノ欠陥」『計理學研究』第 7 號, 29-39 頁。

木村清五郎［1921b］「再ビ取引ノ八要素及十要素ノ欠陥ニ就キテ」『計理學研究』第 8 號, 26-48 頁。

木村清五郎［1921c］「三度取引ノ八要素説及十要素説ノ欠陥ニ就キテ」『計理學研究』第 9 號, 32-51 頁。

工藤栄一郎［2013］「わが国固有の複式記入理論の形成：「取引要素説」形成過程の検討」『産業経理』第 73 巻 2 号, 76-94 頁。

兒林百合松 ［1921］「簿記教育改造論」『會計』第 9 巻第 2 號，1-14 頁。

澤　翠峰・尾崎吸江 ［1917］『良い國よい人（東京に於ける土佐人）』青山書院。

島本克彦・工藤栄一郎 ［2011］「吉田良三研究―取引要素説について―」日本会計研究学会自由論題報告配布資料。

島本克彦 ［2015］『簿記教育上の諸問題』関西学院大学出版会。

下野直太郎 ［1895］『簿記精理』同文舘出版。

高瀬荘太郎 ［1944］「故吉田教授追悼號に序す」『一橋論叢』第 14 巻第 4・5 号，1-2 頁。

田島四郎 ［1944］「吉田先生の著作」『一橋論叢』第 14 巻第 4・5 号，48-58 頁。

田島四郎 ［1951］「吉田良三先生の思い出」『月刊簿記』第 2 巻第 3 号，76-79 頁。

中島朝彦編 ［1976］『風雪八十年―文舘創業八十周年史』同文舘出版。

沼田嘉穂 ［1960］「簿記書紹介　吉田良三著『近世簿記精義』」『月刊簿記』第 11 巻第 4 号，96-97 頁。

沼田嘉穂 ［1972］「複式簿記の導入法としての取引要素結合表」『會計』第 102 巻第 2 号，63-74 頁。

沼田嘉穂 ［1973］『現代簿記精義』中央経済社。

吉田良三 ［1904］『最新商業簿記學』同文舘出版。

吉田良三 ［1907］『最新商業簿記』同文舘出版。

吉田良三 ［1907］『簡易商業簿記教科書』同文舘出版。（1911 年 9 版を参照）

吉田良三 ［1911］『甲種商業簿記教科書（上巻）』同文舘出版。（上巻）（1912 年 3 版を参照）

吉田良三 ［1914］『最新式近世簿記精義』同文舘出版。（1920 年 21 版を参照）

吉田良三 ［1914］『最新式近世商業簿記』同文舘出版。（1917 年 10 版を参照）

吉田良三 ［1919］『大正八年改訂 最新式近世商業簿記改訂 17 版』同文舘出版。（1920 年 22 版を参照）

吉田良三 ［1920］『第二回改版甲種商業簿記教科書（上巻）』同文舘。（1922 年 36 版を参照）

吉田良三 ［1921a］「取引の八要素及十要素説ノ欠陥論を讀みて」『會計』第 8 巻第 6 號，81-90 頁。

吉田良三 ［1921b］「再び取引八要素説及十要素説ノ欠陥論を讀みて」『會計』第 9 巻第 5 號，53-66 頁。

吉田良三 ［1923a］『第三回改訂　簡易商業簿記教科書』同文舘出版。（1928 年 51 版を参照）

吉田良三 ［1923b］『第二回改訂最新式近世商業簿記』同文舘出版。（1934 年 72 版を参照）

吉田良三 ［1925］『改訂増補近世簿記精義』同文舘出版。（1933 年 15 版を参照）

吉田良三 ［1932］『三訂版商業簿記教科書（上巻）』同文舘出版。

吉田良三 ［1934］『商業簿記提要』同文舘出版。（1942 年 122 版を参照）

吉田良三の引用する外国文献（論文の中では著者と原文の引用がなされているが，書名と出版年度を筆者が追加している。）

Gilman, S. [1916] *Principles of Accounting*, LaSalle Extension University.

Hatfield, H. R. [1909] *Modern Accounting: Its Principles and Some of Its Problems*, D. Appleton.

Hodge, A. C. and J. C. Mckinsey [1920] *Principles of Accounting*, University of Chicago Press.

Kester, R. B. [1917] *Accounting Theory and Practice, A first year text*, The Ronald Press Company.

Paton, W. A. and R. A. Stevenson [1918] *Principles of Accounting*, Macmillan Co.

木村清五郎の引用する外国文献（論文の中では著者と原文の引用がなされているが，書名と出版年度を筆者が追加している。）

Castenholz, W. B. [1920] *Auditing procedure*, La Salle Extension University.

Dicksee, L. R. [1921] *The Fundamentals of Accountancy*, Gee & Co.

Fieldhouse, A. [1920] *The student's complete commercial book-keeping, accounting and banking*, Fieldhouse : Simpkin, Marshall & Co.

Hatfield, H. R. [1909] *Modern Accounting: Its Principles and Some of Its Problems*, D. Appleton.

Kester, R. B. [1917] *Accounting Theory and Practice, A first year text*, The Ronald Press Company.

Macdonald, J. B. (chartered Accountant) 書名不明

Paton, W. A. and R. A. Stevenson [1917] *Principles of Accounting*, George Wahr. Publisher Ann Arbor.

【写真出所】
『原価及原価計算』（森山書店，1940 年）

（島本克彦）

第3章　上野道輔と資本方程式

上野道輔

【略歴】
1888年　福島県生まれ。
1912年　東京帝国大学経済学科卒業。
1917年　東京帝国大学助教授。
1919年　東京帝国大学経済学部教授。
1948年～1962年　大蔵省企業会計審議会初代会長。
1949年　定年退官。
1962年　死去。73歳。

【主要業績】
『簿記原理』有斐閣，1922年。
『簿記理論の研究』有斐閣，1928年。
『新稿簿記原理』有斐閣，1931年。
『簿記原理大綱』有斐閣，1933年。
『新稿貸借対照表論　上巻』有斐閣，1942年。

I　はじめに

　上野道輔（以下，上野）は，簿記および会計学，特に貸借対照表論[1]，会計制度論についての研究成果を多数発表している。また，上野は戦後日本経済を会計制度の側面から支えようとし，大蔵省（当時）の企業会計審議会の初代会長

---

1)「貸借対照表論の研究成果は，最終的には未完成ながら『新稿貸借対照表論　上巻』（1942）としてまとめられた」神戸大学会計学研究室編［2007］42頁（諸井勝之助）と紹介されている。

を勤めたことからもわかるように，制度会計の確立にも多数の貢献が認められる。

本章では，上野の数ある貢献の中でも，簿記理論に焦点を当てて検討する。上野の著作を概観すると，初期の著作には簿記理論に関するものが多い。その後，貸借対照表論関連の著作が多くなり，戦後は会計制度の導入・確立に関するものが増えていく。このような思考的変遷の出発点にあるものが，簿記理論にあると思慮される。そこで，上野理論を把握する上でも重要と考えられる簿記理論を本章の対象とする。

本章は，上野理論の全体像を俯瞰することではなく，あくまでも上野理論の出発点と目される上野の簿記理論を検討の範囲とする。その上で，本章の目的は，現代の簿記理論を考察する上で，上野の簿記理論の特徴を明らかにすることである。

上野は，簿記関連の著作を初期の段階でいくつか著している。最初に出版されたのは，1922年の『簿記原理』であった。この著作は，上野の東京帝国大学での講義の講述プリントをベースに著したもので，簿記原理という書名ではあるが，「会計学：第一部」という副題もついている。「会計学：第二部」は貸借対照表論である。

簿記関連書籍として続いて出版されたのは，1931年の『新稿簿記原理』であった。これは，1922年の『簿記原理』改訂新版という位置づけである。したがって，『新稿簿記原理』は理論的な説明も多くなり，大部の著作になっている。

さらに，その後に出版されたのが，1933年の『簿記原理大綱』であった。これは，『新稿簿記原理』が「膨大に過ぎて一般的教科書たるに適さず」（上野[1933] 序言1頁)，また1922年の『簿記原理』に対する需要が当時でもあったことから，『簿記原理』を増刷するのではなく，「『簿記原理大綱』の刊行を企画するに至れる所以である」（上野[1933] 序言1頁）と述べている。上野は1922年の『簿記原理』を『旧版』と呼び，「『旧版』は簡に過ぎ，『新稿』は大に失した」（上野[1933] 序言1頁）と述べている。『簿記原理大綱』の序言にも書かれているが，「『大綱』の構造は大体『新稿』に拠り，其の細目を削りて大

綱を存し，之に多少の加筆を行った」（上野 [1933] 序言 1 頁）ものである。

そこで，本章では上野簿記理論研究の対象著作を『簿記原理大綱』に絞り，検討を行っていく。最初に『簿記原理大綱』にしたがって，上野簿記理論の特徴を把握し，その後に現代簿記理論に向けての私見を交えて展望を示したい。

II　簿記の位置づけ

1　簿記と会計学の位置づけ

上野は，「会計学が簿記の進化したもの」（上野 [1933] 7 頁）と捉え，広義の会計学が，簿記と狭義の会計学からなるものと考えている。狭義の会計学とは，貸借対照表論ということである。したがって，上野の研究の多くが簿記と貸借対照表論に関するものであるのは，上野の考え方を示したものである。

簿記（学）とは，「一定の形式殊に勘定形式に依りて企業経営の結果生ずる所の財産及び資本の増減変化を明瞭に計算記録する方法・形式に関する研究」（上野 [1933] 9 頁）と理解されている。

2　簿記の起点

簿記は，企業の成立とともに，そのスタート地点があり，ここに簿記の最初の課題は，簿記の対象たる財産および資本の状態がいかにして決定され，何によって与えられるのかということであるとする。このような考えは，商法第26 条にある設立財産目録と設立貸借対照表の要請を根拠としている[2]。また，「財産目録は其の固有の内容を単に財産のみに限るに反して，貸借対照表の内容は更に資本の状態をも含むことを要する」（上野 [1933] 20 頁）と述べている。すなわち，資本の状態を含むことが，財産目録と異なる貸借対照表の重要な要素であるという考えであった。そこで，形式面においての重要性を次のように示している。「貸借対照表は簿記特有の技術的形式たる勘定形式に拠るを以って其の本来の形式となす。」（上野 [1933] 20 頁）

---

2) 上野は法学者であり，絶えず法的な視点から考察を加えていると考えられる。

3 資本方程式 (財産目録方程式)

$$A \ - \ P \ = \ K$$

A：Aktiva（積極財産，資産）

P：Passiva（消極財産，負債）

K：Kapital（資本）

上野によると，「各種の資産及び負債は各個別に捕捉し認識し且つ評価し得るもの」（上野［1933］21頁）とした上で，資産（A）から負債（P）を控除して純財産を導出し，簿記学上これを資本（K）としている。財産目録が重視するのは左辺であるが，差額である資本（純資産）を重視してこの等式を資本等式と称するのは，「此の方程式が資本を中心とする簿記理論の基本的関係を表現する」として資本概念を重視し，特に資産と負債との差額概念である点に注意を払っている。

4 財産および資本

上野によると，「複式簿記は，一つの企業に於ける財産の増減変化に関する計算と資本の増減変化に関する計算との二種の計算を有する簿記体系である」（上野［1933］28頁）として，簿記の本質を捉えている。

財産および資本の概念に関連して次の2つを示している（上野［1933］29頁）。

（甲）　資本方程式を基本とする見解

$$A \ - \ P \ = \ K$$

積極財産　－　消極財産　＝　資本

財産　＝　資本

（乙）　貸借対照表方程式を基本とする見解

$$A \ = \ P \ + \ K$$

財産　＝　他人資本　＋　自己資本

企業財産　＝　企業資本

上野は，これら 2 つの見解のうち，（甲）の見解を強く支持し，資本方程式が簿記の基本方程式であると断じている。

上野は，「自己資本 K が企業の簿記に於て中心的重要性を有するのは，極めて明白なる事実」（上野 [1933] 31 頁）とした上で，「簿記は企業の簿記にして企業主自身の簿記に非ずと云ふ事と，企業の簿記に於て企業主資本即ち企業主資本主の利害が中心的重要性を有すると云う事—The proprietary theory of accounts—とは，全然別個の観念にして明確に区別して考へなければならない事である」（上野 [1933] 31 頁）と述べている。さらに，「企業の目的は営利であり資本の増殖である」と指摘した上で，「損益の帰属する所は企業主資本 K にして其の増加または減少を生ずるものなること疑いなき所である」（上野 [1933] 31 頁）と述べている。

次に，財産および資本の本質を「財産は具体的価値として存在するに対し，資本は抽象的価値として存在するに過ぎない」（上野 [1933] 33 頁）と考えている。例えば，財産である商品は個別に独自の価値的存在であるとする。これに対して，資本は抽象的価値であるとする。「抽象的価値とは計算的価値または計算的大きさとも謂ふ」（上野 [1933] 34 頁）として，直接的な価値計算ができないものであるとする。そして，

$$A \quad - \quad P \quad = \quad K$$

の右辺は計算結果として決まるとする。さらに，K すなわち資本の増減は，左辺の計算たる「財産的計算の結果として第二次的資本の大きさを算出し得る」（上野 [1933] 34 頁）とする。

このとき，P すなわち負債をどのように考えるかという点を検討している。「他人資本として資本的性質であるか，或は消極財産として財産的性質であるか」（上野 [1933] 35 頁）ということである。上野は，財産目録作成に負債が計上されることをもってして，「消極財産として財産的性質」を有し「抽象的価値または計算的大きさではない」（上野 [1933] 35 頁）という。すなわち，負債は他人資本としての資本的性質ではないと論じる。

ただし，

$$A \quad - \quad P \quad = \quad K$$

という資本方程式は，資本方程式からA，P，Kの性質が決定されるのではなく，A，P，Kの性質の関係を1個の方程式にしただけであるという。

したがって，

$$A \ - \ P \ = \ K$$

の資本方程式を変形して

$$A \ = \ P \ + \ K$$

としたり，

$$A \ - \ K \ = \ P$$

と変形したりすることは，「数学的には可能であるけれども，簿記学上に於いては此等の方程式を採用しないのである」（上野 [1933] 35頁）と断ずる。

5 勘定学説

上野の整理によると，勘定学説は人的説と物的説の2つに大別される。人的説は擬人説とも称され，すべての勘定を人格者とみなし，勘定と勘定との関係を人格者相互の貸借関係として理解し，勘定記入においても借主，貸主の観念から貸借記入の関係を説明する。これに対して，物的説あるいは現実説は，勘定を人格視せず，勘定は勘定にしてある価値の増減を記録計算する形式にすぎないと考える。したがって，勘定の本質はその内容たる価値そのものの本質に基づいて決定されるものだとする。

これらの分類に重ねて，勘定の本質についての相違，借方貸方の意義および勘定記入法則について，勘定の種類を一元的に説明するか二元的に説明するかで，一勘定系統説と二勘定系統説にさらに分類する。これらの分類法により，勘定学説を次の4つに分類している。

(1)　人的一勘定系統説

(2)　人的二勘定系統説

(3)　物的一勘定系統説

(4)　物的二勘定系統説

(1) 人的一勘定系統説

　人的一勘定説では，すべての勘定を人格者とみなす。それゆえ，すべての取引をこれらの人格者間における貸借関係と捉える。「此の学説は通常擬人説と称せられるものにして，勘定理論発達の初期に於ける説明たるに過ぎない」（上野 [1933] 325 頁）という評価である。また，人的勘定以外の説明は，すべて比喩によってのみ有効である。例えば，現金は現金出納係とみなして適用するということである。しかし，「損益勘定に就いては此の学説は明瞭なる説明を與へることを得ない」（上野 [1933] 326 頁）としてその欠点を指摘し，「勘定学説としては不完全なものであると言はなければならない」（上野 [1933] 327 頁）という。

(2) 人的二勘定系統説

　人的一勘定系統説の欠点を補完したものが人的二勘定系統説である。この学説は，ロヂスモグラフィア（Logismographie）式簿記形態[3] の勘定理論で，勘定に関する人を (1) 企業主または資本主，(2) 管理人，(3) 代理人および (4) 取引先の 4 種類とする。(2) 管理人については，企業主と代理人および取引先との中間における媒介者として出現するにすぎないので，この勘定の借方と貸方は常に等しい。したがって，勘定または人格者の種類は実際上 3 つになり，以下の 2 系統となる。

　第 1　(1) 資本主または企業主勘定，資本金勘定および下級勘定たる損益諸
　　　　勘定
　第 2　(3) 代理人および (4) 取引先の諸勘定，すなわち財産構成諸勘定
　次に，勘定記入の法則および貸方の意義は，二勘定系統の分類からおのずと二元的になる。しかし，損益勘定の説明は，やはり比喩による説明でしかな

---

　3)「イタリアのチェルボーニ（Cerboni）が 1860 ～ 70 年代に創案し公表した簿記法」（安藤・新田・伊藤・廣本編 [2007] 1383 頁（井上清））であり，「財産管理者の権利・義務を明確にする必要から公会計のために創案され，ローマやナポリなどの一部でも採用された」（安藤・新田・伊藤・廣本編 [2007] 1384 頁（井上清））と紹介されている。

第3章 上野道輔と資本方程式 | 37

く，明確な説明を与えることができない。このような比喩に頼る説明法は，「理論上一顧の価値を有せざるのみならず，事実の真相を不明ならしむるの実害大なりと言はざるを得ない」（上野 [1933] 329頁）と断じている。

(3) 物的一勘定系統説

物的一勘定系統説では，すべての勘定は企業の財産の増減を記録するもので，その本質は同一であるとみる。すなわち，同一の性質の財産勘定の中に積極的財産勘定と消極的財産勘定のみがあるとする。また，勘定記入も1つとなり，財産の増加・借方と財産の減少・貸方と考える。その結果，次のような特異性を有する。

第1 資本金勘定を消極的勘定，すなわち負債勘定とみなす。

第2 損益諸勘定を認めず，これを財産勘定とみなす。

第1は，営業学説ともよばれ，簿記を営業の簿記にして営業財産の計算記録を目的とすると捉える。ここでは，営業の資本が営業に対して1つの消極財産となると考える。すなわち，資本は負債と同一にみなされるということである。

第2については，物的一勘定系統説では，勘定はすべて財産勘定と主張するのであり，(1) 損失勘定を説明できないことである。例えば，家屋の焼失による損失の発生は，現に焼失したる家屋の価値に対する対価としていかなる形態においても「財産の入り」を想起させない。また，(2)「財産」とは何かという問いに応えていないという反論がある。つまり，借方を「財産の増加」となすことは，例えば地代を支払い，支払地代の借方に記入した場合に，これを解して「財産の増加」と称するのが妥当ではない。損益を財産とみなす見解は，いわゆる財産の中に人の提供する労働・勤労・効用を簿記学上の財産と認めるか否かということであり，財産目録や貸借対照表には掲げられないものである。

(4) 物的二勘定系統説

上野の整理にしたがうと，物的二勘定系統説には2種類ある。資本方程式を基本とするものと，貸借対照表方程式を基本とするものである。

$$A － P ＝ K \quad (1)$$

$$A = P + K \quad (2)$$

　上野の整理によると，(1) の資本方程式を基本とする二勘定系統学説は，ヒュックリ (Hügli)，シェアー (Schär) により系統立てられたもので，アメリカでは，スプレイグ (Sprague)，ハットフィールド (Hatfield)，ケスター (Kester) により提唱されている考えで The proprietary theory of accounts といわれている。一方で，(2) の貸借対照表方程式を基本とする二勘定系統説はニックリッシュ (Nicklisch)，アメリカにおいてはペイトン (Paton) が主張するところである。

　上野は，貸借対照表方程式を基本とする物的二勘定説に対しては，次の理解を示している。

　(1)　簿記理論説明が貸借対照表と簿記とを通じて統一性を有すること

　(2)　簿記理論の基本を表現する方程式に負数を含まないこと

　(3)　勘定記入の法則の説明が単純であること

　これは，勘定には「計算材料の本質的差異に基づき財産勘定と資本勘定の二種類あり，而して，此等二種類の勘定系統は互に相對立する。蓋し財産と資本とは数学的に正反對の性質を有するが故である。従って勘定記入の法則も亦財産勘定と資本勘定とに就き正反對である。即ち前者にありては借方増加貸方減少なるに反し，後者にありては借方減少貸方増加である」(上野 [1933] 336 頁) として，貸借対照表方程式を基本とする物的二勘定説の方が，資本方程式を基本とする物的二勘定説よりも単純明瞭であると論ずる。さらに，貸借対照表方程式には，負数が入っていないことも評価している。

　しかし，これに対して，簿記の基本概念たる財産および資本の概念・内容が簿記の本質に基づく根拠を有するかという点で貸借対照表方程式を基本とする物的二勘定系統説に疑問を呈している。

　そもそも，物的二勘定系統説は財産勘定系統と資本勘定系統との対立を認めているわけである。したがって，資本方程式を $A - P = K$ を基本とする学説は，A および P を財産となし，K を資本と考えている。これに対して，貸借対照表方程式 $A = P + K$ を基本とする学説は，A を財産となし P と K を資本とみなしている違いである。「故に両学説の差異は P の取

り扱いに帰着する」（上野［1933］340頁）と整理する。

　すなわち，簿記学上PはAと同一の性質かKと同一の性質かという点である。「Pは企業の簿記に於て消極的財産として財産の一部を構成し，A及びPより成る財産に対立せしむるに資本Kを以てすることが，此等三項目の計算的本質に適合することが明かである。」（上野［1933］340, 341頁）また，資本をKに限定する理論的根拠は，「第一にはKの簿記学的本質，第二には企業に於るKの中心的重要性」（上野［1933］341頁）があるとする。

　この2つの点において，「資本方程式を基本とする物的二勘定系統説の優れるを知るのである」（上野［1933］342頁）と述べる。

III　上野簿記理論の特徴

　上野の簿記理論の特徴は，シェアーを基礎とした，資本方程式を基本とする物的二勘定系統学説に基礎をおく簿記理論である。資本方程式　A　－　P　＝　Kの左辺は財産であって右辺は資本である。資本をKに限定する理由は，第1に「Kの簿記學的本質」（上野［1933］341頁）であり，第2に「企業に於けるKの中心的重要性」（上野［1933］340頁）であると強調する。

　ここに，資本（K）の簿記学的本質を理解するに際して，簿記における価値計算の対象となる根本的な分類は，財産と資本の2種類であるという。上野によると，「財産は具体的価値として存在するに對し，資本は抽象的価値として存在するに過ぎない」（上野［1933］33頁）という。抽象的価値とは，計算的価値，大きさであり，Kは「其の者自身に就き直接の価値計算を行ふこと不可能なものである」（上野［1933］34頁）と指摘する。

　さらに「企業設立の当初に於て，資本の成立は財産の成立に因りてのみ可能であり，其の大きさは財産の大きさに依りてのみ定まる」（上野［1933］34頁）という。このとき，特に強調しておきたいのは，企業の設立時を強く意識している点である。すなわち，設立貸借対照表の存在である。上野学説のその後の貸借対照表論，貸借対照表目的論に繋がる問題意識がここにみえる点を指摘しておきたい。すなわち，財産的計算の結果として資本の大きさが決まるという

理解である。A が先に把握されて K が決まるという意味での

$$A \quad (-P) \quad = \quad K$$

である。

　一方で，「企業に於ける K の中心的重要性」とは極めて明白な事実であり，説明は必要ないといいながら，次の点において明確な区別を行っている。すなわち，簿記は企業の簿記であり，企業主自身の簿記ではない，という点と「企業の簿記に於いて企業主資本即ち企業主資本主の利害が中心的重要性を有する」（上野 [1933] 31 頁）こととは，別個の観念として明確に区別することを求めている。その上で，「簿記の全体系を統括し，簿記の全計算を帰一せしむるものは何であるか。曰く，夫れは明かに企業主資本即ち資本 K である」と指摘する。

　上野の整理では，あくまでも簿記は企業にとっての簿記であり，その簿記において中心をなすのは資本 K であるという点であった。そのとき，忘れてはならないのは，企業の設立時を意識しているという点であった。すなわち，設立時の財産目録や設立時の貸借対照表から企業活動がスタートしている点を強く意識している点を指摘しておきたい。

　また，このような指摘は，個人企業であろうと株式会社であろうと本質的には同じであると説明を加えている。

Ⅳ　おわりに

　上野の簿記理論は，資本方程式を基本とする物的二勘定系統学説に基礎をおく簿記理論であった。A ＝ K であり，A － P ＝ K であった。法学者であった上野の理論を紐解くと，現在にも通じる考え方が垣間みえる。すなわち，資産と負債を確定し，資本を導くという考え方であり，資産と負債の差額から求められる資本は，計算上，資産と負債に従属していながらも，簿記の中心は資本にあるという点を強調していることなどが，現代の簿記理論を見直す契機になるであろう。なぜなら，資産負債アプローチ[4] や純資産における株主資本の重要性が議論されている昨今だからである。

上野の簿記理論については，上野が後に展開した貸借対照表論において，動態論批判を展開したことなどから，様々な見解がある。しかしながら，「企業の簿記」という視点から，精緻に組み上げられた簿記理論は今一度再検討する現代的意義がある。なぜなら，上野の簿記理論は，資本方程式を基本として，整合性のある理論を展開しているからである。現在の簿記理論が制度的な枠組みの中で，整合性の面で説明に窮することも増えてきている現状を鑑みると，上野簿記理論を再検討してみる現代的価値があるといえる。この点を踏まえ，上野が戦後企業会計制度の確立に情熱を注いだことに思いを馳せると，社会制度[5] として存立する簿記の理論構築に繋がると考える。

【参考文献】

安藤英義・新田忠誓・伊藤邦雄・廣本敏郎編［2007］『会計学大辞典　第5版』中央経済社。

上野道輔［1922］『簿記原理』有斐閣。

上野道輔［1928］『簿記理論の研究』有斐閣。

上野道輔［1931］『新稿簿記原理』有斐閣。

上野道輔［1933］『簿記原理大綱』有斐閣。

上野道輔［1941］『新稿貸借対照表論』有斐閣。

神戸大学会計学研究室編［2007］『会計学辞典　第6版』同文舘出版。

【写真出所】

『財務諸表論』(森山書店，1950年)

(成川正晃)

---

4) 本章で用いている資産負債アプローチとは，単に資産と負債を先に確定し，純資産を求めるという計算手順を指しているにすぎない。

5) 簿記そのものを社会制度として考えている訳ではないが，会計制度を支える基礎概念，あるいは上位概念として，どのような簿記であれば論理整合性が高いかという点を検討すべきであろうという意味である。

第4章　太田哲三と動態論

太田哲三
【略歴】
　1889年　静岡県生まれ。
　1911年　東京高等商業学校卒業。
　1913年　東京高等商業学校専攻部卒業，中央大学講師。
　1923年　東京商科大学予科教授。
　1929年　東京商科大学教授。
　1948年　中央大学教授。
　1950年～1961年　日本公認会計士協会会長。
　1952年　商学博士。
　1962年～1966年　企業会計審議会会長。
　1970年　死去。81歳。

【主要業績】
『會計學綱要』厳松堂，1916年
『最新商業簿記』瞭文堂，1924年。
『會計學研究』高陽書院，1937年。
『固定資産會計』中央経済社，1951年。
『近代会計側面誌：会計学の六十年』中央経済社，1968年。

1　はじめに

　太田哲三（以下，太田）はわが国において動態論会計の確立者として知られている。太田はその立場から商法会計制度および擁護する静態論（物的二勘定説）に矛先を向けた。そして静態論を批判するとともに，下野直太郎が提唱した収支動態論の不備を補った。

静態論においては，一定の時点において企業がどれだけの財産価値を保有し，その保有している財産価値の増分としての利益を計算することに重きをおいてきた。これに対して動態論は，企業活動によって投下された費用をどれだけ回収できたか，その回収費用を超えて得た利益をもって再生産活動を維持できるかを計算することに重きをおく計算体系である（黒澤 [1970] 49 頁）。静態論は所有主の立場に立つのに対し，動態論は企業の立場に立脚する。

太田は多くの簿記の教科書を著している。1924 年の『最新商業簿記』をはじめ，生涯で 40 冊を超える簿記教科書を単著として刊行したほか，簿記や勘定学説に関する論文も数多く執筆している。本章では，太田の簿記学説に関する論文，動態論の形成に至る過程，そして簿記教科書の処女作である『最新商業簿記』を採り上げて，太田簿記学説の一端を明らかにしたい。

II　太田の複式簿記観

1　複式簿記の特色

太田は自身の複式簿記に対する見方として「複式簿記の再吟味」という論文を著している。太田は複式簿記の通説的にいわれる特色として，第 1 にそれが営利会計のみ適用され，第 2 に財産の変動のみならず，資本勘定の増減をも記録整理されるものであり，第 3 に一取引が貸借複式記入されることをあげている（太田 [1933] 159-160 頁）。

しかし一方で，この通説的な特色によれば複式簿記は営利会計のみに適用され，官庁会計などの非営利会計では複式簿記が適用できないこととなる。そこで，太田は複式簿記の特色を浮かび上がらせるために，単式簿記との比較を行おうとする。その単式簿記の特色として定型のないものとか，複式簿記以外の簿記という比較は無意味であるとし，ヒュックリ（Hügle）のいう「彼は財産のみの記録計算を行ふのが單式簿記であり，財産と資本との両側の勘定について記入整理をなすのが複式簿記であるとする」（太田 [1933] 160 頁）が 1 つの明快な単式簿記の特色をあげた説であると紹介している。

しかし，この説に関しても，太田は不備があると指摘する。すなわち，英米

の教科書に示されている単式簿記は財産のすべてを記帳する組織ではなく，現金出納を除けば元帳の中にある人名勘定の借方もしくは貸方のいずれか一方のみに記入されるのみである。まして，商品や固定資産などは期中に増減が記帳されず，決算時に財産目録が作成されて前年度との比較により損益を計算している（太田 [1933] 160-161 頁）。

　財産目録を作成するのが単式簿記の目的であるとするならば，そもそも現金出納帳も元帳も不要であり，記帳なしでも単式簿記といえるのである。これを簿記と称するのは言葉の濫用であり，この見方からすれば単式簿記は財産のみを記録するものではなく，むしろ財産法による損益計算を行うのが単式簿記の特色であり，これに対して複式簿記の特色は財産法と損益法の両法を併せ行う方法であるとする。この見方こそが，複式簿記が営利会計のみに適用されるとの主張の基であろうとする（太田 [1933] 160-161 頁）。

　太田は上記の主張にも異を唱える。太田によれば，「複式簿記は一個の無内容なる計算技術の形式であって，詮じつめれば計算の結果を突合せてこれを吟味する手段に外ならない」（太田 [1933] 162 頁）とし，現金主義会計の例を用いて，現金預金の収支（現金系統）勘定とその原因（給付系統）勘定という二勘定を突合させることこそが複式簿記の特色である。これにより，通説でいわれてきた複式簿記の特色はことごとく剥奪された（太田 [1933] 164-167 頁）と喝破している。

2　複合二勘定説

　先述の複式簿記の二勘定説を太田はある部分で転換し，またある部分で発展させ，「勘定学説の展開―複合二勘定説の提案―」を著した。まず，この論文において太田は複式簿記について「取引を二重に分解し，これを借方，貸方と命名すると否とを問わず，二個の勘定に記入する即ち複記入する形式，方法が複式簿記と云ふならば，それは普通に考えられている複式簿記とは異なつた，それよりも廣いものである」（太田 [1949] 122 頁）という。

　しかしながら，これは営利会計のみならず非営利会計でも同じことがいえてしまう。一般に理解されている複式簿記は，「企業會計の整理法」（太田 [1949]

123 頁）である。この意味で複式簿記の特色は記帳形式上ではなく，記帳内容の相違にあるとしている（太田 [1949] 123 頁）。太田 [1933] では「一個の無内容なる計算技術の形式」（太田 [1933] 162 頁）といっていたものが，太田 [1949] ではその形式ではなく，内容にも踏み込もうとしている。

太田は「複式簿記を理解するには，企業を理解しなければならないし，その手段方法も企業の會計の要求に應ずるものでなければならない」（太田 [1949] 123 頁）という。ここで，太田は企業とは生産経済の組織であり，そこから産み出される価値は社会的なものであって，所有主の個人的悦楽を意味するものではない（太田 [1949] 123 頁）として，企業の立場に立った会計を指向する。

その観点からヒュックリによって理論づけられ，シェアー（Schär）によって数学的に発展した物的二勘定説を次の 2 点で批判する。

「第一は企業の獨立性に由来するものである。此の二勘定説に於ては損益の発生は必然に資本勘定の増減と看做すのである。然しながら近代企業に於ては資本と経營は相當に分離し，殊に株式會社に於ける株主と會社との關係は殆ど全く切斷されてゐる」（太田 [1949] 127 頁）とし，所有と経営の分離が進んだ今日において，物的二勘定説は未だ所有と経営が未分離の時代の観念であって，現実と乖離しているとする。

「第二は，財産系統と資本系統との分離そのものに反省が要求される。例へば給料の支拂は損失発生として處理される。從つて給料勘定は資本系統の勘定に属してゐる。保険料の支拂も同様である。然しながら期末に於て保険契約の未經過に對する分は前拂費用として繰越さなければならない。決算整理の必要はここに生ずるのである。そこで資本勘定から財産勘定へ振替へられなければならない」（太田 [1949] 127 頁）とする。さらに，「製造の爲の費用は製品なる資産勘定に集合される。從つて製造費用は總てこれを財産勘定と認めなければならない。減價償却費勘定が資本勘定なりや，財産勘定なりやは，商業と工業とに依つて異なると云ふが如きは詭辯である。商業に於ても工業に於ても固定資産の価値減耗は同一である」（太田 [1949] 128 頁）として，この点が物的二勘定説の理論的な弱点としている。

太田は物的二勘定説に対して新たな勘定学説「複合二勘定説」を提唱する。

図表 4 - 1　複合二勘定系統の結合関係

価値増加 ————— 原因増加

価値増加 ————— 価値減少

原因減少 ————— 価値減少

原因減少 ········ 原因増加

（出典）太田［1949］132 頁

この勘定学説によれば，勘定を「借方勘定」と「貸方勘定」の2つの系統に分けられる。借方勘定は現金または現金支出の結果を示すものであるので「価値勘定」と名づけられ，一方で貸方勘定は価値の受入れまたは存在に対する説明的なもので「価値原因勘定」と名づけられる（太田［1949］131 頁）。この二勘定系統によれば，借方の価値勘定系統の資産は生きる価値であり，費用は死んだ価値である。一方で，貸方の価値原因勘定系統の負債や資本は将来の義務を残す価値原因であり，利益は将来の義務を残さない価値原因である。その勘定系統の結合は図表4-1のとおりとなる。

　さらに，価値勘定系統と価値原因勘定系統は貸借対照表勘定と損益表勘定に分けられ，貸借対照表勘定の借方は価値であり，貸方はその存在を示す勘定であるという。一方で，損益表勘定の借方は失われた価値を示し，貸方は価値の原因を示すものであるという（太田［1949］132 頁）。

　太田は，二勘定の交錯の結果結局四勘定となるものの，物的二勘定説をはじめとする勘定学説の難点を克服するものと結論づけている。

3　損益勘定の独立性

　太田は物的二勘定説が資本勘定系統の下位に位置づけられることを批判し「勘定理論上損益勘定の地位」[1] という論文を著している。太田は，ヒュックリおよびシェアーによって完成された物的二勘定説は，財産勘定という実体概念

---

1) 本論文の初出は 1928 年および 1929 年に前後編の日本の論文として『計理学研究』にて公表されているが，資料の入手の関係から本章では太田［1953］に収められたものを引用する。

と資本勘定という抽象概念という対立構造に立脚し，資本勘定は「事業の残余価格」であることを強く主張しているのだという（太田［1953］441頁）。

これに対して太田は，次の点で物的二勘定説を批判する。

第1には，先にも述べた所有と経営の分離である。太田は「企業の簿記であれば，その損益計算は企業の損益計算でなければならない。企業の損益が其の所有者即ち企業主に帰属するのは現代の資本主義経済機構に於ける一特色に過ぎず，会計の本質上当然にあるのではない。事実損失が発生し利益を獲得する一々の事件に資本主は関与しないだろう。唯今日制度に於ては純損益は資本主に与えられるものであつて，個々の取引について資本主勘定の増減と見るのは一の擬制である」（太田［1953］442-443頁）として，企業が出資者から独立した存在であることを強調し，独立の経済体である企業の損益勘定は「資本主勘定から別個の存在として認むべき」（太田［1953］443頁）という。

第2には，資本と利益の本質的な性格の差異である。「利益の発生は何らかの資産を増加せしめ，二勘定説の説明によれば一時的に資本は増加する。併しながら利益により衣食する者即ち事業主の節約が行われない限りは生活のための必要として，その資産はやがて企業外に流出する。資本は利益の蓄積であることは疑わない。併しながら経済上から見ても資本と利益は同一概念ではない。利益は節約なる今一段の経済行為によつて資本となる。」（太田［1953］443頁）つまり，利益が蓄積して資本化するには企業の努力によってなされるのである。

第3には，決算の目的である。「決算は損益計算を行うことが主要目的であり，正味身代の発見ではないことは屢々述べられている。損益計算に際して原始資本は規定の大きさとして取扱われること，他の資産負債と同一である。簿記技術上の問題としても両者を同一概念に置くことは不都合を生ずる。」（太田［1953］444頁）

かくして太田は，損益勘定が資本勘定の分岐とする勘定学説に企業の観点と決算の主要目的が損益計算であるという点から批判した。さらに，太田はすべての取引がその発生時に分類されるものではないと主張する。すなわち，前項でも取り上げた経過勘定や減価償却，製造勘定といった期間配分の問題である。

こうした問題点をあげて，太田はワルプ（Walb）を引きながら損益勘定の独立性を説く。すなわち，資本勘定と損益勘定を別種の系統として扱い，貸借対照表は財産の現在高の表示ではなくして，適切な損益計算を行う目的で作成されるものとした（太田 [1953] 453 頁）。これは，太田が物的二勘定説に代表される財産計算優位の会計構造から，動態論的な損益計算優位の会計構造への転化を勘定学説の観点から説こうとしたものと考えられる。

太田は自身の複式簿記観，あるいは勘定学説において動態論的な思考から展開した。これら簿記学説の展開の背景を探るべく，太田による動態論の形成過程を次節でみていきたい。

III　太田による動態論の形成過程

1　静態論と収支動態論

黒澤 [1990] は，わが国における静態論を明治末期の 1910 年に出版された吉田良三の『会計学』をもって緒とすると述べている（黒澤 [1990] 184-185 頁）。

吉田は貸借対照表について「一定の時に於ける営業上の総資産を或分類の元に借方と称する一方に列記し，之に対して総負債を亦或分類の元に貸方と称する他方に列記し，而して資産額が負債額に超過するときは，其超過額を利益亦は資本増加額として負債の方に記入し，若し又負債額が資産額を超過するときは，其超過額を欠損又は資本減少額として資産の方に記入し，以て貸借双方の合計を相平均せしめたる表なり」（吉田 [1913] 5 頁）と解説する。

そして，資本については「而して会計上資本の意義は次の如し。或一定の時に於ける営業の資本とは，其資産総額が外部負債額に超過する金額なり。」（吉田 [1913] 44 頁）すなわち，会計上の資本とは抽象的な概念であり，資産と負債との差額による単純な計算的大きさにすぎない。

静態論を批判し，独自の理論を構築したのが下野である。下野は貸借対照表を「金銭収支対照表とすべきものにして，要するに金の所出と其行先を明らかにするものなるに過ぎず」（下野 [1931] 91 頁）として，金銭収支の顛末を報告するものであるとみる。

下野は資産および負債について「負債とは他日我より払出すべき一定の金額（或は寧ろ他日一定の金額を払出すべき関係其物）の総称にして，資産とは此負債を償却するに要する現金及他日受入れ又は払出すべき関係にある金額の総称にして，畢竟金銭に外ならず」（下野［1931］1-2頁）とする。

また，資本については「本来会計上の資本金勘定とは，事業のために出資したる金額を示すに止まり事業の損益に依りて当然増減すべきものにあらず，出資者に於て増減資行為なき限りは，常に一定不動の金額たるべきものなり」（下野［1931］34頁）として，資本は単なる計算的大きさとする静態論を批判している。

下野は会計の目的について，「株式会社は有限責任なる特典を法律より享有するが故に，其取締役は一面に於て株主に対し信託を受け居る金銭に対し，その収支顛末を明らかにする義務あり，又他の一面には其取引先及び一般債権者に対し決算の都度会社財産の内容真実を開示し其支払示し以て彼等を警戒し保護する義務あるなり」（下野［1931］35頁）という。しかし，貸借対照表は金銭収支の顛末を示すものであって，「貸借対照表を以て資産負債表なりとし，之を用ひて事業財政の内容を示し得るものなりとするは従来の通説なるが如しと雖も，これは一の重大なる誤謬なり」（下野［1931］31頁）と批判する。

そこで下野は，財産状態を示すものとして財産目録をあげる。貸借対照表は金銭収支の顛末を記載するべく資産および負債の全額を原価で表示し，他方財産目録には財産の実情を開示すべく時価をもって表示する。このとき，貸借対照表と財産目録の間に差額が生じる。この差額は未実現の評価損益であり，実現した売買損益等の確定損益勘定と区分して，貸借対照表に「諸財産評価増（又は減）額勘定」として附記すべしとする（下野［1931］32-33頁）。こうして，貸借対照表は株主にとって，財産目録は債権者にとって有用な決算書となる。

また，下野の収支動態論の特徴は固定資産の資産性を否定した点にある。固定資産を資産計上して耐用年数にわたって順次償却されていくのが通説であるが，固定資産は将来的に売却して金銭とする目的で取得するものではなく，また耐用年数の見積りも漠然としたもので不正の手段に供せられるものである。したがって，固定資産は営業設備費として費用計上するべきものであるとする

（下野［1931］48頁）。

　下野の収支動態論は，資産や負債を物財および権利ではなく金銭の収支と
し，また資本は単なる差額概念ではないと展開したのである。

2　太田の動態論

　静態論や収支動態論に対し，太田は会計の中心を損益計算においた。「会計
の目的は事業の経済性を明らかにするのである。したがって，損益計算の方が
第一目的であり，その結果財産状態を示す上に遺憾があってもそれを犠牲にす
るのである」（太田［1939］20頁）と述べている。

　では，損益計算はどのようになされるべきか。太田によれば，損益は企業の
経営行為と直接関係を有すべきであり，したがって，取引の結果として生じる
ものであると論じる（太田［1932］82頁）。内部取引における価値移動，例えば
本支店取引や評価益は計上してはならず，実現主義によって利益は認識されな
ければならない。物財の貯蔵は何ら価値の増殖を生み出すものではなく，外部
に売上げられてはじめてそれを認識することができる。

　太田は，資産を「支出の結果を効果が継続するものと認識した額」であり，
「投下資本の一部を代表するもの」であると定義する（太田［1953］80頁）。した
がって，太田のいう資産は物財や権利というような存在そのものではなく，将
来効果の発生があると企業がその資産性を認めた支出の名称，すなわち，「存
在ではなく認識」（太田［1953］80頁）である。

　そして，資産の評価については実現主義が基底をなす。それは企業の利益と
は実現されてこそはじめてその価値増殖をなすものであり，よって資産の評価
は原価主義で行わなければならないからである（太田［1953］82-84頁）。

　こうした資産概念から，太田は静態論が資産・負債を物財・権利に限定して
いること，そして資産を清算価値で評価することについて批判を行った。資産
は静態論が定義する物財および権利という法的存在に対して，企業経営上将来
の収入に貢献する支出であるとし，実現主義の観点から資産の時価評価を否定
する。

　財産計算を目的とする静態論の貸借対照表に対して，動態論に立つ太田の貸

借対照表は，適正な期間損益の計算の手段として次期に繰り越すべき諸勘定の一覧表であって，決して財産の現在高を表すものではないと論ずる（太田[1931] 36頁）。会計は事業の継続性を明らかにするのを目的としており，経済性は損益計算で決定されるため，当期の収益または費用とならなかった未解決項目を収容するのである。

　すなわち，貸借対照表は，収支の諸勘定について次期以降に残存するもの（資産）とその由来（負債・資本）を比較対照したものであって，財産の現在高を表す財産目録とはその存在意義が根本的に異なる。

　また，資本についても「資本金ナル項目ハ単ニ正味身代ノ額ニ対シテ名付ケタル呼称ニ過ギズ」（太田[1916] 18頁）とするものの，他方で「事業ヲ一会計単位トナストキハ事業ノ所有主個人ノ会計トハ計算上区別セラル可キモノナリ。然ラバ，正味身代ニ当ル丈ケノ金額ハ事業ガ所有主ヨリ借リ居ルモノナリト考フル事ヲ得ベシ……唯此ノ負債ハ損益ノ発生ニヨリテ変化スルノミ」（太田[1916] 19頁）として，太田の初期の著書においては資本を事業の終焉の時まで資本主から借り入れた負債と捉え，最終損益を帰属させる対象としている。この場合，資本は単なる差額概念ではなく，その払込時に負債として金額が固定されることとなり，損益と区別される。

　さらに，太田は固定資産会計を重視し，事業会計にあって固定資産は特殊な地位にあるとする。なぜなら，商品や原料といった棚卸資産を買い入れるために支出した資金は商品または製品の売上によって比較的短期間に回収されるが，建物や設備といった固定資産に投下された資金は，直接に回収されるものではないからである。

　したがって，固定資産の特性を考慮しないで損益計算を行っても適正な期間損益は計算されない。すなわち，当期の損益と次期以降の繰越額の計算に焦点を当て，固定資産を利用した年度がその買入代金の一部を負担しなければならない。

　つまり太田は，下野が否定した固定資産の資産性を動態論の立場から正当化した。すなわち，固定資産が稼動している限り，それは収益を生み出すために費消されているのであって，買い入れた期に全額費消されるということは通常

ありえず，その価額はその稼動される期にわたって負担されるべきものである
としたのである。

　減価償却は，収入が少なくとも減価償却費を超過するべきことを前提とすれ
ば，これによって資本の回収がなされることを意味する。減価償却費は過去の
支出を費用に振り替える手続であり（太田 [1939] 117-118 頁），減価償却は支出
を伴わないので，計上額だけ資産が留保される。つまり，減価償却は，固定資
産に投下された資本を間接的に回収されるという財政上の効果も有するのであ
る（太田 [1953] 160 頁）。

　注意すべきは，減価償却を行った後の帳簿価額は取得原価を基礎とする以
上，償却後の価額を現在価格というべきではなく，減価償却は固定資産の減耗
と当在高を示す手段にすぎないということである。また，減価償却は内部取引
であって，外部との取引とは遮断されている（太田 [1932] 103 頁）ので，減価
償却を行っても行わなくても債権・債務の関係は影響が及ばない。

　以上みてきたように，太田は優れて動態論的思考に基づいて論理展開を行っ
たのであった。太田は会計の目的を期間損益の計算と位置づけ，減価償却や繰
延資産を含む費用配分の原則を基礎とする，当時としては先進的な学説を展開
したのである。

IV 『最新商業簿記』[1924]

1 簿記の意義および目的

　太田は多くの簿記の教科書を著しているが，その多くは教科書的にオーソド
ックスな内容に終始しており，今までみてきた太田による動態論的思考が特に
みられるものではない。

　この中で，太田が公刊した簿記書の中で最も古いのが『最新商業簿記』であ
る。以下，『最新商業簿記』の内容についてみていきたい。

　太田は本書の凡例で「本書は商業簿記學修の資料として編纂したるものにし
て，大體に於て大正十二年度發表せられたる文部省教授要目に準拠せり」と記
している。すなわち，本書は文部省の定めた学習要領に従った教科書である。

本書では簿記の意義について「簿記（Book-keeping）とは帳簿記入の意にして金銭の出納は勿論其の他財産に生ぜる増減変化を記録し，計算し，その結果を整理する方法なり」（上巻1頁）とする。また目的については「(a) 記憶によらずして過去に於て生ぜし財産変動の事項を知る為めに明瞭整然たる記録を作ること（歴史的記述）」，「(b) 前期の記録を材料として，之を分類し，整理し，財産の現状を明にすること（統計的計算）」の2つを掲げている（上巻1-2頁）。すなわち，簿記とは財産の増減を記録・計算・整理を行うことで，歴史的記録と財産管理を行うことを目的として解説している。

2　財産と資本

簿記で記録する対象となる財産と資本について「財産は資産と負債とに分つ。資産（Assets）は現金及び将来現金に換へらるる貸金，商品，並に家屋什器等の所有物にして，負債（Liabilities）は将来現金を支払ふべき債務なりとす」（上巻4頁）とした上で，図表4-2のように資産と負債の分類を示している。

また，資本については「資本は資産負債の金額の差額を云ふものなれば単に数字上の額にして，通俗に用ひらるる如く或る商品，現金等具体的なる物件を指すものには非ず」（上巻6頁）とした上で，「事業を一の単位と看做し，事業主又は資本主個人としての勘定と区別する時は，事業は此の正味身代の額を事業主より借り居るものと考ふるを得べし」（上巻6頁）と述べており，『會計學綱要』と同様の解説を行っている。また，損益勘定は資本勘定の下位勘定とするのを基本（下巻12-13頁）とした上で，別法其二として貸借対照表勘定と損益計算書勘定とに分ける勘定分類を示しており，第2節で取り上げた勘定学説

図表 4-2　財産系統図

（出典）太田［1924］5頁

の萌芽がみられる（下巻 14 頁）。

3　帳簿と決算書

　太田は同書において単式簿記と複式簿記による記帳法をそれぞれ説明している。

　単式簿記については，「金銭出納帳」,「商品仕入帳」,「商品売上帳」,「元帳」,「日記帳」の 5 種の帳簿をあげている（上巻 16-20 頁）。この内「元帳」は「従来台帳又は大福帳等と称せられしものにして，仕入先及び得意先に対する売掛金又は買掛金の増減を明瞭ならしむ為めの帳簿なる。」（上巻 17 頁）

　また，「日記帳」は「取引発生毎に元帳口座に直接記入する時は誤謬脱漏を生じ易さを以て，別に日記帳を設け，口座名，借方貸方の区別，金額並に取引の内容を記入し，之より元帳に転記するなり」（上巻 20 頁）とあるように，元帳へ転記する前に勘定科目と金額を借方または貸方に分類する役割を与えられ，単式簿記での記録が行われる[2]。

　複式簿記については，「主要帳簿又は会計帳簿（Books of Accounts）」と「補助帳簿又は覚帳（Memorandum Books）」に分け（上巻 70 頁），主要帳簿には「元帳」,「日記帳」,「仕訳帳」,「仕訳日記帳」をあげている（上巻 71-75 頁）。また下巻において「多桁式仕訳帳」（下巻 73-77 頁），「特別仕訳帳」（下巻 78-94 頁）について触れている。

　補助帳簿については，上巻において「現金出納帳」,「仕入帳」,「売上帳」,「商品有高帳」,「人名勘定帳」を（上巻 104-109 頁），下巻においてはこれに加えて「当座預金出納帳」,「振替貯金出納帳」,「現金当座預金出納帳」,「小口現金出納帳」,「受取手形記入帳」,「支払手形記入帳」,「積送品記入帳」,「得意先元帳」,「仕入先元帳」,「人名勘定元帳」,「受託販売記入帳」,「受託買付記入帳」,「組合売買記入帳」,「所有物台帳」,「消耗品出納帳」,「雑費内訳帳」,「株式勘定元帳」,「社員元帳」等が「普通に用ひられるもの」として例示されてい

　2）勘定科目および金額を単記式で貸借のいずれかに分類していることから，これを単式簿記における仕訳とみることもできる。

る（下巻69-70頁）。

　決算の意義については，「一定時に於て榮業の有する資産負債の額を確め，一期間に於ける損益を計算することは商人に取りて必要なる事柄にして，此の手續を決算となす」（上巻28頁）とし，決算時に作成する諸表については，「試算表」，「棚卸表」，「財産目録」，「損益計算書」，「貸借対照表」，「精算表」をそれぞれあげて，その意義と作成方法に触れている（下巻124-146頁）。なお，損益計算書の項に「最も重要な書類」との表記が認められる[3]。

V　おわりに

　以上，太田の簿記学説の一端をみてきた。太田の複式簿記観および動態論からみて取れる簿記学説は下記のとおりとなる。

　第1に，企業を所有主から独立した経済体とみなし，企業の立場に立った簿記を指向しているという点である。

　第2に，複式簿記の目的を損益計算に求め，損益勘定を資本勘定から独立した勘定系統とみなし，その立場から勘定学説を展開したという点である。

　それまで主流であった物的二勘定説においては，財産系統勘定と資本系統勘定の二系統によって説明がなされ，損益勘定は資本勘定の下位に位置づけられてきた。これは簿記の目的を一定時点における財産計算と財産の増分による所有主持分の増分としての利益計算としたものであり，企業の所有主と企業とを一体のものとして考える立場に立っている。

　これに対し，太田は，所有と経営が分離している時代において，損益勘定が資本勘定の下位に位置づけることは所有と経営が分離していない時代の考えであるとして批判した。そこで，企業を所有主から独立した経済体として，損益計算は所有主持分の増減計算ではなく，企業の経済努力によって得られる利益

---

3) この頃の吉田良三の簿記教科書を繙くと，大正時代の吉田 [1920] ではそもそも損益計算書が採り上げられておらず，昭和に入った後の吉田 [1937] では太田と同様に「本表は各種計算書中最も重要な書類」との表記となっている（吉田 [1937] 349頁）。

を計算することを主目的においたのである。

　今日の簿記教科書において物的二勘定説的な説明は消滅し，むしろ貸借対照表および資産・負債・資本勘定と損益計算書および収益・費用勘定に分けて最初に解説するのが主流である。

　また，太田は物的二勘定説に代表される静態論を批判し排除しながら，「会計実務の活性化をはかる上で有用と考えられる限りにおいて，それと妥協した」(黒澤 [1990] 189 頁) 静態論者である吉田と動態論の確立者である太田が中心となり，両者の折衷の結果として 1938 (昭和 13) 年に財務諸表準則が公表されたのである。

【参考文献】
　太田哲三　[1916]『會計學綱要』厳松堂書店。
　太田哲三　[1924]『最新商業簿記　上巻　訂正再版』瞭文堂。
　太田哲三　[1927]『最新商業簿記　下巻　訂正参版』瞭文堂。
　太田哲三　[1931]『貸借対照表学講話』厳松堂書店。
　太田哲三　[1932]『制度会計論』千倉書房。
　太田哲三　[1933]「複式簿記の再吟味」『會計』第 33 巻第 2 号, 159-171 頁。
　太田哲三　[1939]『会計学講話』高陽書院。
　太田哲三　[1949]「勘定学説の展開—複合二勘定説の提案—」『會計』復刊第 2 号, 121-133 頁。
　太田哲三　[1953]『会計学研究　第一集』白桃書房。
　黒澤　清　[1970]「わが国の動態論の発展における太田会計学の位置」『産業経理』第 30 巻第 8 号, 48-54 頁。
　黒澤　清　[1990]『日本会計制度発展史』財経詳報社。
　下野直太郎 [1931]『単複・貸借・収支簿記会計法』森山書店。
　吉田良三　[1913]『會計學　第六版』同文舘出版。
　吉田良三　[1920]『最新式簿記精義　第 20 版』同文舘出版。
　吉田良三　[1937]『商業簿記提要　第 33 版』同文舘出版。

【写真出所】
　『財務諸表論』(森山書店, 1950 年)

(中野貴元)

第2部　簿記理論の発展

第5章　黒澤清と拡張収支計算

黒澤　清

【略歴】
1902 年　茨城県生まれ。
1926 年　東京帝国大学文学部卒業。
1928 年　東京帝国大学経済学部卒業，中央大学教授。
1937 年　横浜高等商業学校教授。
1949 年　横浜国立大学教授，東北大学教授を兼任。
1951 年　神戸大学経営学博士，公認会計士三次試験委員。
1958 年～1966 年　公認会計士二次試験委員。
1964 年～1969 年　日本会計研究学会理事長。
1966 年～1980 年　企業会計審議会会長。
1968 年　横浜国立大学名誉教授，獨協大学教授。
1970 年～1975 年　日本会計研究学会会長。
1975 年～1990 年　日本原価計算研究学会会長。
1978 年　獨協大学名誉教授。
1982 年　日本会計研究学会名誉会長。
1990 年　死去。87 歳。

【主要業績】
『會計學』千倉書房, 1933 年。
『簿記原理』東洋出版社, 1934 年。
『商業簿記』千倉書房, 1947 年。
『近代會計學』春秋社, 1951 年。
『日本会計制度発展史』財経詳報社, 1990 年。

I　はじめに

　黒澤清（以下，黒澤）は，企業会計制度対策調査会委員としてその起草に当たり，その後，企業会計原則の修正，注解，商法・税法等に対する調整意見書，さらには連続意見書の公表等に携わり（日本會計學會編 [1963] 序 2 頁），わが国では企業会計原則の作成者として広く知られている。

　一方で，黒澤の研究は，「その出発の当初から一貫して，いわゆる財務会計・管理会計はもとより，ひろく経済会計（社会会計）の領域にまで及び，経済学・法律学等隣接諸科学への幅ひろい研鑽と相俟って，独自の風格をもつ会計学を結晶せしめている」（日本會計学會編 [1963] 序 2 頁）といわれており，その領域は極めて広範であったことも広く知られている。

　本章で扱う黒澤の簿記学説に関していえば，初期の代表作として 1934 年に出版された『簿記原理』（改訂版は 1951 年に出版されている）をあげることができる。同著は，黒澤が，経済生活の発展というバック・グラウンドに即して，複式簿記の諸形態およびそれに伴なって発生した簿記理論の史的展開を説明しようとしたものであり（黒澤 [1951] 序 1 頁），主にドイツ語圏の簿記学説が広く検討されている。

　その後黒澤は，同著を踏まえ，簿記に関する書物をいくつか公表している。そこで本章では，黒澤が執筆した簿記書の中でも，1986 年に出版された『新講商業簿記』を中心に，その他の黒澤の簿記書を参照しながら，複式簿記に関する黒澤学説の特質を明らかにしていくこととしたい。

II　企業活動と現金収支計算

　黒澤は，複式簿記の意義を論じるにあたって，企業活動に言及している。そこで，以下ではまず，企業活動に関する黒澤の見解を確認しておく。黒澤によれば，企業とは「財貨の製造，配給または用役の提供を目的とする経営活動の組織」（黒澤 [1986] 1 頁）であり，「外部から原材料その他の財貨を購入してこ

れに加工し，新しい生産物を作り出してふたたび外部にそれを移転することによって収益を獲得することを目的として活動する経済単位である」(黒澤 [1956] 17 頁) とされる。このように，企業とは，外部から財貨または用役を調達し，事業活動を通じて，新しい財貨または用役を提供する組織体であると考えられている。

一方，企業は，財貨または用役を外部から調達する際に，その対価として貨幣を支払い，財貨または用役を外部に提供する際には，その対価として貨幣を受け取る。それゆえ，企業においては，「財貨の流れ」が生じる一方で，それに対応して「貨幣の流れ」も生じることになる。黒澤は特に，このような企業における財貨・用役の流入流出と貨幣の流入流出を「価値の循環」とよんでいる (黒澤 [1986] 1 頁)。この関係を図表で示すと，図表 5-1 のようになる。

そして，図表 5-1 における「財貨と貨幣の対流関係」を基に，黒澤は，企業において，在庫を有しない単純な商品の売買取引だけが行われ，それがすべて現金で決済されることを前提にするならば，現金の支出は費用と一致し，現金の収入は収益と一致する結果，費用収益計算と現金収支計算は完全に合致することを指摘する。すなわち，本来「収益－費用＝純利益」であり「現金収入－現金支出＝現金残高」であるものの，先のような場合には「現金収入－現金支出＝純利益」であることから「現金残高＝純利益」となり，「現金収入－現金支出＝収益－費用」が成り立つとする計算式を提示する (黒澤 [1986] 6 頁)。

図表 5-1 企業の活動 (価値の循環)

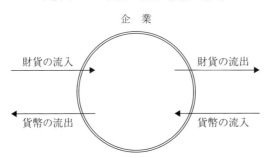

(出典) 黒澤 [1956] 18 頁；黒澤 [1992] 1 頁

以上から明らかなように，黒澤は，企業活動の本質を「財貨と貨幣の対流関係」と理解し，費用収益計算の基底に現金収支計算を据えている。それゆえ，商品売買取引だけが行われ，それがすべて現金で決済されるような，費用収益計算と現金収支計算が常に合致するケースでは，企業はわざわざ双方の計算を行う必要がなく，「現金」という具体的な形態をもって現れる現金収支計算により純利益を計算すれば足りることになる。したがって，このような場合には，企業は計算制度として現金収支計算のみを行えばよい，と考えられている（黒澤 [1986] 6頁）。

III　収支計算の拡張

前節では，企業において在庫を有しない単純な商品の売買が現金取引により行われることが前提とされており，「財貨と貨幣の対流関係」から費用収益計算と現金収支計算は完全に合致することが指摘されていた。しかしながら，在庫を有しない単純な商品の売買取引のみを仮定したとしても，企業は商品の売買を行うにあたって信用取引を行うことが通常である。したがって，次に黒澤は，商品の売買において信用取引が行われるケースを想定する。

このような場合においても，先の「財貨と貨幣の対流関係」は崩れることがない，というのが黒澤の理解である。すなわち，例えば，商品を掛けで購入した場合には，企業はその代金を将来の一定の期日に支払うことになるため，「将来の支出」という意味で「貨幣の流出」が生じる。一方，商品を掛けで販売した場合には，企業にはその代金が将来の一定の期日に支払われることになるため，「将来の収入」という意味で「貨幣の流入」が生じると考えられている。それゆえ，「将来の貨幣の収入支出に関する計算は，現在の貨幣の収入支出に関する計算たる現金収支計算と全く同様に行うことができる」（黒澤 [1986] 9頁）とされる。上記を踏まえれば，先の「財貨と貨幣の対流関係」は次のように理解することができる（黒澤 [1992] 2頁）。

図表 5 − 2　収支計算の拡張

取　引　例	現金収支		将来収支			
			売掛金		買掛金	
	収入	支出	収入	回収	返済	支出
1.　甲商店から掛買い	—	—	—	—	—	500
2.　乙商店へ掛売り	—	—	600	—	—	—
3.　丙商店から掛買い	—	—	—	—	—	700
4.　丁商店へ掛売り	—	—	800	—	—	—
5.　乙商店より回収	600	—	—	600	—	—
6.　甲商店へ支払い	—	500	—	—	500	—
合　　　計	600	500	1,400	600	500	1,200
残　　　高		100		800	700	
	600	600	1,400	1,400	1,200	1,200

（出典）黒澤 [1986] 12 頁

財貨の流入（商品の購入など）　⇔　貨幣の流出（現金支出，債務の発生）

財貨の流出（商品の販売など）　⇔　貨幣の流入（現金収入，債権の発生）

　企業において在庫を有しない単純な商品の売買が信用取引により行われる場合には，拡張された収支計算では，現金収支計算のように単なる現金収入と現金支出の差額により純利益が計算されるわけではない。しかし，「現金収入＋将来収入」が「収益の発生」を意味するのに対し，「現金支出＋将来支出」が「費用の発生」を意味することから，両者の差額が純利益の発生を意味することになる。すなわち，「現金残高＋債権残高－債務残高」もしくは「（現金収入－現金支出）＋（将来収入－債権回収）－（将来支出－債務返済）」により，純利益を算定することができる[1]（黒澤 [1986] 11 頁）。

　それでは実際に，在庫を有しない単純な商品の売買が信用取引により行われ

1）なお，黒澤は，前者の収支計算方法を「残高計算法」とよぶのに対し，後者の収支計算方法を「総額計算法」とよんでいる（黒澤 [1986] 11 頁）。

る場合でも，拡張された収支計算を適用することによって，費用収益計算と同一の結果がもたらされることを黒澤の提示した数値例により確認しておく。黒澤は次のような数値例を提示している（黒澤［1986］11-12頁）。

1. 甲商店から商品 ¥500 を掛けで買い入れる。
2. 乙商店へ商品 ¥600 を掛けで売り渡す。
3. 丙商店から商品 ¥700 を掛けで買い入れる。
4. 丁商店へ商品 ¥800 を掛けで売り渡す。
5. 乙商店から売掛金 ¥600 を入金する。
6. 甲商店へ買掛金 ¥500 を支払う。

　前者の残高計算法によれば，「現金残高 ¥100 ＋ 売掛金残高 ¥800 － 買掛金残高 ¥700 ＝ 純利益 ¥200」となるのに対し，後者の総額計算法によれば，「（現金収入 ¥600 － 現金支出 ¥500）＋（将来収入 ¥1,400 － 債権回収 ¥600）－（将来支出 ¥1,200 － 債務返済 ¥500）＝ 純利益 ¥200」となる。このように，黒澤は，企業において在庫を有しない単純な商品の売買が信用取引により行われる場合でも，費用収益計算と拡張収支計算が完全に合致することを指摘する。これを表すと，図表5-2のようになる。

　また，上記から依然として，企業は計算制度として拡張収支計算のみを行えばよい，とも考えられよう。すなわち，在庫を有しない単純な商品の売買が信用取引により行われる場合においても，必ずしも複式簿記に基づく必要はなく，現金出納帳に加えて得意先元帳と仕入先元帳を備えることによって（すなわち個別の財産計算によって），純利益を算定することができるといえる。

Ⅳ　資本計算への展開

1　資本計算の意義

　前節では，企業において在庫を有しない単純な商品の売買が信用取引により行われる場合でも，将来収支をも含んだ「財貨と貨幣の対流関係」から費用収

益計算と拡張収支計算は完全に合致することが指摘されていた。しかしながら，在庫を有しない単純な商品の売買取引のみを仮定したとしても，そもそも事業活動を行うにあたって企業には資金が必要不可欠であることから，資本の源泉という側面を考慮する必要がある。

その際に触れておかなければならないことは，自己資本と他人資本の位置づけであろう。この点について，黒澤は，「他人資本は将来一定の貨幣額を債権者に返済すべき債務であるから，当然拡張収支計算における将来の支出であるが自己資本も企業を将来閉鎖した場合に，企業から企業主に返却しなければならない一種の負債であると考えることができるから，将来の支出とみなすことは不合理ではない」（黒澤［1986］13頁）と述べている。それゆえ，自己資本もまた「広い意味で将来の支出」（黒澤［1986］13頁）とみなされる。

そして，いよいよ黒澤は，これまでの議論の前提であった，在庫を有しない単純な商品の売買取引のみが行われるという仮定から離れ，土地建物，機械器具等の設備を保有し，原材料，商品等の手持品を常備する企業を想定する。通常の企業活動においては，企業主や債権者から提供された資本は，商品や建物等といった営業用設備にも投下されていることから，資本はもはや現金という形態でのみ存在しているわけではない。それゆえ，資本が現在どのような状態にあるのかを明らかにする必要がある。

上記から黒澤は，資本計算がいわゆる「貸借対照表等式」（資産＝他人資本＋自己資本）に基づくことを説明する。すなわち，左辺（資産）は「資本が実際に経営上の目的のために使用されている具体的な形態を示すもの」（黒澤［1986］16頁）であり，右辺（自己資本と他人資本）は「資本がどこから調達されたか，すなわち資本の源泉を示すもの」（黒澤［1986］16頁）であるとされ，資本計算は資本の形態と資本の源泉を明らかにするものであると考えられている。

黒澤によれば，このような資本計算の本質は「収支計算の最も拡張された場合に過ぎない」（黒澤［1986］16頁）とされる。というのも，「資本状態の変動は拡張された意味における収入支出を通じて現れて来る」（黒澤［1986］16頁）のであり，「将来の収入が現金収入と交替し，あるいは将来の支出が現金支出と交替した場合のような単に収入支出の内部で相殺が行われる場合を別とすれ

ば，すべての収入は収益を伴ない，すべての支出は費用を伴なうもの」（黒澤
[1986] 16頁）と考えられるからである。

　以上から，黒澤のいう資本計算とは，貸借対照表等式が前提とされ，資本の
形態と資本の源泉を明らかにするものであり，収支計算の最も拡張されたケー
スであるということができる。

2　資本計算への展開

　ここで，これまでの議論を簡単に整理しておこう。企業において在庫を有し
ない単純な商品の売買だけが「現金取引」により行われる場合には，現金収支
の差額は現金残高であると同時に純利益でもあり，費用収益計算と現金収支計
算は完全に合致していた。さらに，在庫を有しない単純な商品の売買が「信用
取引」により行われる場合であっても，「収益＝現金収入＋将来収入」であ
り，かつ「費用＝現金支出＋将来支出」が成り立つことから，「（現金収入＋将
来収入）－（現金支出＋将来支出）＝純利益」となるため，費用収益計算と拡
張収支計算は完全に合致していた。というのも，費用は貨幣支出（支出にして
即時に費用となるもの）から構成されており，収益は貨幣収入（収入にして即時に
収益となるもの）から構成されていたからである（黒澤 [1986] 17頁）。

　しかしながら，上述のように，通常の企業活動において，企業主や債権者か
ら提供された資本は，商品のみならず建物等といった営業用設備にも投下され
る。すなわち，「支出の中には今期の費用となるものもあれば，今期は未だ費
用とならずに次期の費用となるもの」（黒澤 [1986] 18頁）が含まれる。さら
に，収入の中には「今期の収益となるものもあれば，今期は未だ収益とならず
に次期の収益となるものもある。」（黒澤 [1986] 18頁）

　このような場合，「未だ費用とならない支出は，将来の費用に属するもので
あり，将来の費用は資産として資本計算に算入される。」（黒澤 [1986] 18頁）そ
して，「将来の費用は，実際に費消された期間において資本計算から除去し，
費用収益計算に算入される」（黒澤 [1986] 18頁）ものの，「未だ費消されない間
は利用価値の貯蔵として，現金や将来の貨幣（債権）と同様に資産として取扱
われなければならない。」（黒澤 [1986] 18頁）したがって，黒澤によれば，（現金

および将来）支出は次のように区別される（黒澤［1986］19 頁）。

同様に，収入にもまた，「収入であって同時に今期の収益となるものと，将来の期間の収益となるものとの区別がある。」（黒澤［1986］19 頁）したがって，「未だ収益とならない収入は，費用収益計算から除き，負債として資本計算に算入しなければならない。」（黒澤［1986］19 頁）それゆえ，黒澤によれば，（現金および将来）収入もまた次のように区別される（黒澤［1986］19 頁）。

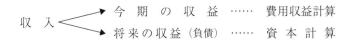

したがって，収支が上記のように区別される場合，拡張収支計算によって提示された「（現金収入＋将来収入）－（現金支出＋将来支出）＝純利益」という計算式によっては，純利益を算定することはできない。すなわち，今期の費用とはならない将来の費用（資産）と今期の収益とはならない将来の収益（負債）を収支から除かなければならない。それゆえ，黒澤によれば，純利益は次のような計算式によって算定されることになる（黒澤［1986］19 頁）。

|（現金収入＋将来収入）－将来収益|－|（現金支出＋将来支出）－将来費用|
＝純利益

そして黒澤は，上記の計算式を組み替えることによって，先に提示した貸借対照表等式に基づく資本計算の算式を導出する。すなわち，資本計算の算式は次のように表現される（黒澤［1986］20 頁）。

$$\underbrace{現金＋将来収入＋将来費用}_{資\quad産} \;=\; \underbrace{将来支出＋将来収益＋純利益}_{資本（負債および資本金）}$$

　以上から明らかなように，黒澤は，前節で提示された拡張収支計算の算式「（現金収入＋将来収入）－（現金支出＋将来支出）＝純利益」から将来収益および将来費用を除くことで純利益を算定できることを指摘するとともに，さらに，それを組み替えることによって，貸借対照表等式に基づく資本計算の算式が導かれることを証明する。

　しかし，だからといって，黒澤は費用収益計算を行う必要がないと考えているわけではない。というのも，「期間計算の制度のもとでは，資本計算を行わなければ費用収益計算が成立しないし，費用収益計算を行わなければ正確な資本計算も不可能である」（黒澤［1986］20頁）からである。さらに黒澤は，あくまでも資本計算は「資本状態の表示である」（黒澤［1986］20頁）のに対し，費用収益計算は「資本変動の表示である」（黒澤［1986］20頁）と理解する。つまり，資本計算の意義を純利益の算定に求めているわけではない。したがって，企業は「資本計算を行うとともに今期の収益と今期の費用を比較して，当期の剰余たる純利益を算定しなければならない。」（黒澤［1986］20頁）

　それでは，最後に，黒澤の提示した数値例により，資本計算と費用収益計算との関係を確認しておこう。黒澤は次のような数値例を提示している（黒澤［1986］20-21頁）。

1. 企業主Aは現金￥15,000を出資して企業を創設する。
2. 営業用の建物を購入し，この代金￥10,000を現金で支払う。建物の耐用年数は20年，残存価額はゼロとする。
3. 甲商店から商品￥5,000を掛けで買い入れる。
4. 乙商店へ商品￥6,500を掛けで売り渡す。
5. 銀行から現金￥8,000を借り入れる。
6. 丙商店から商品￥4,500を現金で買い入れる。

7. 丁商店へ商品￥3,000を現金で売り渡す。
8. 地代￥150を現金で支払う。ただし，このうち前払地代￥100を含むものとする。
9. 営業諸費用￥750を現金で支払う。
10. 期末手持商品現在高を￥2,500と評価し，建物の減価償却を￥500とする。

$$建物取得原価￥10,000 \times \frac{1}{20} = 減価償却高￥500$$

〈資本計算〉
　現金￥10,600＋売掛金￥6,500＋商品￥2,500＋建物￥9,500＋前払費用￥100
＝買掛金￥5,000＋借入金￥8,000＋資本金￥15,000＋純利益￥1,200
〈費用収益計算〉
　売上収入 ￥9,500 － （仕入費用 ￥7,000 ＋ 営業費 ￥800 ＋ 減価償却 ￥500）
＝純利益 ￥1,200

　上記の数値例では，収支内部間での相殺（現金収入である資本金 ￥15,000と借入金 ￥8,000と将来支出である資本金 ￥15,000と借入金 ￥8,000の相殺）を前提とすれば，現金支出および将来支出の総額 ￥20,400（現金支出 ￥15,400 ＋ 将来支出 ￥5,000）は，今期の費用である ￥8,300（仕入費用 ￥7,000 ＋ 営業費 ￥800 ＋ 減価償却 ￥500）と将来の費用である ￥12,100（商品 ￥2,500 ＋ 建物 ￥9,500 ＋ 前払費用 ￥100）に配分されている。また，現金収入および将来収入の総額である ￥9,500（現金収入 ￥3,000 ＋ 将来収入 ￥6,500）も，今期の収益である売上収入 ￥9,500（と将来の収益である ￥0）に配分されている。
　これまでの論述から明らかなように，黒澤は，複式簿記の構造を費用収益計算と資本計算に求めている。しかしながら，両者は二項対立的な関係ではなく相互補完的な関係にあり，それは収支計算，より正確には収支の期間配分を前提にした「拡張収支計算」を媒介として結び付いていると考えられよう。

V おわりに

　本章では，黒澤 [1986] を中心にして，黒澤学説における複式簿記の意義を検討してきた。これまでの議論から明らかなように，黒澤はまず，企業活動の本質を「財貨と貨幣の対流関係」と理解する。そして，それを基に，在庫を有しない単純な商品の売買のみを現金取引により行うケースから出発し，費用収益計算の基底が現金収支計算であることを指摘する。その後，通常の企業活動に近づけるべく信用取引，さらには企業主や債権者との取引の導入，そして土地建物，機械器具等といった設備の保有，原材料，商品等といった手持品の常備といった形で当初の前提を順次取り払っていく。

　黒澤自身も「新講商業簿記の基本的な考え方は，拡張収支計算である」（黒澤 [1986] 序1頁）と述べていることから明らかなように，本章での検討から，黒澤学説においては最終的に収支の期間配分を前提にした「拡張収支計算」が複式簿記の根幹にあるということができよう。

　一方で，黒澤 [1986] では，「近年ドイツの会計学者コジオール（Kosiol—筆者）博士が，パガトリック会計という新説を発表しているが，私のいう拡張収支計算にほかならず，むしろ私は，彼に先だった同じ思想を発表したのである」（黒澤 [1986] 序1頁）とも述べられている。この点に補足するとすれば，黒澤の複式簿記に対する基本的な理解は，黒澤のいうようにコジオールではなく，彼と共にシュマーレンバッハ（Schmalenbach）の指導を受けたワルプ（Walb）から大きな影響を受けていると考えられよう。というのも，黒澤は，黒澤 [1951] においてワルプ学説を高く評価しており，彼が提示した「給付と収支の対流関係」を基に，信用取引を将来的収支と理解し，収支の期間配分を前提にした「拡張収支計算」という考え方を通じて，複式簿記の構造を理解していたと思われるからである。

　しかしながら，黒澤は，それにとどまらず，ワルプ学説を深化させ，コジオールと同じ見解に達し，さらには貸借対照表における資本計算の意義を説き，資本の形態と資本の源泉を明らかにする「財政状態の表示」機能を強調する。

第 5 章　黒澤清と拡張収支計算 | 69

このように，黒澤学説は，発生主義会計の理論を踏まえ複式簿記の構造を説明
したという点で，わが国の簿記理論の発展に与えた影響はきわめて大きいとい
うことができよう。

【参考文献】

合﨑堅二監修［1999］『黒澤会計学研究』森山書店。

新井清光［1990］「黒澤清先生のご業績を偲んで」『産業經理』第 50 巻第 1 号，88-89 頁。

遠藤博志他編著［2015］『戦後企業会計史』中央経済社。

黒澤　清［1951］『改訂 簿記原理』森山書店。

黒澤　清［1956］『複式簿記の基礎』千倉書房。

黒澤　清［1986］『新講義商業簿記』千倉書房。

黒澤　清［1992］『三訂版 商業簿記』一橋出版。

日本會計學會編［1963］『黒澤清先生還暦記念論文集 近代会計学の展開』森山書店。

日本会計研究学会編［1987］『日本会計研究学会 50 年史』日本会計研究学会。

Walb, E.［1926］*Die Erfolgsrechnung privater und öffentlicher Betriebe, Eine Grundlegung*, Industrieverlag Spaeth & Linde（戸田博之訳［1982］『損益計算論（上巻）』千倉書房）.

【写真出所】

一般社団法人日本経営管理協会ホームページ

（金子善行）

第6章　片野一郎と財産目録

片野一郎

【略歴】
1903 年　東京都生まれ。
1931 年　東京商科大学卒業。
1931 年　私立京北実業学校教諭。
1938 年　私立善隣高等商業学校教授。
1943 年　東京商科大学附属商学専門部教授。
1944 年　東京商科大学附属工業経営専門部教授兼，附属商学専門部教授。
1949 年　一橋大学教授。
1983 年　死去。80 歳。

【主要業績】
『簿記精説（理論と実務）』同文舘出版，1937 年。
『簿記の手ほどき』同文舘出版，1939 年。
『日本・銀行簿記精説』中央経済社，1956 年。
『貨幣価値変動会計』同文舘出版，1962 年。
『日本財務諸表制度の展開』同文舘出版，1968 年。

1　はじめに

　片野一郎（以下，片野）が最初に出版した著書は，1937 年の『簿記精説（理論と実務）』である。この『簿記精説』は，1941 年に新訂版，1950 年に三訂版，1953 年に新訂版，1956 年に新版，1962 年に 25 周年改訂版，1968 年に 30 周年新稿版が出版されている。この書物は，大学程度を標準とする簿記会計の基礎知識の精説書として書かれたものである。

また，はじめて簿記を学ぶ人のために書かれた，1939 年の『簿記の手ほどき』も，1946 年に復整版，1948 年に改訂版，1952 年に新訂版，1960 年に 20 周年新稿版が出版されている。

『簿記精説』および『簿記の手ほどき』は長年，改訂を繰り返してきた著書であり，本章では，これらを片野の簿記理論を知るための研究対象とする。一般に，片野の業績の中で最も重要なのはインフレーション会計の研究であるとされる。その長年にわたる研究を集大成したのが『貨幣価値変動会計』[1962] であり，これにより商学博士の学位を得た。そこでは，インフレーション時には歴史的原価主義会計と並んで安定価値会計が行われなければならないと主張し，その手続を具体的に述べ，費用を時価計上する実体資本維持論を否定する点に特徴がある。しかし，ここでは簿記理論の解明を趣旨としているため，『貨幣価値変動会計』は取り扱わないこととする。

Ⅱ　簿記の意義と企業会計制度としての簿記の地位

1　簿記の意義

片野は，簿記の意義について次のように述べている。「簿記は財産，すなわち特定の経済主体に所属する有形無形の貨幣価値物の全体に関する管理計算制度である。」（片野 [1965a] 9 頁）そして，「簿記の理論は財産の変動を対象とする金額計算の機構に関する理論であって，財産に関する物量計算については直接には関知せず金額計算を通して間接に関知するにすぎない機構になっている。これは簿記の財産管理能力の限度を知る根本の点である」（片野 [1965a] 13 頁）と述べている。

片野によれば，財産の管理計算制度としての簿記は，その対象とする財産が生産経済単位に属する場合であると，消費経済単位に属する場合であるとを問わず，また，その財産管理の規模が大きい場合であると，小さい場合であるとを問わず，言い換えれば，あらゆる場合の簿記に共通する本質的機能をもっている。それは，財産の保全と運用について財産管理者に任された権限の執行とそれに伴う責任の履行によって生ずる会計事実を記録計算し，記録の結果を財

産の実際と突き合わせ，これによって，財産管理上の会計責任の推移の事情を明確にすることである（片野 [1965a] 13頁）。

そして，「財産を対象とする収支計算・財産計算・損益計算がアカウンタビリティを解明する機能と結合せしめられて，ここにはじめて財産管理計算制度としての簿記は，あるいは生産経済簿記として，あるいは消費経済簿記として，その職能を完全にはたし得るのである。このことは，簿記の機能を理解する上に見落としてならない非常に大事なことがらである。

簿記が特定の経済主体の財産管理に適用されてその職能を有効にはたすことができるかどうかは，何よりも，計算機能とアカウンタビリティ解明機能とが良く調和して作用するように，勘定組織と帳簿組織が当該財産の運用される実情に即して適正に仕組まれるかどうかにかかっているのである」（片野 [1965a] 14-15頁）と述べている。

つまり，片野によれば，簿記は財産の管理計算制度であり，そのため，財産管理上の会計責任（アカウンタビリティ）の解明機能が重要であるとされている。

2 受託責任会計職能と経営管理会計職能

このように，簿記の意義を財産の管理計算制度とした上で，片野は簿記の職能を次のように説明する。

資本主義企業は資本主から醸出された資金を資本として運用し，利潤を獲得することを目標に国民経済における生産配給の機能を遂行する経営主体である。したがって，企業はそれ自体独立の経済実態として最小費用をもって最大利益を獲得する経営活動を営むとともに，資本主から受け入れた自由選択性資金（どんな用途にも自由にふり向けることができる貨幣購買力）の運用の経過について定期にこれを資本主に報告してその承認を求める責任があるのである。

そこで，企業実体の会計は，前者の目的に役立つために，その資本としての財産の保全と運用の経路を明らかにするとともに，営利活動目的に活用するための資料を提供し，また，後者の目的に役立つために，資本主から醸出された自由選択性資金の運用のいきさつを資本主に報告する資料を提供する，という2つの職能を果たさなければならない。前者の職能を果たす場合を片野は「経

営管理会計」とよび，後者の職能を果たす場合を「受託責任会計」とよんでいる（片野 [1965a] 17-18 頁）。

3　企業の簿記計算上で取得原価主義が堅持される理由

　そして，片野によれば，企業の簿記がなによりも受託責任会計としての職能を果たさなければならないということは，簿記の計算記録が，企業実体が資本主から受け入れた自由選択性資金の運用の顛末を明らかにする責任を果たすものでなければならない，ということである。そのためには，資本主から自由選択性資金を資本として受け入れたその時に実際に成立した取引価額をもって記録に計上するとともに，爾後におけるこの資金の運用の経過をはじめに計上した実際取引価額にまで遡って記録の上で明確に追跡し，客観的に検証できることが必須的に要請される。

　企業簿記の記録が 1 会計年度から次の会計年度に連続して一貫して取得原価ないし歴史的原価を堅持してゆかなければならない最も根本の理由は，企業実体が，資本主が受け入れた自由選択性資金の運用に関する受託責任を明らかにしなければならない，という会計職能上の制約に基づくものである。これは，簿記会計の学習上一般に見落とされている非常に大事な点である，と片野はいう（片野 [1965a] 19-20 頁）。そして，財産管理計算制度である簿記が，受託責任会計職能を果たすものでなければならないという制約から，取得原価主義が堅持されなければならないと主張するのである。

4　取得原価主義の理論的根拠

　また，取得原価主義の理論的根拠について，片野は次のように述べている。継続企業の会計上期間損益計算における費用についても，決算貸借対照表の資産の価額についても，各年を通じ終始一貫して取得原価で評価しなければならないのは，本来，企業会計が企業の開設にあたり出資者から資本として自由選択性資金を受け入れたという客観的事実の認識を基礎とする受託責任会計として出発しなければならないことから起こる宿命的制約である。したがって，企業が出資者のための会計ではなしに企業実体の会計であるとする立場をとる場

合においても，その会計構造から受託責任会計に伴う外部的制約要素を追放することはできないのである。

　これが，経済企業の会計上，企業の開設にあたって出資者から資本として自由選択性資金を受け入れた事実を現実に受け入れた金額，すなわち取得原価をもって計上しなければならない理由であり，その期の収益に対応すべき費用を支出した金額，すなわち取得原価で計上しなければならない理由であり，この取得原価を基礎として，その期の分配可能なる貨幣利益を測定して，これを株主報告損益計算書に計上しなければならない理由であり，また，期末に残った次期の費用性資産を次期へ繰り越すために取得原価で貸借対照表に計上しなければならない理由である（片野 [1965a] 512-513 頁）。

　つまり，継続企業の開設以降企業実体が出資者から受託した資本の保全と運用についての会計責任の設定から解除にいたるいきさつを会計年度ごとに明らかにするとともに，この会計責任を次の年度に引き継いでいくためには，資産・負債・資本・収益・費用の変動の事実を，その取引の成立したときの価額すなわち取得原価（歴史的原価）で計上しなければならないのである。

III　財産目録の重視

1　簿記の出発点としての財産目録

　上述したように，簿記の意義を財産の管理計算制度とし，受託責任会計という会計職能を重視することに伴って，財産目録を重視している点が，片野の簿記理論の特徴の１つである。

　例えば，簿記の入門書として書かれた『簿記の手ほどき』（片野 [1965b]）では，まず第１章を「簿記の出発点は財産目録」と題して，財産目録とは自分の資産と負債の実状を書いたものであり，営業の財産目録と家計の財産目録があって，財産目録は営業をしていない人にも必要であるとしている。そして，営業者は営業の財産目録を作るべき法律上の義務があり，財産目録で営業財政の良し悪しがわかる。また，会計簿記の締めくくりは財産目録で行うことを説明し，今日の進歩した簿記といえども，その計算の出発点は，財産目録に始まっ

ているとしている。このように，財産目録から説明する簿記書は少なく，これが片野の簿記理論の特徴である。

　また，営業簿記の第1目的は財産計算であり，財産目録と財産の実際とを突き合わすことが財産計算を行う最終目的であるとしている。そして，「財産計算を行うことについて，とにかく世間で見落しがちになり，あるいは，誤解している大切な一つのことがら」（片野 [1965b] 20頁）として，現金出納帳や売掛金元帳や商品有高帳その他の帳簿を毎日丹念に記録するのは，単に期末に財産目録をこれらの帳簿の記録から作ることだけがその目的なのではなく，営業者がこれらの財産を有効に管理するのにそれぞれの帳簿の記録を役立てるためであると説明している。

　そして，片野によれば，帳簿記録と実際有高との突き合わせによって，帳簿と実際とが一致しない原因を調査して，将来の財産管理について善処する必要がある。そのため，期末に財産目録を作成するということは，単に帳簿のその時の数量や金額の残高をそのまま写しとって，財産目録に載せるというのではいけないのであって，その時の実地調査によって得た数量と金額を載せることが正しい行き方である。もし，その時の帳簿に載っている数量と金額がこの実地調査による有高と異なっている場合には，帳簿の記録を訂正して，実際有高に一致させておかなければならない（片野 [1965b] 20-21頁）。

　こうして，期末には財産目録にその時現在の全財産の真実の状態が明確に示されるとともに，一方，各帳簿の記録は，この財産目録の内容と一致させた上で，当期の締切りを記入し，ついで次期の開始記入をするのである。

　片野は，決算整理のための資料を得るには，財産目録を，決算に際して作らなければならないと主張する。つまりこれは，帳簿の記録を実地調査で得た資産・負債の事実資料に突き合わせて修正するためである。しかし，決算整理をする事項は，どんな種類の営業でもそれほど数多くはないため，決算事務を迅速かつ能率的に行うには，決算整理事項だけを詳しく調べ出した部分財産目録を作ればそれで用が足りる。

　この決算整理資料のみを盛った部分財産目録は「棚卸表」とよばれる。この棚卸表記載の各事項に基づいて，帳簿記録を修正する。そのため，帳簿記録は

決算整理記入が済んではじめて，その年度の真実な財産計算の結果，および真実な損益計算の結果を伝える資料となる。つまり，複式簿記で記録した営業の財産計算と損益計算の決算報告書が真実であることを保障するものは，決算に際して作成する財産目録である。決算のときの財産目録がこういう重要な役割を担っているということは，現在の簿記の学習上一般に見落され，もしくは軽視されている非常に大事な点である，と片野はいう（片野 [1965b] 111-112 頁）。

次に，財産目録が会計上もっている本質的な意義について，片野は次のように説明している。財産目録が会計上もっている最も本質的意義は，その時における財産のなまの状態を財産目録が示しているということである。営業会計を複式簿記で遂行する場合には，期末財産目録に示されているその時の事実としての財産の実態そのものが，その期の最終帳簿記録の真実性とこの帳簿記録から誘導して作る期末会計報告の真実性を支える柱になっているというのが，営業会計の仕組みである（片野 [1965b] 149 頁）。

また，「不時にまたは定期に財産目録をつくることは財産の全体的管理の最もプリミティブな手段である。財産をその一つ一つの項目について個別に管理計算し，かつこれを全体として管理計算するということは財産制度それ自体から産まれる必然的要請であって，今日の発達をとげた簿記のそもそもの芽生えは，人が財産目録を作成することを知ったときにはじまるものである」（片野 [1965a] 10 頁）としている。

2　財産目録の簿記会計上の地位
(1)　財産目録を作る理由

片野 [1965a] は，財産目録を作成する理由を会計方法上の理由と，会計実務上の理由に分けて，以下のように説明している。

①会計方法上の理由

会計の方法上からいうと，財産の保全と運用に対する管理計算を行うという会計の職能は，簿記による帳簿記録のほかに開業財産目録ならびに決算財産目録を作ることを必然的に要請する。その事由は，会計が真実にして正確である

ためには，何よりも帳簿の記録が客観的に取引の発生した事実を立証する証拠に基づいてなされることが必要である，ということである。

　事業開始後，日常の取引を帳簿に記入する場合には，例えば，送状・領収証・注文書・小切手・手形等取引の発生した事実を立証する証拠書類に基づいてこれを行うのであるが，事業開始時点における帳簿の開始記入は，その時点において事業の責任者が作成し，かつ署名した財産目録に記載されている事項に基づいて行わなければならない。

　次に，決算財産目録についてはこの事情はさらに複雑である。年度決算の手続として（1）まず帳簿記録の正確であることが検証され，（2）ついで，この帳簿記録に基づいて財産計算と損益計算の総括が貸借対照表と損益計算書になされる。この場合，帳簿記録に基づいて作成される貸借対照表・損益計算書は，計算上の結果としての財産計算表であり，所得計算表であるにすぎない。それがその時の企業財産の実態と真実に一致しているかどうかは，財産の実際と突き合わせてみなければ判明しない。この記録と実際との突き合わせによって，はじめて会計の計算管理の職責が果たされるのである。

　財産の変動に対して会計が担っているこの計算管理職能は，簿記の仕組みが複式簿記の組織による場合でも単式簿記による場合でも同様に財産目録の作成を要請する。ただ，複式簿記による場合には試算表の貸借平均により勘定帳簿・補助帳簿の記録が正確に行われたということが一応検証されるのに対し，単式簿記はこの検証手段を欠いているという違いがあるだけである（片野［1965a］456-457頁）。

　そして，この財産目録を作成する会計方法上の理由に関して，片野が昭和34年の農協監査士の試験問題として出題した問題に対する解答を取り上げ，次のように指摘する。

　昭和34年度農協監査士試験問題「帳簿記録と期末財産目録との関係」[1]は片野が出題したもので，この解答に現れた期末財産目録の職能についての理解の

1）実際の問題文は次のような文章である。「企業会計上簿記のはたす職能からみて，帳簿記録と期末財産目録との関係をのべよ。」（片野［1965a］457頁）

仕方として,「財産目録が必要となる場合は期間純損益を財産法で測定する単式簿記の場合だけであり,複式簿記によるときは期間純損益は損益法で測定されるから財産目録は不必要である」とするものが非常に多くみられた。この誤った解釈は今日世間に相当広く浸みわたっている。

決算財産目録は,決算時点における企業財産の実態を実地に調べてこれを表示した書類であり,簿記の計算上の結果を示している財産計算表の数値をその時の財産の実態を示している。この財産目録の数値を突き合わせてはじめて計算管理職能はその責任を果たすのである。したがって,決算財産目録を作成するとそれ自体は簿記の計算機構のそとで行われる手続ではあるが,それは当然行われなければならない会計行為の一部なのである。言い換えれば,決算財産目録は企業会計構造の不可欠の一部をなすものである,と片野はいう(片野[1965a]458-459頁)。

②会計実務上の理由

財産目録を作る会計実務上の理由として,片野は,貸借対照表・損益計算書作成の基礎資料を得るため(決算資料としての財産目録)と,貸借対照表内容の説明書として役立つため(財務表としての財産目録)の2つの理由をあげている。

すなわち,複式簿記により企業の財産の変動を記録整理する場合,会計年度末に総勘定元帳における資産勘定・負債勘定・資本勘定を集めて貸借対照表に財産計算の総括を示し,収益諸勘定・損費諸勘定を集めて損益計算書に損益計算の総括を示すものであるが,しかし,総勘定元帳のこれらの勘定を形式的にまとめてみても真正な財産計算・損益計算を行うことはできない。営業の真実な損益計算と財産計算を得るには,決算の際に総勘定元帳および補助帳簿の記録を補正するための諸資料が必要である。決算の際に財産目録を作成する1つの重要な理由は,この決算整理記入の資料を得るためである。しかし,帳簿記録の整理記入資料を得るというだけの理由ならば,総資産および総負債を掲げた財産目録をあえて必要としない。これらの整理記入資料のみを掲げた部分財産目録たる棚卸表だけで用が足りる。

複式簿記の理論からいえば,簿記計算の内容は,もっぱら財産の価額(貨幣

価値）に限定されており，資産および負債の実体ならびに数量等は直接問題にしていない。資産の勘定は個々の資産がどんな種類から成り，いくばくの数量から成っているかを示さない。負債の勘定は，だれに，いつ，如何なる方法で支払うべきか，その内容を明らかにしていない。ゆえに，期末財産の有高表として総勘定元帳に基づいて作成される貸借対照表は，資産と負債の貨幣表示ではあるが物量表示ではない。かくして，期末における営業の資産および負債の実体内容を詳細に表示すべき記録として，貸借対照表以外に別にその内容説明書として財産目録が作られるのである（片野 [1965a] 459-460 頁）。

(2) わが国における財産目録の沿革

片野 [1965a] によれば，わが国の企業会計制度は，歴史的には明治以前徳川幕府の末期にフランス系簿記の輸入にその起源を求めることができる。明治以降におけるその発展は，明治の初年英米系簿記の輸入によってその土台が固められ，後に明治の中頃ドイツ商法を母法として商法が創定されるに及んで，法律制度を通じて大陸系の会計制度の影響を併せて受けてきている。

英米の企業会計制度と大陸諸国の企業会計制度とを沿革的にみて両者の最も大きな相違点は，前者は，19 世紀初頭以降発足した株式会社会計が，そのはじめから株主を代位する会計士の監査を裏づけとして発展してきたのに対し，後者は，事業に対する債権者の立場を保護するために，事業主に定期的に財産目録を作成せしめることを法律が規定し，企業会計制度はこの財産目録を中心に構成されている点にある。

そして，会計記録の真実性の保障を前者（英米の企業会計制度）にあっては会計士監査に求め，後者（大陸諸国の企業会計制度）にあっては財産目録に求めた点にその特質がある。この違いは当然に両者の会計構造に相違をもたらし，前者にあっては，損益計算書・貸借対照表を作成する手段としての棚卸表はあるが，財務諸表としての財産目録は存在せず，後者にあっては，貸借対照表・損益計算書とともに財務諸表としての財産目録が，同時に損益計算書・貸借対照表に先行してそれを作成する基礎資料たる地位をしめることになる（片野 [1965a] 462 頁）。

そして,「日本の企業会計制度は,明治初年に導入した英米系統の簿記体系の土台の上に明治中期にドイツ系統の財産目録作成法規を摂取するに及んで,爾来棚卸表と財産目録が,一は期間損益計算の手段としてアカウンティングの領域に,他は財務表の一部としてリポーティングの領域に,おのおの別機能をもって制度化するに至ったのである」(片野 [1965a] 463頁) と述べている。

(3) わが国大企業の会計における財産目録の地位

以上のようなわが国における財産目録の沿革を踏まえて,片野はわが国大企業の会計における財産目録の地位を次のように説明する。「企業会計原則の付属財務諸表準則ならびにこれにそのままならって制定された証取の財務諸表規則が登場して以来,世間にはこの新しく日本の大企業の会計実務の中に導入された財務諸表付属明細表なるものは決算財産目録が内容的に解消して,そこから発展したものであるという見解がそうとう広く浸み通っている。これは大きな誤解である。決算財産目録と財務諸表付属明細表とは企業会計の構造上本質的に別個のものである。」(片野 [1965a] 464頁)

そして,財産目録は,勘定帳簿・補助帳簿とは直接関係なしに,帳簿のほかで実地調査によって得た資産・負債の明細な資料を記載したもので,財務諸表作成資料としての勘定帳簿・補助帳簿の記録を点検修正する資料として役立ち,したがって,財務諸表による会計報告の真正を保証する支柱としての役を果たす地位にある。財産目録のもつこの機能について世間には正しく理解していない向が相当に多い,と片野はいう (片野 [1965a] 464頁)。

(4) わが国小企業の会計における財産目録の地位

そして片野は,小企業の会計における財産目録の地位を以下のように説明する。個人事業ないし個人的性格をもつ人的会社では,期末財産目録が「決算時の一切の資産・負債の実際を調べて書き上げたもの」という意味で,これを決算の資料として使うことは十分に意味があり,実践的にもこれを作ることは容易である。したがってまた,この財産目録が決算報告書の一部として貸借対照表・損益計算書の真実性を裏づける支柱であるとみることにも十分意味があ

る。しかし，わが国の会計界では，小規模事業の会計における期末財産目録が，大企業の場合においてその機能を喪失しているのとは異なって，むしろ，積極的意義をもっている点を一般に軽視する傾向が強い。

　特に，企業会計原則の登場以降この傾向は一層拍車をかけられている。また，商法の商業帳簿の規定は，個人事業の場合は，これに違反してもなんらの制裁を受けることなく不完全規定になっている。このような環境のもとにあって，一般に小規模企業では，経理上決算財産目録が重要であることを意識している企業者を除いて，大多数のものは，決算財産目録を進んで作ろうとはしないのが実情である。

　しかし，見落としてはならないことは，わが国の現代の大企業の会計の構造が中小企業のそれと最も大きく異なる点は，前者にあっては，前年度会計報告書の真実性を立証する手段として決算財産目録がその機能を喪失しており，これに代わって，第三者による会計監査の制度が確立されていることである。

　中小企業の会計実務には，第三者による会計監査の慣行は存在しておらず，その年度会計報告の真実性を保障する機能を確保するためには，会計構造上，決算時点に実地調査して得た一切の資産負債に取得原価を付して作成した財産目録を会計報告書作成の基礎資料として欠くことはできないのである。しかも，実践の上からも，決算財産目録を作成することは大企業のかかる会計構造の相違を無視し，大企業の会計実務上その機能を失っている決算財産目録がその財務諸表体系から姿を消さんとする動向にある事実に基づいて，小企業の会計についてもまた決算財産目録を無用であるとするのは，法定監査の対象外にある中小企業の会計を合理化するゆえんではない。

　中小企業の経理における決算財産目録の職能は，時価による財産総有高を測定する点にあるのではなくて，原価による帳簿記録に即して決算を遂行する場合に帳簿上の個々の財産記録をその時に実在する個々の財産の現実と突き合わせる手段を提供するところとなるからである。しかも，これら法定監査の対象外にある中小企業は，その数においてわが国全企業の圧倒的多数をしめている，という事実は決して見落とされてはならないのである（片野 [1965a] 464-466 頁）。

Ⅳ　おわりに

　本章では，『簿記精説』の記述にしたがって片野簿記の特徴を考察した。片野によれば，簿記は財産の管理計算制度であり，そのため，財産管理上の会計責任（アカウンタビリティ）の解明機能が重要であるとされている。それに伴って，財産目録を重視している点が，片野の簿記理論の特徴の１つであると考えられる。

　このような経営者の会計責任を強調する考え方は，片野のインフレーション会計の研究における根底になっているものと思われる。また，財産目録を重視する考え方は，学部の専門演習で片野から指導を受けた安藤英義にも受け継がれているものと推測できる。

【参考文献】
　片野一郎［1953］『簿記精説（新訂7版）』同文舘出版。
　片野一郎［1965a］『簿記精説（改訂13版）』同文舘出版。
　片野一郎［1965b］『簿記の手ほどき（新稿26版）』同文舘出版。

【写真出所】
　『簿記精説』（同文舘，1977年）

（堀江優子）

第7章　沼田嘉穂と帳簿組織

沼田嘉穂
【略歴】
1905年　東京都生まれ。商学博士。
1930年　東京商科大学本科卒業。
1932年　鹿児島高等商業学校教授。
1936年　横浜専門学校教授。
1939年　横浜高等商業学校教授。
1949年　横浜国立大学教授。
1971年　駒澤大学教授。
1989年　死去。83歳。

【主要業績】
『精講近代簿記』中央経済社, 1952年。
『簿記教科書』同文舘出版, 1956年。
『簿記論攻』中央経済社, 1961年。
『帳簿組織』中央経済社, 1968年。
『現代簿記精義』中央経済社, 1973年。

I　はじめに

　沼田嘉穂（以下，沼田）は，第2次世界大戦後の簿記学における発展を牽引したことが最大の貢献である。戦時中の1943年に『簿記会計精義』を出版し，その後1956年には『簿記教科書』を出版している。『簿記教科書』は，1978年に10訂版まで出版され，その後1980年には新版，1987年の再訂増補版を経て，1992年に5訂新版が出版されている。『簿記教科書』は，大学における簿記教育に欠くことのできない書物である。

沼田は，「戦後いち早くサービス業導入法によるサイクル・メソッドを併用した簿記教育を商業高校用の検定教科書で実施」（森田・宮本編［2007］1094頁）したことにより，日本における簿記教育の領域で大きな貢献を果たした存在である。サイクル・メソッドを併用した簿記教育は，「簿記一巡の手続を繰り返しながら，いわばこのサイクルを1つの核にして簿記教育をしていく」（中村・大藪［1997］3頁）手法であり，簿記の記帳技術を身につけさせる上で大きな役割を果たしている。

また，沼田による簿記は帳簿組織にその大きな特徴がみられる。日本の簿記学および会計学はかなりの発展を遂げているが，沼田は企業の経済活動，すなわち取引についての事務処理を対象とし，それらについての書類の作成，記帳・計算の全体をカバーしており，このような内容の帳簿組織についての研究はいまだ何人によってもなされていない（沼田［1968］14頁）。特に1968年の大著『帳簿組織』では，教育と実務の両側面における帳簿組織のあり方について説明がなされており，帳簿組織は沼田簿記を考察する上で必要不可欠なテーマである。

そこで本章では，沼田による簿記理論を検討するにあたり，『帳簿組織』および『簿記論攷』を研究対象として取り上げ，沼田による簿記理論を考察する。

II　帳簿組織の概念

沼田によると，会計帳簿について「簿記は帳簿記入の略語であることから見ても，帳簿（Books）は簿記の前提となり，帳簿を離れては簿記はありえない」（沼田［1961］125頁）と述べており，簿記における帳簿組織の重要性を強く主張している。また，沼田は「帳簿」という言葉を定義することの必要性にも言及している。これまで，「帳簿」という言葉が定義されてこなかった理由として，1つには帳簿という言葉が改めて定義するほどのものではなく，すでに自明であるという点，もう1つは「帳簿」の範囲を明確に限定することが困難であり，定義づけることが難しいという点を示し，帳簿の定義がなされてこなかった理由を二面的に捉えている。帳簿の定義化をすることが，簿記学を展開

する上で欠くことができない点であることを示している反面で，沼田自身もこの定義を明確に示すだけの確信がないとの理由から，著書の中では明確な定義はなされておらず，著書の中での帳簿を「企業の経済活動を数値（主として貨幣金額）で継続的に記録したもの」（沼田［1968］105頁）として，概念的で限定的な定義づけを行っている。

　沼田は帳簿組織についても，「帳簿組織とは英語の Accounting System の略語であり，直訳としては会計組織の方が正しい」（沼田［1968］3頁）と説明しており，日本が従来から用いている，簿記における帳簿制度そのものを「帳簿組織」と位置づけている。さらに，帳簿組織について複式簿記を前提とし，仕訳帳および総勘定元帳を中心とした帳簿の分割，ならびに主要簿，補助簿の記帳上の関連などといった範囲はもちろんであるが，簿記上の固有の帳簿に限らず，証ひょうや伝票をはじめとしたあらゆる取引上，伝達上，記録・計算・管理上および監査上の書類をも含んだ，「企業の経済活動のための記録書類全般に及ぶ」（沼田［1968］104頁）とし，帳簿組織の範囲を簿記上の帳簿だけではなく，その周辺に付随する会計書類全般を捉え，一般的な帳簿組織の概念よりも広く考えていることがわかる。

　この一般的な概念よりも広い帳簿組織の概念は，沼田による著書の中では広く用いられており，沼田による帳簿組織の概念が特定の著書に限定されたものではなく，基本的な帳簿組織の考え方として有していたものではないかと推察される。この点について，大藪は次のように述べている。

　「沼田先生の書物では，仕訳帳・元帳を中心とする帳簿の分割，主要簿・補助簿の記帳上の関連，そういうようなものをまず中心的な議論の対象にし，さらには此等の簿記固有の帳簿を超えて，証ひょうとか伝票を含んだものを扱っておられる。言うならば，企業の経済活動のための記録処理全般に及ぶものを議論しておられるのが沼田先生の考え方ではないでしょうか。」（中村・大藪［1997］130頁）

　このように，沼田は帳簿組織の概念を会計組織の概念とほぼ同一のものとして取り扱っていることが伺える。実際，会計組織とは「勘定分類，会計帳簿，帳票フォーム，会計手続，内部牽制などの総体」を指す言葉であり，帳簿組織

は会計組織の中の会計帳簿を中心に捉えた部分であると考えられる。しかし沼田は，帳簿組織を会計組織とほぼ同義に扱っており，一般的な帳簿組織の概念よりも広く扱っている。

III　帳簿組織論と簿記学

　前述のように帳簿組織の概念を捉えることは，帳簿組織論と簿記学の関係を沼田がどのように捉えているかにも起因している。沼田は，帳簿組織論と簿記学の関係について明らかにすることの必要性を示すとともに，そのためには簿記の定義を確立することが必要であると主張している（沼田［1968］16頁）。なぜなら，この簿記の定義をどのように規定するかによって，帳簿組織との関連性が大きく変化してしまうからである。

　沼田は簿記について，企業の経済活動を継続的に貨幣金額で記録し，計算することであると定義づけている（沼田［1968］16頁）。すなわち，簿記とは1つの取引を指すのではなく，連続した取引について一連の継続的記録を行ったものを簿記として位置づけている。また，貨幣金額による記録・計算が簿記の必須要件であることはもちろんであるが，物量数値であっても，一般的には物量数値のみによる記録や計算は簿記ということはできないが，それが貨幣金額を算定するための基礎となるものであり，あるいはそれを補助するために必要なものである場合には，それを簿記に付随する記帳として簿記の一部分とみなすことが適当であるという見解も提示している（沼田［1968］16頁）。例えば，仕入れた商品の数量が示された商品有高帳や，従業員の労働時間を算定するために必要なジョブ・カードなどがその例である。

　このように考えたとき，証ひょうなどといった会計帳簿以外のものであっても，それは簿記の一部分を構成するものであると考えることが妥当であることから，帳簿組織といったときには会計帳簿に加えてそれらの作成に必要な付随的に存在する資料をも帳簿組織に含まれると捉えているといえる。

　それでは，複式簿記についてはどのように捉えているのであろうか。沼田は，複式簿記について勘定科目と貸借記入原則によって記帳・計算された簿記

であり，企業の経済活動が継続的に貨幣金額によって勘定科目と貸借記入原則で記帳されるとき，それを複式簿記として認識している（沼田［1968］16頁）。すなわち，複式簿記とは理論的枠組みと記帳技術という2つの側面の上に成立するものであって，複式簿記を科学としての簿記法であると沼田は考えていることがわかる。

　簿記の記録は内容的に勘定科目と貸借記入によって行われるものであることから，簿記の記録を行うためには，勘定科目に加えて貸借に記入するための金額の把握が必要となる。すなわち，勘定科目にも貸借記入にもよらない記録であれば，それは簿記の記録とはいえない。例えば，商品を仕入れた取引について，仕入先との値段などの照会についての書類はもちろんであるが，注文書などの証ひょう書類であっても，それ自体は勘定科目と貸借記入原則によって記帳・計算されたものではないことから，簿記とはいえない。ただし，注文書などの控えを仕入取引の帳簿記入の一部として流用するときは，その流用された書類は簿記として捉えるべきであるとし，証ひょうの存在を簿記の一部分として取り入れるケースがあることを示唆している（沼田［1968］17頁）。

　沼田の簿記と帳簿組織に対する考え方は，次に述べる点からも明確である。沼田は，企業で行われる事務処理について，企業の経済活動に関する記録および記録書類の作成と記録を基礎とした計算の全体であると捉えている。そして，事務処理の中核をなすものが簿記上の記録と計算によるものであって，結果的に事務処理は簿記処理であると述べている（沼田［1968］14頁）。

　そこで，簿記処理と会計記録，および帳簿組織の関連性についての沼田の考えを考察する。会計学とは，「企業の財務計算の妥当性を貨幣金額でいい表すことを目標とする学問」（沼田［1968］12頁）であり，企業会計における適切な評価についての理論の追求が焦点となっている。そのため，結論は損益計算書や貸借対照表で具体的に示されることとなる。言い換えると，会計理論により完全な財務諸表が作成されたとすれば，それは会計理論が発展したことによって実現されたものではなく，それらの金額の算定根拠となる会計記録がかなりの理論的，技術的，経済的な前提を克服し，完全で妥当な財務諸表を作成できるように準備することが必要である。そのためには，日常の取引を明確に記入

する仕組みを整備し，合目的な決算整理などにより多くの基礎的，技術的な手続を解決する簿記学の存在が重要であることを意味している。

　日常の経済活動の状況は，すべてが帳簿を中心とした記録書類によって示されることになる。すなわち，財務諸表は企業の財務計算や経営計算についての最終的に集約された結論を示すのみであり，それ以上のものは示さないからである。すなわち，会計記録が完全な財務諸表を作成するための資料という目的のみをもっているのではなく，帳簿記録自体が確然とした自己目的をもって記録計算されていることを意味している（沼田 [1968] 13 頁）。

　企業の経済活動について把握された記録を会計記録と考えるとすれば，会計記録とは，その目的から（1）財務諸表を中心とする記録と，（2）日常の取引の記録・計算ならびに財産・損益の管理に必要な記録・計算の２つに分けることができる（沼田 [1968] 14 頁）。前述のように，財務諸表を作成するために必要な情報を提供することだけではなく，日常的に行われた取引を把握するための手段としても簿記が活用されることになる。そして，この２つの目的は，ほとんどの場合では同一の記録から果たされることとなるが，場合によっては同一の記録から果たされた目的が異なることもあり，沼田はそのとき会計処理と簿記処理における不可分の関係が存在し，それと同時に別々の目的が認識されることになると述べている（沼田 [1968] 14 頁）。

　このように考えると，財務諸表を作成し企業の財務計算の妥当性を貨幣金額で示すという会計理論の概念を，実際に実現させるのは簿記の役割であり，言い換えると，会計理論は簿記の理論的，技術的，経済的可能性によって絶対的に支配されることを意味している。同時に，簿記は企業が行う経済活動の原始的な把握を行うという簿記固有の機能をもっており，簿記がその機能をまっとうし，簿記に必要な記録と計算とを完成させることは，帳簿組織の重大な任務の１つである（沼田 [1968] 14 頁）。

IV　帳簿組織の発展

　前述したように，簿記の範囲を勘定科目と貸借記入による記録と捉え，その

計算が記帳されてから，もしくは記帳が終わる前の計算に限る，すなわち簿記の記帳に際して必要とされる金額の計算が事前に行われるはずであるが，その点については簿記学の範囲とは考えないとするのであれば，簿記は事務処理の全部ではなくその一部であるとするのが適切である（沼田 [1968] 18 頁）。このため，帳簿組織が企業の経済活動に関する事務処理の全部を対象とするという前提のもとでは，簿記学と帳簿組織論との間には対象についての食い違いが生じてしまい，帳簿組織論が完全に簿記学の一部，あるいは帳簿組織論が簿記学に含まれ，帳簿についての組織部分を担当するものであるという考え方では整理できない（沼田 [1968] 18 頁）。

　一方，帳簿組織論の対象の多くは簿記学と同一の領域に存在しており，また簿記学の対象からはみ出した部分も，簿記に記録的，計算的資料を提供する職能をもっている。また，帳簿組織は簿記の実務面を担当するものであり，簿記原理を実務に適用する上では帳簿組織が必然的な前提となる。すなわち，簿記学と帳簿組織論との間には，その対象に若干の相違があるとはいえ，帳簿組織論は簿記学の実務への適用面を取り扱うものであり，簿記学の重要な領域の 1 つであるとみることができる（沼田 [1968] 18 頁）。

　これらの点踏まえ，沼田は，帳簿を帳簿組織，記帳形式，記帳手続，記帳内容，帳簿の体裁，記帳手段の 6 つの視点から分類しており，特に帳簿組織からの区分については，その発展段階について以下のように区分している（沼田 [1961] 126 頁）。

(1)　単一仕訳帳・元帳制

　単一仕訳帳と総勘定元帳を用いている場合，複式簿記の基本的な帳簿組織として，取引があった際には次のように記帳が行われることになる。

　　記入の順：取引 → 仕訳帳 → 元帳

　この形式のときは，総勘定元帳によって計算単位別の増減記入が完成することになる。そのため，仕訳帳・総勘定元帳ともに主要簿として位置づけられ，

補助簿は存在しないことになる（沼田 [1961] 127 頁）。

　ただし，この形式によると企業が行った取引のすべてが仕訳帳によって示されるため，歴史的な記録がわかるという点では大きな特徴であるが，記帳を分業することや特定の取引に関する記帳が行われないことから，不自由な面も見受けられる（沼田 [1961] 127 頁）。

(2)　単一仕訳帳・元帳および補助簿制

　上述のように，単一仕訳帳と総勘定元帳だけでは十分な情報が引き出しえないという欠点を改善すべく，帳簿組織は次の段階である単一仕訳帳・総勘定元帳および補助簿制に進展した。

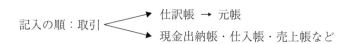

　この方式によると，補助簿の存在により特定の取引についてまとまった記帳が行われ，整理されるようになった。ただし，記帳の分業が困難であるという問題点はいまだ残っている。それだけではなく，この段階においてはすべての取引を仕訳帳に記帳するが，それを元帳に転記をした上で，さらに特定の取引については補助簿にも記帳しなければならなくなったという意味で，以前よりも手数がかかるようになっている（沼田 [1961] 128 頁）。

(3)　特殊仕訳帳制

　そこで，補助簿として活用した様々な帳簿を仕訳帳として活用することで，主要簿を分業し，手数を減らすという試みが行われるようになった。これが次の段階である。

　この段階では，例えば現金，仕入，売上に関する取引が発生した際は，現金出納帳，仕入帳，売上帳にそれぞれ記入されることになることから，普通仕訳帳には記入されない。すなわち，特殊仕訳帳として活用している帳簿に記帳されない取引だけが，普通仕訳帳に記帳されることになる。そして，それぞれの特殊仕訳帳や普通仕訳帳から総勘定元帳に転記されることになる。

　このような形式にすることによって，特定の取引について二重の原始記入をする必要がなくなるため，手数を減らすことができる。それだけではなく，特定の取引についてまとまった記帳が行われるため，整理されることになる。さらには，特殊仕訳帳に記入される取引が特定の勘定に対して合計転記されることになるため，転記の手数も削減されることになる（沼田 [1961] 129頁）。

(4)　分割仕訳帳・分割元帳制

　特殊仕訳帳を用いることによって，仕訳帳の問題の多くは改善されたものの，元帳については別段の改善が行われていない。そのため，規模が大きくなり，取引先が拡大するとともに，それらの処理が困難となる。そこで，総勘定元帳を分割し，統制勘定を利用するという進展が次の段階である（沼田 [1961] 130頁）。

　この形式では，特殊仕訳帳から総勘定元帳に対しては原則として合計転記が

行われることとなり,また補助元帳に対しては普通仕訳帳および特殊仕訳帳からそれぞれ個別転記が行われることとなる。また,特定の勘定については人名勘定などを用いて別の補助元帳にそれらがまとめられることから,勘定科目が整理されるとともに,元帳への転記を分業により行うことができるようになる(沼田 [1961] 130 頁)。

このとき,特殊仕訳帳からも総勘定元帳に転記が行われることから,特殊仕訳帳は主要簿として位置づけられることになる。にもかかわらず,補助元帳については主要簿である総勘定元帳から分割されたとしても,それは補助元帳としての位置づけとなる点で,整合性が取れていない(沼田 [1961] 130 頁)。

(5) 合計仕訳帳制

上述の問題について,転記の関係を発展させたものが合計仕訳帳制である。すなわち,特殊仕訳帳から総勘定元帳に合計転記を行う際,合計仕訳を行う方法である(沼田 [1961] 131 頁)。

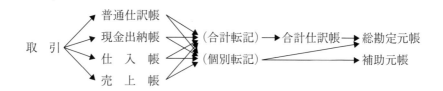

このような発展の変化の中で,沼田は主要簿と補助簿という区分に対する有用性に疑問をもっている。すなわち,(4) の段階までの特殊仕訳帳は主要簿として位置づけられているが,(5) の時代の特殊仕訳帳は補助簿に転落しており,特殊仕訳帳および補助元帳が補助簿として認識されることになる。そのため,これまでの簿記理論では合計仕訳帳と総勘定元帳が主要簿であると考えられている(沼田 [1961] 132 頁)。

しかし沼田は,「合計転記について合計仕訳帳を通すか否かは,(a) 転記を確実にし,また (b) 転記の結果を調べる場合,合計試算表の総合計額と元帳の合計額との金額の照合手段を可能にするかどうか,という点にあり,特殊仕

訳帳の形式・記入内容は全く同一である。このように同一の帳簿について，その一方を主要簿とし，他方を補助簿とすることは，明らかに理論的矛盾がある証拠である」（沼田［1961］132頁）とし，主要簿と補助簿の分類に疑問を呈している。

　また，「主要簿・補助簿の区分は，たとえ，合理的になし得たとしても，今日では実益が殆どない。それは帳簿の職能の軽重の差を意味するものでもなく，記帳内容の区分を意味するものでもない。よって簿記理論の上からは，この際，この区分を墨守することを止め，他の実益ある区分標準へ移行すべきことを反省すべきである」（沼田［1961］132-133頁）と主張している。

V　分割仕訳帳制と精算勘定

　沼田は，分割仕訳帳制の欠点である二重転記の排除と仕訳帳の合計額についての二重仕訳の金額の削除という点について，規模の大きな企業が日常的に分割仕訳帳を用いている点をかんがみ，重要な論点の1つとして提示するとともに，精算勘定の利用について示している（沼田［1968］115頁）。

　特殊仕訳帳として当座勘定出納帳と仕入帳，売上帳を用いている場合，例えば商品¥10,000を現金で売り上げた取引は，

　（1）　当座勘定に
　　　（借）　当　　座　　　10,000　（貸）　売　　上　　　10,000

の記入が行われ，
　（2）　売上帳に
　　　（借）　当　　座　　　10,000　（貸）　売　　上　　　10,000

の記入が行われる。すなわち，当座勘定出納帳では売上が相手勘定となり，売上帳では当座が相手勘定となる。よって，それぞれ相手勘定の転記を省略すれば，当座勘定出納帳からは借方（当座）が転記され，売上帳からは貸方（売

上）が転記される。このため二重転記は排除されうるわけである。しかし，実務としてはこのように2つの特殊仕訳帳に記入された取引を正確に拾い出すことが容易ではなく，このため，このような取引を摘出するためには，特別欄を設けるなどの手段をあらかじめ採る必要がある（沼田［1968］115頁）。すなわち，特殊仕訳帳間で完了する取引に対しては，二重転記が排除されるという点で利点はあるが，それぞれが別々の帳簿に記入されていることから，取引の関係性はみえづらくなっているという点に問題があることを指摘している。

二重転記はこのような方法を採用することで排除することができるとしても，このような記入金額は各特殊仕訳帳の合計額のうちには入ってくることから，合計仕訳のうちには二重仕訳の金額が含まれてしまう。このため特殊仕訳帳が数多く使用され，よって，二重仕訳が多いときには，これを正確に削除記入することがかなりの手数であり，誤り易い操作でもある（沼田［1968］116頁）。

そこで，これらの困難性または欠点を排除する手段として，沼田が提案しているのが精算勘定である。精算勘定とは，二重仕訳の転記について貸借相殺の役割を勤める勘定であり，例えば上掲の取引については，当座売上勘定という精算勘定を設けることになる。その結果，(1) 当座勘定出納帳では相手勘定を当座売上として記入し，(2) 売上帳でも同じく当座売上を相手勘定として記入する。この場合，両特殊仕訳帳にそれぞれ，次の仕訳が行われることになる。

(1) （借）当　　座　10,000　（貸）当座売上　　10,000
(2) （借）当座売上　10,000　（貸）売　　上　　10,000

そして，それが合計転記または個別転記として元帳に全部転記され，その結果として当座売上勘定については，次の記入が行われることになる。

当座売上

（売　上）	10,000	（当　座）	10,000

このことは相手勘定の貸借が相殺され，金額的には転記しなかったのと同一の結果である。また，合計試算表にはこの精算勘定の借方および貸方のそれぞ

れの合計額が計上されるから，合計試算表の合計額は仕訳帳の合計額と自動的に一致する（沼田 [1968] 116頁）。

VI おわりに

　沼田による簿記理論の展開を帳簿組織に焦点を当てて考察してきた。沼田は，帳簿組織に焦点を当てて，帳簿組織の概念および簿記学との関連性について整理するとともに，帳簿組織の発展過程を示しながら，主要簿と補助簿の理論的な位置づけを整理したという点で大きな貢献があったのではないかと考えられる。

　現代においても，帳簿のあり方および帳簿組織の重要性は変わらない点であり，その意味では，沼田の帳簿組織に対する考え方は現代にも引き継がれているといっても過言ではない。

【参考文献】
　中村　忠・大藪俊哉 [1997]『対談　簿記の問題点をさぐる』税務経理協会。
　沼田嘉穂 [1961]『簿記論攻』中央経済社。
　沼田嘉穂 [1968]『帳簿組織』中央経済社。
　森田哲彌・宮本匡章編 [2007]『会計学事典　第五版』中央経済社。

【写真出所】
　横浜国立大学沼田文庫ホームページ

（望月信幸）

第8章　山下勝治と損益計算

山下勝治

【略歴】
1906年　岡山県生まれ。
1932年　神戸商業大学卒業。
1934年　神戸商業大学研究科修了。
1936年　彦根高等商業学校教授。
1944年　神戸経済大学助教授。
1950年　公認会計士試験委員。
1950年　大阪大学教授併任。
1951年　経営学博士。
1953年　神戸大学経営学部教授。
1956年　税理士試験委員。
1969年　死去。63歳。

【主要業績】
『簿記学』千倉書房，1947年。
『損益計算論―損益計算制度の発展―』泉文堂，1950年。
『会計学一般理論』千倉書房，1959年。
『近代簿記論』千倉書房，1962年。
『貸借対照表論―貸借対照表の近代化―』中央経済社，1967年。

1　はじめに

　山下勝治（以下，山下）の主要業績の1つとして『会計学一般理論』があげられる。これは「損益計算を企業会計の主軸に据え，企業会計上の諸事象を損益計算という統一的な観点から一元的に解明しようと努められた」（山桝

［1974］2頁）ものである。また，「『山下会計学』の集大成を意味する書物であることに異論はない」（山桝［1974］1頁）とされる。ただし，山桝は，同書とあわせ画期的な研究として『損益計算論—損益計算制度の発展—』をあげ，「損益計算そのものにつき，その制度的展開過程を史料に即しつつ具体的に考証」（山桝［1974］2頁）されていたと指摘する。そして，「『会計学一般理論』にしたところで，本書（損益計算論—筆者）を承け，本書の延長線上に成立しているものとみるべきである」（山桝［1974］2頁）とし，『損益計算理論—損益計算制度の発展—』の復刻版の刊行にあたり，その重要性を述べている。

　『損益計算理論—損益計算制度の発展—』については，黒澤［1971］も「山下教授の創造的学風が爆発的に発現するにいたったのは昭和25年，損益計算制度の発展が公刊されてからであります」と指摘しているととおりである。続けて，「それから後，損益計算理論，会計原則の理論，会計学の一般理論など，年々矢つぎ早に研究業績を発表し，山下会計学ともいうべき学風を展開して，シュマーレンバッハ動態論の承継の上に，独創的な会計理論の領域を開拓し，構築するに至りました」（黒沢［1971］9頁）と述べている。

　また同時に，「彼の晩年の名著，貸借対照表理論・貸借対照表法の近代化は，山下会計学の集大成であり，円熟の境地を示すもの」（黒沢［1971］9頁）であったとされ，そこで示された大きな指針は，「商法の計算および監査に関する規定の改正と，会計原則の修正と同時並行的実施，公認会計士監査と商法監査との実質一元化という方向で，実現の一歩をふみだしました」（黒澤［1971］9頁）とされている。

　以上の山桝［1974］，黒澤［1971］の指摘からもわかるように，山下は『会計学一般理論』『貸借対照表論—貸借対照表の近代化—』をはじめとした，多くの著書を出版しているが，なかでも博士学位論文でもあった『損益計算理論—損益計算制度の発展』が，それら名著の原点であり基軸になっていることがわかる。

　本章では，上記の山下の「損益計算」の観点を踏まえた上で，山下の簿記理論を探りたい。山下は簿記に関して，『工業簿記』，『新工業簿記』，『簿記学』，『商業簿記』，『近代簿記論』等の多くの著書を執筆している。この中では，簿

記理論に関して，山下が最後に示した『近代簿記論』を研究対象の1つとして取り上げる。また，論文に関しては題目に「簿記」を冠するものとして，「山下勝治博士略歴・著書目録（山下勝治博士追悼号）」によれば，「複式簿記基礎理論」「複式簿記の成立と損益計算制度」があげられる。

　本章では，『近代簿記論』から改訂が続いた一連の著作の中でも新版として出版された『新版近代簿記論』（以下，山下 [1969]），また「複式簿記基礎理論」（以下，山下 [1934]），「複式簿記の成立と損益計算制度」（以下，山下 [1950]），を取り上げ，山下の簿記理論の特徴を検討したい。

II　簿記の目的

　山下は，前節で山桝 [1974]，黒澤 [1971] においても指摘されたように，損益計算を主軸として「山下会計学」を確立したといえる。山下の簿記理論の特徴を結論から述べれば，山下が提唱した「損益計算の観点から複式簿記の計算構造のもつ計算構造を解明」（山下 [1969] 1頁）したことにつきる[1]。また「資本

---

1) 元来，山下 [1956] は損益法のもとでみられる財産計算の性格は，その財産計算が発生主義に立つ期間的損益計算の原則に服し，損益法の立場に自己を適応させようとするものであるとし，損益法のもとにおいて考えうる財産計算は，もちろん通常の意味における財産計算でもなければ，財産のもつべき価値計算でもないとしている（山下 [1956] 15頁）。さらに山下は，財産法のもとにおいては，財産の現金化計算から純財産額を算出し，そこからのみ純財産変動分としての利益を算定するという機能をもつものであるのに対し，損益法のもとに考えられる財産計算の機能は，そのようにして利益を算定しようとするものではないとする。すなわち，利益はすでに損益計算から計算されているので，財産計算のもつ機能はその利益計算を，現金化計算を通じて具体的に実証するところにあるとしている（山下 [1956] 15頁）。
　このように山下 [1956] は損益法のもとで考えられる財産法（近代的財産法）とそうではない財産法が存在していることを述べており，前者は損益法のもとで機能する財産法と考えられるので，損益法が近代的財産法を制約している関係にあるといえるとしている。この損益計算思考が山下 [1969] において山下のいう「複式簿記構造を統一的に解明すること」（山下 [1969] 3頁）の鍵概念として示されていると考えられる。

主義經濟の發展は，その經濟發展に卽應すべき損益計算方法の發展を促しつゝ，複式簿記方法の發展を招來すると言うことが出來る」（山下［1950］14頁）とあるように，経済的環境の変化，すなわち資本主義経済の発展が損益計算方法の発展を促し，複式簿記の発展に結びついたと論じている。以上を踏まえ，本節では山下の複式簿記の目的を明らかにする。

山下［1934］は「複式簿記は一つの簿記法であり，一つの計算機構である事は言ふ迄もない。然し，この事は複式簿記に理論的研究は不可能であり，若くは不必要であることを物語るものであつてはならない。蓋し，存在する計算機構自體の構造を理論的に解明することによつて，簿記實踐の理論的會計を企つることも，又，特定の簿記機構が把握する計算對象の實體を理論的に究明することによつてその任務を明にすることも，共に極めて重要なる問題たるを失わないからである」（山下［1934］112頁）とし，簿記の計算機構は否定しないものの，簿記の計算機構を計算機構そのものとして捉えているのではなく，その構造を理論的に解明・究明する必要性を説いている。

また山下［1934］は「これ等の問題の理論的解明を，複式簿記の基礎理論と名附けた所以である。かくして，複式簿記基礎理論の内容とする所は，一には複式簿記機構の實體的解明—對象論—であると共に，二には，複式簿記機構が經營に於ける計算制度としてもつ職能—任務論—であるのである」（山下［1934］113頁）と述べ，複式簿記を理論的に検討する場合には，実体的解明（対象論）・職能（任務論）の２つに区分されることを指摘する。

ついで山下［1934］は，「複式簿記の對象が何であるかの課題に答へるがためには，何よりも，複式簿記機構の成生を可能ならしめてゐる客觀的状態，換言すれば，かゝる計算機構と必然的に結付いてゐる經濟的秩序を注意しなければならない。蓋し，特定の計算機構は，それがよつて立つ經濟的秩序を前提として與へられてゐるものであるから。かくして，吾々は先づ，複式簿記機構のよつて立つ經濟的秩序を注意することによつて，その機構の把握する對象を明にし，その故に可能なる任務を究明したいと思ふ」（山下［1934］121頁）とし，簿記自体は計算機構であるが，それは必然的に経済的秩序と結びつくため，まずは経済的環境に注視すべき事柄を前提としていると考えている。いわゆる実体

的解明である。では，ここでいう経済的秩序とはどのようなものか，という問いについては「貨幣經濟秩序」[2]（山下 [1934] 123頁）に求めねばならないとしている。

　また山下 [1934] はパーペ（Pape）を引きながら，資本はその源泉（Quelle）によるものと，その形態（Form）によるものと2つの考察方法が可能であるとし，前者は資本そのものとして抽象的な資本力を，後者は一定の形態をとる資本として具体的な資本力をみるものであるとして，複式簿記は，資本運動を，その資本源泉と資本形態との2方面から数学的に把握するものと規定している（山下 [1934] 126頁）。

　これを前提とした上で「私を以ってすれば，貨幣經濟秩序下に於ては，資本は經濟的に二つの濟と内容とをもち，然も複式簿記は，この資本の二側面把握をその根底にもつものと理解すべきであると思ふ。単なる資本は特定の計算機構の對象把握として不充分であって，複式簿記機構が他の計算機構と異る特性を明かにし，複式簿記の成立を可能ならしめてゐる根拠を明瞭にするためには，之を資本の二側面—具體的，抽象的—に求めねばならない」（山下 [1934] 127頁）としている。

　具体的には，「複式簿記が複式簿記たる所以のものは，一方に於ける抽象的資本の計算は，他方における具體的資本—所謂財産—の計算と論理的に結付いて，之が統一的に把握計算される機構であるの點に求むべく，従って，その結

2）山下 [1934] によれば「私は社會科學一般の理論構成に非資本主義的關係を捨象する立場を必ずしも否定するものではないが，元々，簿記機構はそれ自體としての内容をもってゐる一の計算機構であって，資本主義的經濟關係，非資本主義的經濟關係の如何を問はず，その計算機構としてもつ經濟的意味には何等の變化を來たすものではないからである。換言すれば，複式簿記機構と論理的にして必然的關係をもつ經濟關係は，資本主義的經濟秩序ではなくして，寧ろ貨幣經濟秩序に求めねばならない」（山下 [1934] 123頁）と述べている。しかし，その後の山下 [1950] では「資本主義經濟の發展は，その經濟發展に即應すべき損益計算方法の發展を促しつ，複式簿記方法の發展を招來すると言うことが出來る」（山下 [1950] 14頁）とあるように「資本主義經濟」の發展を前提としている。本章では，後年の捉え方を主軸において論じる。

果として，抽象的資本として計算されたる所の抽象的利潤は，他方に於ける具
體的資本—所謂財産—として計算されたる利潤（餘剰）と当然一致する機構と
言ふ事實こそ，充分に之を評価せねばならない」（山下 [1934] 131 頁）とし，こ
こでいう，一致する機構とは，一般には，損益計算書で計算された純損益は，
貸借対照表で計算された純損益と一致する，という表現を使って述べられてい
る。

また，山下は複式簿記の目的（任務）として「複式簿記の任務は實體的には
利潤の發見にある事は事實であるが，それは，單純なる利潤發見の機構ではな
く，個別資本の運動を，その抽象的資本，具體的資本の二側面に於て統一的に
把握すると言ふ事實の故に，可能となれる所のものであるのである」（山下
[1934] 131 頁）と指摘している。すなわち，複式簿記の目的は利潤の発見では
あるものの，単なる計算機構ではなく，実質的任務は，資本の二面的側面（抽
象的資本，具体的資本）において統一的に把握し，利潤を発見するものであると
しているのである。

III　複式簿記の発展と損益計算

山下 [1950] は，「商業取引から招來する損益計算の方法が組織的な簿記方法
として組みたてられていることによつて複式簿記が生成し，こゝに，損益計算
も亦組織的な計算制度としての意味を獲得するに至つたものである」（山下
[1950] 2 頁）とし，このような複式簿記機構は，イタリアの 13・14 世紀にお
ける商業取引の発展に促され，部分的に改良され，歴史的経過のうちに生成発
展し，体系的な複式簿記機構という構造物にまで到達したものであるとする。

また，山下 [1950] によれば，複式簿記方法における組織的記帳の起源は，
組織的記帳の形式としての勘定記録の発見に求められ，その最古のものとして
現存するものは，1211 年のフローレンスの一銀行家の帳簿であると指摘す
る。それは営業全領域にわたるものではなく，信用取引の領域に止まり，債券
債務の記録として顧客勘定が開設されているものであり（これが勘定記録の特徴
といえる），その記録の目的はもっぱら備忘的なものとして考えられていたと述

べている（山下［1950］3頁）。

　しかし，このような備忘的な記録をもつ根本的な変化をもたらした直接な要因としては，「商業の発達に基く共同企業乃至コンメンダ形態の発生に求めることが出來る」（山下［1950］4頁）とする。具体的には，「卽ち新な共同企業としての商企業の発生は，それまでの個人的商人の立場からする債権債務記録の範囲では満足し得られないことは言う迄もないが，こゝに，共同企業出資者の利益分配乃至権利義務の関係を明確にするため営業取引の全領域に亘る簿記記録の必要を招來するに至つたからである。人名勘定と共に漸次的勘定乃至名目勘定が簿記領域のうちに導入されるに至つている所以である。その最古のものとしては，フロレーンスの商人，リネリオ・バルド・フィニ（Rinerio and Baldo Fini）の1299年以後の商業帳簿に求めることが出來，その商業帳簿には，ジーフェキングの紹介によれば，人名勘定の外，衣類，靴，間接費，鋳造費勘定の如く，物的勘定乃至事象勘定が開設されていたと言うことである」（山下［1969］3-4頁）とする。

　続けて，ヴェニスにおける最古の帳簿を取り上げ，ドナド・ゾランツォ兄弟商会（Donado Sorenzo and Brothers）の第一元帳と第二元帳の例をあげている。

　山下［1950］は，「特殊商品勘定若くは旅行勘定で計算される口別損益が損益勘定に移され，更に資本金勘定に轉記されると言う考え方は，未だ1410年－1416年に至る第一元帳ではみられないのであって，從つて商品勘定若くは旅行勘定の残高として損益を夫々その反対側に記入して貸借の一致を図ることは，尚試算の域に止まつているものである。その差額を損益勘定に取替え，損益勘定残高を資本金勘定へ轉記すると言う方法は，1406年－1434年の第二元帳に於て初めてみられる」（山下［1950］6頁）とし，損益勘定残高を資本金勘定へ転記する一連の方法の登場をあげている。

　続けて山下［1950］は，「人名勘定を中心とする備忘的な記録としての債権債務に関する勘定記入の方法は，共同企業形態乃至コンメンダ形態の発生と共に，商品勘定の如き物的勘定，損益勘定並に資本金勘定と言うが如き名目勘定に拡大されるに至つていることは，簿記発達史上劃期的なことに属する」（山下［1950］7頁）とする。そして，ここでの商品勘定は物的勘定ではなくて，商

品売買取引を記入する勘定であるとし，「商品勘定によつて計算された口別の売買損益が損益勘定に集合され，この損益勘定の結果は，更に，資本金勘定に轉記すると言うが如き組織的な簿記方法へと発展することによって，複式簿記の原始形態の発生がみられるに至っていることは注目すべき現象」（山下［1950］8頁）であることを指摘する。すなわち，複式簿記の原点は，損益勘定の結果が資本金勘定へ転記する組織的方法であることを明確に述べている。

　また山下［1950］によれば，「物的勘定と名目勘定とが組織的に体系化されているところに複式簿記の本質が求められる」（山下［1950］9頁］）とし，「資本金勘定乃至資本主勘定の成立と共に成立したと考えられる複式簿記は，物的勘定と名目勘定との組織的体系化を通じて，そのうちに組織的な損益計算制度をもつところに特徴がみられ，こゝに，組織的な損益計算制度は，複式簿記の成立したものであると言う関連を生ずる」としていることにより，その結果として，損益計算制度の発展は複式簿記の発展史と同時に検討すべき内容として位置づけられていることが理解できる。

　このようなことから，山下［1950］は，「複式簿記は資本金勘定乃至資本主勘定の発見と共に成立したものであり，従つて，組織的な損益計算制度は複式簿記の成立と共にみられる損益計算方法に他ならない。資本主義経済の発展は，複式簿記に於ける勘定記録の方法にも亦その経済発展に卽應すべく改良を加えるに至つているのであるが，それは，実は，損益計算方法そのものゝ発展に他ならないと考え得る。かくして，資本主義経済の発展は，その経済発展に卽應すべき損益計算方法の発展を促しつゝ，複式簿記方法の発展を招來すると言うことが出來る。こゝに，吾々は，複式簿記の成立と共に組織的な損益計算制度の成立を求め得ると共に，複式簿記の発展のうちに損益計算制度の発展をながめる必要がある。言う迄もなく，それ等の発展は，資本主義経済そのものゝ発展の反映でもあることは注意を要する」（山下［1950］13-14頁）と説いている。これは経済的環境の変化，すなわち資本主義経済の発展が損益計算方法の発展を促し，複式簿記の発展に結びついたと論じていることに他ならない。

　なお，木村［1948］は山下の『簿記学』に関して「山下教授の……立場に對して，若干の問題點がある。即ち，簿記學の一般的課題が，簿記の内容を離れ

て計算形式を形式そのものとして研究することにあるか否か，之に關聯して，簿記の計算機構を『資本主義經濟の計算的秩序』として究明するといふ立場が現代學者の特定の立場であり得るか，又，資本主義經濟における簿記が如何に例へば社會主義經濟における簿記と異るか」（木村 [1948] 47頁）という疑義を呈している。なお，本章では，ここで述べられている疑義の是非を問うことはしない。

　重要なのは，この木村の疑義が，山下が簿記の計算形式を形式そのものとして捉えているのではなく，資本主義経済発展に伴い，その発展に即応するため損益計算方法の発展を促し，同時に複式簿記方法の発展をもたらしたという山下の特徴である簿記理論を裏づけているということである。木村は『簿記学』を対象としているが，上にも示したとおり，山下のこの考え方は他の簿記の諸書でも同様である。

　木村は山下に関して「事実上，『資本主義經濟的簿記学』『社會主義經濟的簿記学』になるのではなかろうか。山下教授がたとへ簡単にでも『社會主義經濟的簿記学』の内容を説明されなかったので，讀者が教授の立場を理解するも缺けるところが出て來はしなかったのであろうか」（木村 [1948] 47頁），と疑義を続けるが，これは逆に，複式簿記の発展というものが，資本主義経済の発展の反映と捉える山下の簿記理論の特徴を適確に捉えていた論拠となるのではなかろうか。換言すれば，山下は資本主義経済の発展の反映と複式簿記の発展の関係性を肯定していたという事実となる。

　山下 [1950] が「複式簿記の成立と共に組織的な損益計算制度の成立を求め得ると共に，複式簿記の発展のうちに損益計算制度の発展をながめる必要がある。言う迄もなく，それ等の発展は，資本主義経済そのゝゝ発展の反映であることも注意を要する」（山下 [1950] 14頁）と述べたとおりである。

　ただし，その後の山下 [1969] において，「簿記組織の発展は，原理的には経済の発展と内的なつながりをもつことは否定できないのではあるが，特定の企業において，新しく簿記組織を考案する実際的必要は，当該企業における経営上の課題に答えるものとして考えられねばならないものである。ゆえに，簿記組織の発達はこれを資本主義経済の発展そのものと結びつけることには無理が

第8章　山下勝治と損益計算 | 105

あり，むしろ，企業経営上の具体的な課題との関連においてこれをとりあげね
ばならない」（山下 [1969] 280 頁）としている。簿記組織の発達と資本主義経済
の発展そのものと結びつけることは無理が生ずるとしているが，しかし，（資
本主義）経済の発展と簿記の繋がりを否定しないとも述べているといえよう。

　山下 [1969] は上記に続けて，「資本主義経済の発展は，その必然的傾向とし
て資本の集中を促し，その資本の集中は企業規模の拡大を，したがってそこに
は一企業における取引量の増大を促進する。」「企業規模の拡大とか，そこに招
来する企業組織の複雑化とか，取引量の増大という事実は，まず，そこには労
働の職能的分化という傾向がみられるものである。そうした労働の職能的分化
組織という前提に立って，そこにははじめて簿記組織の発展が具体的な問題と
して考えられねばならない」（山下 [1969] 280 頁）としている。

　すなわち，山下は資本主義経済の発展そのものではなく，資本主義経済の発
展によって企業規模の拡大が行われ，取引量が増大し，労働の職能的分化が始
まったことが簿記組織の発展と結びつくとしている。したがって，資本主義経
済とその関係性を否定しているのではなく，むしろ肯定しているのである。

　具体的には，「企業組織の職能的分化に照応して仕訳帳の分化が招来し，そ
の職能的分化に照応してまた元帳記録の分化の必要がみられたものである」
（山下 [1969] 282 頁）とし，「元帳の分化は，出納，仕入，販売という労働の職
能的分化に照応して，総勘定元帳から人名勘定元帳の分化を生む。その結果，
原始記入簿たる仕訳帳が現金出納帳，仕入帳，売上帳，一般仕訳帳に分化する
ことと並んで，総勘定元帳は人名勘定元帳と総勘定元帳とに分化する。その
際，人名勘定元帳は仕入係の保管する仕入先元帳と，販売係の保管する得意先
元帳の二つの補助元帳に分化する」（山下 [1969] 282 頁）ものであるとしている。

　山下は「資本主義の発展が資本の集中生産組織を発展させることに照応し
て，経営労働の職能的分化がますます細分化し，複雑化するに従って，仕訳帳
の分化が極度に進み，ここに，仕訳帳に代えて，全取引を伝票化するくふうも
試みられるようになっている」（山下 [1969] 283 頁）とし，資本主義の発展によ
る企業の資本の集中を前提として，仕訳帳の分化を指摘する。

　それは，「仕訳帳の極度の分化過程であり，記帳労働の極度の職能的分化を

意味する。そうした考え方のもとでは，仕訳帳の伝票化による原始記録の分化と並んで，元帳の分化もまた極度に進められ，元帳は総勘定元帳と多数の補助元帳とからなる組織が考えられるようになるものである。すなわち，この場合の総勘定元帳において用いられる勘定では，できる限り統轄勘定を利用し，その統轄勘定の数だけの補助元帳がこれら併存するという簿記組織が招来する」（山下 [1969] 283 頁）とする。銀行簿記が代表的な簿記組織としてあげられている。

IV　企業資本の管理手段としての勘定記録

　山下 [1969] は「本書は，複式簿記の計算構造を近代会計の立場から，できる限りこれを統一的に解明することを意図して執筆したものである。そういう意味では，本書は，今日における大学の簿記論講義用テキストとして適切なものであるといえよう」（山下 [1969] 1 頁）と述べており，簿記理論の書であると同時に教材としても活用されていることが理解できる。また，山下 [1969] の特徴については，「損益計算の観点から複式簿記のもつ計算構造を解明しようと試みているところに，一つの重要な特徴をもっている」（山下 [1969] 序 1 頁），「帳簿組織の諸形態を立体化，統一的に解説しようとしていることところに本書のもついま一つの特徴がある」（山下 [1969] 序 2 頁）としている。

　さらに，「損益計算を中心とする近代会計学の研究は一般に広く普及しているが，遺憾なことには，複式簿記に関する研究，記述は，そうした近代会計学の研究方向から遊離したまま，伝統的な方向として計算形式の開設に終始している現状にある。その傾向に対して，著者はここに，近代会計理論に連なるものとして，その観点から複式簿記構造を統一的に解明することの必要と意義を自覚して，ここに『近代簿記論』としての一書を世に送る」（山下 [1969] 序 3 頁）としているため，山下が提唱した損益計算の会計理論の観点から，複式簿記構造の解明をまとめたものが，山下 [1969] であるといえよう。

　これは，上で扱った山下 [1934]，山下 [1950] で述べてきた簿記理論をまとめて一冊の書にしたものであるともいえる。テキストとしても活用できるよ

う，図表も多用されているが，山下［1934］，山下［1950］の基本的思考が山下
［1969］でまとめあげられているといってよい。ここでいう基本的思考とは，
損益計算の観点から複式簿記のもつ計算構造を解明しようとしている考え方で
ある。

　山下［1969］は「企業資本の保全・管理に役立つための勘定記録としての会
計的手段は，単式簿記におけるような具体的な財産の範囲についての勘定記録
から発展して，抽象的な一括的大きさとしての企業資本についての勘定記録の
方法が採用されなければならない」とし，「費用・収益という用語は，もとも
と，経済活動に伴って招来する資本の増減を意味する概念であって，費用は資
本勘定の減少原因を，収益は資本勘定の増加原因を意味するものである」（山
下［1969］8頁）とする。

　山下［1969］は，資本の増減を費用・収益として，その原因別の勘定によっ
てこれを記録する方法をとり，一定期間後において，これら費用・収益勘定の
記録数値を集計してみると，その費用合計と収益合計との差額として純利益ま
たは純損失が算定されるものであり，それは当該期間に招来した純正味資本の
増減分を意味し，営業によってもたらされた企業資本の保全ないし管理の結果
が確かめられるものであるとする。「一定期間における費用・収益勘定記録を
集計して純損益額を計算することを一般に損益計算といい，資本保全の結果が
そこで確かめられるのである」（山下［1969］9頁）というとおりである。

　資本主義経済のおける企業に関しては，「営業活動によって，その投下資本
の自己増殖を意図するものである」とし，「損益計算の結果が純利益を示す場
合は，その営業活動によって投下資本に増加を，反対の場合には，投下資本に
減少を招来したことを意味するので，まさに損益計算は，営業活動の結果とし
てみられる投下資本保全の状態を明らかにするものである。したがって，今日
の資本主義的企業における簿記計算のもつ重要な機能は，企業資本の保全にあ
るということができ，そうした意味において，損益計算は簿記計算ないし企業
会計のもつ中枢課題であるといわなければならない」（山下［1969］9頁）として
いる。資本主義経済的環境下における企業資本の保全こそが，簿記計算ないし
勘定記録に求められるものであるとの結論に至っているのである。

V おわりに

　本章は，主として，山下［1969］および「複式簿記基礎理論」，「複式簿記の成立と損益計算制度」を取り上げ，山下の簿記理論の検討を行った。上記諸書に共通しているのは，山下は損益計算の観点から複式簿記の計算機構のもつ計算構造を解明したという点である。

　そこでは，経済的環境の変化が前提であり，その環境が複式簿記を定義づけているとも捉えられるようにも思われる。資本主義経済の発展が密接に絡んでおり，その発展が損益計算の発展を促し，複式簿記の発展も招来したと山下は述べているからである。この点が山下の簿記理論の特徴といえる。

　このような資本主義経済の発展が損益計算の発展を促し，複式簿記の発展も招来したという経済的環境の状況を前提とし，そこで用いられる計算の観点から計算構造を捉える考え方は，その後の多くの研究者に影響を与えたと考えられる。また山下の成果と学風は「わが国第一線級学者をふくむ，多数の学者の中に優秀なる祖述者を生み，学界における大きな存在となって，これを呼んで『神戸学派』と称する人々の生じるに至った」（戸田［1971］2頁）と指摘される。また「会計学の理論ならびに実践における会計学界の最高峰として指導的地位にたたれ」（稲葉［1971］6頁），「四百二十数名の門下生」（小堀［1971］11頁）等からも理解できるように，山下の後世に与えた影響は非常に大きいと考えられる。

　山下［1934］は，複式簿記は1つの計算機構であるとはしつつも，複式簿記に理論的研究は必須であることをまずは述べている。この理論的解明を「複式簿記基礎理論」と命名し，(1) 複式簿記機構の実体的解明（対象論），(2) 複式簿記機構が経営における計算制度としてもつ職能（任務論）に大別している。計算機構である複式簿記の成り立ちを定義し，実体的解明を明らかにするのが経済的秩序である。複式簿記は資本源泉（抽象的価値量・抽象的資本）と資本形態（財産・具体的資本）との2方面から数学的に把握するものと規定しており，それは一致する（貸借平均の原理）ことを説いている。簿記の目的（任務）は，

利潤の発見に加え，この資本の2側面を統一的に把握することが指摘されていた。

山下［1950］は，山下［1934］に比して，さらに資本主義経済を前提とする考え方が顕著であったように思う。イタリアの13・14世紀以降の歴史的な商業取引を辿りながら，商業取引から招来される損益計算の方法が組織的な簿記方法として組み立てられているため，そこで複式簿記が生成し，損益計算も組織的な計算制度としての意味を獲得するに至ったと明確に述べている。複式簿記方法における組織的記帳の起源については，営業全領域にわたるものではなく，信用取引の領域に留まるもので，備忘的な記録であったとした上で，しかし，このような備忘的な記録をもつ根本的な変化をもたらした直接な原因が，商業の発達に基く共同企業形態（コンメンダ形態）の発生に求めていたのである。

この発生と共に，損益勘定の結果は，さらに，資本金勘定に転記するという組織的な簿記方法へと発展してきたことを山下は指摘している。資本主義の発展は，その経済発展に即応すべき損益計算方法の発展を促しつつ，複式簿記方法の発展を招来したということである。ここでは，木村［1948］の山下への疑義がさらに，その考え（資本主義経済発展に伴い，その発展に即応するため損益計算方法の発展を促し，同時に複式簿記方法の発展をもたらしたという山下の特徴である簿記理論）を裏づけたことも示した。

山下［1969］は，山下［1934］および山下［1950］の簿記理論の指向をまとめあげたものである。資本主義経済のおける企業に関しては，営業活動によって，その投下資本の自己増殖を意図するものであるし，資本主義的企業における簿記計算のもつ重要な機能は，企業資本の保全にあるということができると定義づけている。したがって，損益計算は簿記計算ないし企業会計のもつ中枢課題であるといわなければならないという結論に達している。資本主義経済的環境下における企業資本の保全こそが，簿記計算ないし勘定記録に求められるものであるとしている。

以上のことから，山下の簿記理論は，損益計算の観点から複式簿記の計算機構のもつ計算構造を解明する理論である。資本主義経済の発展が密接に絡み，その発展が，損益計算の発展を促し，複式簿記の発展を招来したといえる。

【参考文献】

稲葉　襄 [1971]「弔辞」山下勝治先生追悼記念事業会編『追憶 山下勝治先生を偲ぶ』天理時報社, 5-7 頁。

木村重義 [1948]「＜学会＞山下勝治氏著『簿記学』の理論」『社会経済研究』第 8 巻第 9 号, 46-49 頁。

黒澤　清 [1971]「弔辞」山下勝治先生追悼記念事業会編『追憶 山下勝治先生を偲ぶ』天理時報社, 8-10 頁。

小堀好夫 [1971]「弔辞」山下勝治先生追悼記念事業会編『追憶 山下勝治先生を偲ぶ』天理時報社, 11-14 頁。

戸田義郎 [1971]「弔辞」山下勝治先生追悼記念事業会編『追憶 山下勝治先生を偲ぶ』天理時報社, 1-4 頁。

原田満範 [1971] 山下勝治先生追悼記念事業会編『追憶 山下勝治先生を偲ぶ』天理時報社, 15-18 頁。

山下勝治 [1934]「複式簿記基礎理論」『国民経済雑誌』第 56 巻第 4 号, 112-134 頁。

山下勝治 [1947]『簿記学』千倉書房。

山下勝治 [1950]「複式簿記の成立と損益計算制度」『国民経済雑誌』第 57 巻第 6 号, 1-14 頁。

山下勝治 [1953]『新工業簿記（五版）』千倉書房（山下勝治 [1946]『新工業簿記（初版）』千倉書房）。

山下勝治 [1954]「財産法か損益法か」『會計』第 65 巻第 3 号, 307-324 頁。

山下勝治 [1956]「財産法の発展」『国民経済雑誌』第 93 巻第 4 号, 1-16 頁。

山下勝治 [1959]『会計学一般理論』千倉書房。

山下勝治 [1965]『新版　会計学一般理論（新版 7 刷）』千倉書房（山下勝治 [1955]『新版　会計学一般理論（初版）』千倉書房）。

山下勝治 [1969]『新版 近代簿記論（新版 2 版）』千倉書房（山下勝治 [1962]『近代簿記論（初版）』千倉書房）。

山下勝治 [1974]『損益計算論 [復刻版] ―損益計算制度の発展―』泉文堂（山下勝治 [1950]『損益計算論―損益計算制度の発展―(初版)』泉文堂）。

山下勝治 [1975]『貸借対照表論―貸借対照表法の近代化―(限定増刷)』中央経済社（山下勝治 [1967]『貸借対照表論―貸借対照表法の近代化―(初版)』中央経済社）。

山桝忠恕 [1974]「復刻版の刊行にあたり」山下勝治『損益計算論 [復刻版] ―損益計算制度の発展―』泉文堂, 1-4 頁。

【写真出所】

『利潤会計と計画会計』(千倉書房, 1967 年)

（市川紀子）

第9章　井上達雄と財務諸表的簿記

井上達雄

【略歴】
1907年　大分県生まれ。
1932年　中央大学卒業。
1934年　中央大学大学院商学研究科修了，中央大学商学部専任講師。
1945年　中央大学教授。
1951年〜1960年　公認会計士試験委員。
1961年　商学博士（中央大学）。
1978年　明治学院大学経済学部教授。
1978年　中央大学名誉教授，
1995年　死去。88歳。

【主要業績】
『例解會計簿記精義』森山書店, 1934年。
『簿記組織論』森山書店, 1938年。
『企業会計原則の解明』全国地方銀行協会, 1956年。
『精説簿記論』中央経済社, 1958年。
『新財務諸表論』中央経済社, 1971年。

1　はじめに

　井上達雄（以下，井上）は，会計理論の研究[1]に加え，『例解會計簿記精義』，

---

1) 企業の利害関係者の利害調整機能を重視する企業体理論に基づき，資本主と債権者からの資金受入れをともに資本とする持分理論を展開した。今日の株式会社は制度化され，高度に社会性をおびた存在で，広く社会全体に利害関係を有する

『簿記組織論』，『精説簿記論』，『現代商業簿記』，『高等簿記論』等の多くの簿記に関する著書を執筆している。特に，1934年に出版された『例解會計簿記精義』は，その後何度も改訂が行われ，1950年に『新編例解会計簿記精義』，さらに1982年に『新例解会計簿記精義』と，書名を変更しつつ改訂が重ねられている。そして，『新例解会計簿記精義』は，例解の形式を取りながら簿記を単に技術としてではなく，会計理論や企業会計原則に立脚した体系的な簿記理論を示したものとされ，わが国の簿記会計の指針書として高く評価され，「井上簿記」として名声が高いとされている[2]。

　なお，『例解會計簿記精義』は，当時中央大学教授であった黒澤清の指導のもとに起稿し，上梓された。起稿の決意として，「雑誌『會計』誌上に全國高等商業學校の簿記入學試験問題に對する擬答を屢々發表するところがあつた」（井上[1934]序文1頁）ことに加え，「從來計理士試験問題及び實業教員檢定試験問題の内先生（黒澤清―筆者）自身の執筆したる解説をその儘本書に挿入すべきことの許しをも與へられた」（井上[1934]序文1頁）ことを記している。このように，『例解會計簿記精義』では，黒澤清の影響を大きく受けていることや試験問題に対応するものであったということができる。これらは『新例解会計簿記精義』に至るまで大きな変化はないものと思われる。

　本章では，『例解會計簿記精義』（以下，井上[1934]）と『例解會計簿記精義』から改訂が続いた一連の著作の中で最終的な出版物にあたる『新例解会計簿記精義』（以下，井上[1982]）を中心に井上簿記の特徴を検討する。

　という認識に基づき，資本主とは別個にそれ自体独立した存在である企業体の立場を重視し，株主のみならずすべての利害関係者からの資金受入れを資本として統一的に把握し，社会的制度としての企業体の立場に立脚した独自の会計理論を構築した（渡部[1995]4頁）。

2）渡部[1995]4頁，神戸大学会計学研究室編[2007]34頁（北村敬子）。

II　簿記の本質と簿記の目的

1　簿記の本質

　井上 [1934] では，第1章を簿記の本質とし，「簿記は企業の經濟生活に現はれた秩序の表示であつて，企業經營の合理的基礎である。企業所有者の個人的營業遂行法のみが存するところでは，簿記の必要は必ずしも意識されないが，企業が所有者の人格から獨立の存在となり（所謂家計と企業卽ち店の分離）企業の財產が所有者（資本主）からはなれて經營者の支配に屬する別個の實體として認めらるゝに至つた經濟社會に於ては缺くべからざる企業の計算制度として簿記は考へられる」（井上 [1934] 1頁）とし，簿記の本質に関する種々の学説を吟味しなければならないとして，勘定学説の説明を行っている。

　これに対し，井上 [1982] でも，第1章を簿記の本質としているが，第1節簿記の意義，第2節　簿記の基礎概念，第3節　取引とその記録，第4節　勘定学説，のように内容を示しており，井上 [1934] にはなかった簿記の意義等の説明が追加されている。

　そして，井上 [1982] においては，勘定学説を第4節で説明しており，井上 [1934] では冒頭での説明であったものから説明順を変化させている。これは，第4次改訂序文に示されるように，「単に簿記全般にわたる知識のみならず，企業会計原則をもとに，従来試験問題に現われた財務諸表論などの主要問題をも包含せしめ，さらに勘定学説の解説をもとり入れた」（第4次改訂序文2頁）とされ，会計理論の説明等を考慮し，勘定学説の説明を劣後させているものと思われる。

　これは，教育的な観点から企業会計原則に基づいた基礎的な企業会計の内容を先に示しつつ，勘定理論を通じた理論的な説明を行おうとした結果と思われる。このような記載順序から，単に理論のみを重視するのではなく，試験等を目指す学生達に現行制度の理解も重視していたことがうかがわれる。

2　簿記の目的

　簿記の目的[3] について，簿記は一定の目的のために記録計算されるものであり，主たる目的として，(1)記録目的，(2)財務計算目的，(3)財産保全目的，(4)経営管理目的，の4つを示している。

　まず，(1)記録目的については，「簿記上の記録は，日々その発生する経済活動すなわち取引を発生順的・歴史的に帳簿に記入するのである。その記録は，取引発生の事実を根拠づけ，明らかにする」(井上 [1982] 2頁) と説明している。

　次に，(2)財務計算目的に関して，「簿記は企業の資産・負債の増減を記録し計算し整理して，その結果を明らかにする手段である」(井上 [1982] 2頁) とした上で，「企業は外部から得た資本で設備，材料，労働力および用役を購入し，これら生産財を消費して新たな製品または役務を生産して，これを社会に提供し，その代価として貨幣を受け取る。この受け入れた貨幣すなわち収益は，消費した生産財の価値すなわち費用と対比され，損益が明らかにされる。一定の会計期間に区切って損益計算を行うことは，簿記のもっとも重要な目的である。これとともに，資産・負債の増減計算をなし，会計期間末におけるその残高を明らかにし，財政状態の計算を行うものである」(井上 [1982] 2-3頁) とする。ここでは，一定期間の損益計算が簿記の最も重要な目的とし，これに加えて財政状態計算も行うこととしている。

　そして，(3)財産保全目的として，「企業に属するすべての資産・負債は簿記の記録対象である。取引はすべて資産・負債の増減変化として記録され，当然あるべき残高が帳簿に表示される。その帳簿残高は資産・負債のそれぞれの実際上の残高と一致すべきものである。そこに差異が生じた場合には，それが明らかにされ，その原因が究明されねばならない」(井上 [1982] 3頁) とし，このような一致の確認と差異の原因究明を通じて財産保全がなされるとしている。

　これらの目的に加え，井上 [1982] では，(4)経営管理目的も，簿記の目的の1つとしている。経営管理目的では，「経営者は企業の損益計算と財政状態計算をみることによって，過去の経営活動の結果を知り，資本投下状況の合理性

---

　3) 井上 [1934] では，簿記の目的は記載されていない。

の程度を明らかにすることができ，将来の経営合理化，資本効率化などの参考資料とすることができる」（井上 [1982] 3頁）としている。

　井上 [1982] では，(2)財務計算目的から損益計算や財政状態計算を重視し，損益計算や財政状態計算をみることで (4)経営管理目的に資するとする。これらの損益計算や財政状態計算には，企業の資産・負債の増減を記録する (1)記録目的により基礎づけられ，資産・負債の増減変化の記録により (3)財産保全目的を果たせるという繋がりで記述されている。

　このような複数あげられる簿記の目的の中で，最も重要な目的は (2)財務計算目的であるとされている。

III　財務諸表と簿記

1　井上 [1934] における財務諸表と簿記

　井上 [1934] では，「簿記に於ける技術上の窮極の目標は貸借對照表及び損益計算書の調製にある。然し日常取引の勘定記録を通じて簿記の提供し得る最後の回答は試算表に盡きてゐる」（井上 [1934] 213頁）としつつ，「總ての元帳勘定の一覧表である所の試算表は一定時に於ける事業の財政状態を表示し得るか？　答えは否である」（井上 [1934] 213頁）とする。

　ここでは，簿記の究極の目標を貸借対照表および損益計算書の作成と明示し，日常取引の勘定記録の有用性を試算表にあるとしている。その上で，試算表のみでは，財政状態を表示しえないとしている。

　そして，「然らば試算表の數字，即ち元帳の勘定記録を修正し，貸借對照表及び損益計算書の作成を可能ならしめるものは何か。それは財産目録である」（井上 [1934] 213頁）とする。「財産目録は，即に行はれたる帳簿記録を加除訂正するために，財産の現在有高及び費用収益の當期間歸屬高を実際に調査して作成せられるものである。即ち其の内容は諸資産の現在價格，繰延費用及び未収利益，負債，未拂費用及び未経過収益の金額等である。欺くて簿記による元帳記録は完全に修正せられて，現在の事業の状態及び成績を表示する貸借對照表と損益計算書とが調製せられ得るのである。故に財産目録は決算報告書作成

の前提要件でなければならぬ」(井上 [1934] 213-214 頁) とする[4]。

　また, 財産目録と棚卸表の関係について, 「元來財産目録の規定は獨法系及佛法系の商法に存し, 英米法は之を缺いて居る。英米にて行はるる簿記に於ては決算の準備手段として棚卸表が作成せられ, 之が大陸系統の簿記に於ける財産目録に該當するのであるが, 財産目録が資産及び負債の總目録であるのに對し, 棚卸表は資産の評價額及び損益整理事項が記載せられるに止まる」(井上 [1934] 214 頁) として両者を区別する。そして, 「我國に於ては大陸式簿記法と英米式簿記法との双方の影響を同等に受入れた結果として, 決算に當り棚卸表と財産目録の両者を調製する習慣がある。此場合棚卸表は財産目録の一部又は豫備手續と解するのが至當であらう」(井上 [1934] 214 頁) として, 財産目録と棚卸表の差異を示し, 財産目録と棚卸表を同時作成した場合でも, 棚卸表は財産目録の一部または予備手続と位置づけている。

　そして, 財産目録と貸借対照表との関係について, 貸借対照表の作成方法として棚卸法と誘導法を示し, それぞれから説明している。棚卸法では, 「貸借對照表の作成は全く帳簿記録からは獨立に, 財産目録にのみ依存するのである」(井上 [1934] 215 頁) とし, 誘導法では, 「此の方法が可能である爲めには, 云ふ迄もなく總ての財産及資本が計算記録せらるゝ複式簿記が實施されて居らねばならぬ。然しながら複式簿記による帳簿の提供する材料は, 或期間に亘る過去の數字に止まり, 現在の一時點に於て貸借對照表を作成するには必ず之を現在の立場から見て評價修正しなければならぬ。此の評價修正の役目をなすものは卽ち財産目録であり, 此の點より見て, 純粹なる誘導法による貸借對照表の作成は不可能である」(井上 [1934] 215 頁) とする。このような説明によ

---

4)「商法二十六條の評價規定は財産目録にのみ適用せられ, 貸借對照表には適用せらるゝことなしと主張する下野博士に從ふときは, 財産目録は純然たる法律上の問題となり, 貸借對照表は單なる元帳殘高表となるかの如くに思はれる。卽ち財産目録は簿記に於て何等の地位をも有せざるやうに見える。然し, 前拂, 前受, 未收, 未拂の損益の整理は貸借對照表作成の前提として必ず行はれなければならぬ。故に此等の整理事項を記載するものとして簿記はやはり財産目録を必要とするのである」(井上 [1934] 214 頁) として, 下野直太朗の見解に反し, 財産目録の必要性を説明している。

り，「貸借對照表の作成には，如何なる方法が採用せらるゝ場合にも，財産目録の作成が不可缺の前提たることは明かである」（井上 [1934] 215 頁）とする。

このように，簿記の究極の目標を貸借対照表および損益計算書の作成としつつ，企業会計原則公表前の井上 [1934] では，財務諸表（特に貸借対照表）と簿記の関係について，財産目録を通じて現在の立場からみて評価修正し直すものとして捉えている。

2　井上 [1982] における財務諸表と簿記

財産目録の説明については，井上 [1982] では具体的な記述がない。また，索引にも，財産目録はなく，貸借対照表の作成方法として棚卸法や誘導法の説明はなされているが，財産目録の説明はなく，正規の簿記の原則により貸借対照表作成を誘導法によらなければならいという記述になっている（井上 [1982] 331-332 頁）。

そして，前述したように，井上 [1982] では，井上 [1934] には記載のなかった簿記の目的を記載しており，ここでは財務計算目的や経営管理目的を示し，企業の経営計算や財政状態計算を明らかにし，利用することを重視している。このような経営成績や財政状態を表すものが損益計算書や貸借対照表であり，財務諸表作成の重要性を高く評価しているものと思われる。

この点は，簿記と貸借対照表の関係について，「貸借対照表を簿記の一部であるとなすもの」という説と「貸借対照表は簿記に対し独立するとなすもの」という説を示した上で，「貸借対照表は簿記に対し独立するとなすもの」について，「簿記は勘定計算の単純な技術で，なんらの目的を有しないことになり，企業の会計として一般に要求されている社会的制度としての意味を有しないことになる」（井上 [1982] 332 頁）と批判している。

そして，「簿記の目的は，財務諸表の作成にあるのであって，ただすべての取引を仕訳整理して勘定計算を行うのみではない。勘定計算によって資産，負債，資本，費用および収益の各勘定科目別の残高を求めるだけではなんの意味もなく，資産，負債および資本の各勘定残高で貸借対照表を作り，費用および収益の勘定残高で損益計算書を作ることが簿記の最終目的である」（井上

［1982］332頁）として，簿記の最終目的を財務諸表の作成にあるとし，井上
［1934］における簿記の究極の目標（貸借対照表および損益計算書の作成）と同様
の内容を維持している。

IV　企業会計原則と簿記

1　企業会計原則と簿記の関係

　井上は，「多くの勉強家のなかには，企業会計原則を財務諸表論として研究
し，理論的に種々理解を得た積りになりながら，いざそれを会計処理として如
何に帳簿上に表わすかの問題になると，全くとまどつているのをみると，それ
は簿記の研究において，この取引はこう仕訳するものだ，としてその処理法を
うのみにし，それが如何なる理論的根拠によつて，かく処理しなければならな
いかをとうかんに附しているものの，極めて多いことによるものと思われる。
企業会計の原則と処理法とが別々に存在し得るものでないことを充分に承知し
ながら，両者を別個の科目として研究し，上のような矛盾をあえてなし，企業
会計の理解に迷つているのである」（井上［1965］序1頁）として，簿記と会計理
論を別個の科目のように学習することの問題を示している。

　そして，「企業会計原則は企業会計の実務の基準である。これを離れて会計
処理を考えることはできない。そこで私は簿記上の処理を常に会計原則から考
え，かつ再吟味する方法で簿記の研究を進めることが特に重要であることを主
張したい。特定の会計事実につき，簿記上の処理をおこなうため，会計原則上
から吟味し，一つの解決を得たという場合でも，これをその処理，たとえば仕
訳または財務諸表上の表示を具体的に示してみると，またさらに重大な問題
が，それに関連して，そこに存在していることに気付くのである。会計原則ま
たは理論は，これが簿記上の処理として如何に表現されるかを考え，簿記上の
処理はその妥当性，適正さが如何なる理論ないし原則によつて根拠づけられて
いるかを吟味し，常に両者を結合して研究することが重要である」（井上
［1965］序1-2頁）とする。

　このように企業会計原則を企業会計の実務の基準とし，簿記上の処理を企業

第9章　井上達雄と財務諸表的簿記 | 119

会計原則から考えることを示す記述は，井上の他の著書でも散見される[5]。

2　未着品の説明における企業会計原則と簿記

　具体的に「一例を損益計算書原則上の総額主義の原則についてみても，これは簿記書においてまったく無視されて，古くからとり上げられている損益分記法が商品売買の処理法として詳述されており，また積送品や未着品の売上に対してはほとんどの簿記書が総額主義に反する損益分記法のみを表示し説明しているのである。これでは，企業の簿記が企業会計原則やこれに基盤をおく財務諸表規則とは別個の学科と考えられ，活きた簿記実務の理解は不可能となる。簿記は，企業会計原則に盛り込まれたすべての諸原則を勘定計算や財務諸表作成などの処理の上に矛盾なく結合されていなければならない」（井上［1975a］序文ⅰ頁）とする。

　そして，井上［1975a］における未着品の説明[6]では，次の3つの方法[7]を示し，第3法が最も妥当な処理法であるとする。

第1法	（借）	受取手形	1,100,000	（貸）	未　着　品	1,100,000
第2法	（借）	受取手形	1,100,000	（貸）	未　着　品	1,000,000
					未着品損益	100,000
第3法	（借）	受取手形	1,100,000	（貸）	未着品売上	1,100,000
					（又は売上）	
	（借）	仕　　入	1,000,000	（貸）	未　着　品	1,000,000

　ここで，「第1法は未着品を混合勘定として使用する処理法であり，適当とは

5）例えば，「簿記の著述は，古くからきわめて多い。しかし簿記を企業会計原則と結合せしめて説いたものは比較的少ない。企業会計原則はこれを会計学ないし財務諸表論として解明し，簿記は簿記として旧態依然たる旧来の会計処理法を説くことは，正しい行き方ではない」（井上［1975a］序文ⅰ頁）等がある。

6）ここでは，「¥1,000,000の未着品を10％増で転売し，船荷証券と引換に約束手形を受取った」（井上［1975a］34頁）という場合が想定されている。

7）井上［1982］では，未着品の説明は，第3法の方法を説明するだけになっている。

いえない。第2法は売上高である収益と原価とが相殺され，取引ごとに売買損益を区分処理する純額主義の処理法であって，企業会計原則が要求する総額主義の原則に反する。この意味において，第3法は総額主義による処理法で，もっとも妥当な処理法といわねばならない」（井上 [1975a] 34頁）と説明している。

　このように，企業会計原則を用いて簿記処理に関する説明を行っている。またここでは，損益計算書の表示に関する原則を用いて簿記処理を説明しているのであり，財務諸表の表示につながる簿記処理を念頭においているものと思われる。

3　積送品の説明における企業会計原則と簿記

　井上 [1982] における積送品の説明[8]では，次の4つの方法を示している[9]。

第1法	（借）	積 送 未 収 金	120,000	（貸）	積 送 品	120,000
第2法	（借）	積 送 未 収 金	120,000	（貸）	積 送 品	105,000
					積送品損益	15,000

---

8) ここでは，まず「商品を積送したとき，商品の仕入原価と積送諸掛をもって積送品の原価とする。たとえば，商品 100,000 円を大阪甲商店へ委託販売のため積送し，積送諸費用 ¥5,000 を現金で支払ったとき次の仕訳になる」（井上 [1982] 122頁）と仕訳を示している。

（借）	積送品	105,000	（貸）	仕 入	100,000
				現 金	5,000

　　この上で，「大阪甲商店から売上計算書を入手したが，売上高 ¥130,000，諸費用 ¥10,000 である」（井上 [1982] 123頁）場合が想定されている。

9) 井上 [1975a] でも同様の説明となっている。なお，第3法と第4法の妥当性について，「販売基準による場合には，もちろん売上収益計上の金額は販売価額をとるべきであり，第4法の処理が理論的であり適当であるといわなければならない。法人税法は前述のように販売基準をとるのであるから，販売高を売上収益として記帳しなければならないことは当然である。しかし，先に示した第3法による手取金を売上収益とする処理法は，多くの著書にも広く認められ慣習化してもいる処理法で，これを不適当としてしりぞけることはできない。第3法と第4法はいずれも積送品収益計上の処理法として，是認されてよいと思う」（井上 [1975a] 38頁）のように，是認される理由の説明がなされている。

第9章　井上達雄と財務諸表的簿記 | 121

第3法	（借）	積 送 未 収 金	120,000	（貸）	積送品売上	120,000
第4法	（借）	積 送 未 収 金	120,000	（貸）	積送品売上	130,000
		積送品販売費	10,000			

　そして，「上の第1法は，積送品勘定が混合勘定として処理されているもので適当ではない。第2法は従来よく用いられ，高等学校の教科書ではもっとも多くみられる方法であるが，売上収益が原価と相殺され，損益分記法によったもので，企業会計原則の総額主義の原則に反する。正しい処理は，第3法と第4法の2法である。第3法は，売上計算書入手時を売上収益実現のときとみる立場の処理法であり，支持者は割合に多い。しかし，販売時を実現の基準とする立場（企業会計原則）では第4法が理論的である」（井上［1982］123頁）としている。

　なお，「第3法および第4法における売上を総額主義による場合，仕入をも総額主義の原則で処理するため，積送品勘定を仕入勘定に振り戻す必要がある。この処理には，売上計算書ごとに振り替える方法と決算期に積送高合計を一括して行う方法とがある。両者とも，上の場合次の仕訳がなされる」（井上［1982］123頁）として，次の仕訳を示している。

　　（借）　仕　入　105,000　　　（貸）　積送品　105,000

　ここでも，企業会計原則における総額主義に基づいた簿記処理を理論的なものとしている。また，販売時点で積送諸掛（積送品販売費）を含んだ収益計上を「販売時を実現の基準とする立場（企業会計原則）」を，簿記処理として理論的なものとしている。

　このように企業会計原則の公表後は，企業会計原則に基づく簿記処理を理論的とする立場をとっている。そして，「新しい『企業会計原則』にしたがって説明と解答がなされている。そのために，過去の問題にして，『企業会計原則』の立場に違反する問題や，食い違う問題については，問題そのものを修正することに努めた」（井上［1982］第10次改訂序文ⅱ頁）としており，企業会計原

則の変更があった場合には，変更した企業会計原則に対応する改訂を行い，新しい企業会計原則に基づき簿記処理を説明するように努めていた。

V おわりに

本章では，井上 [1934] および井上 [1982] の記述を中心に井上簿記の特徴を整理した。井上 [1982] の記述に従えば，井上簿記の特徴としては，簿記の目的に財務計算目的や経営管理目的を示し，損益計算や財政状態計算を重視している。そして，簿記の最終目的を財務諸表の作成とし，企業会計原則に従った財務諸表の作成を前提とした簿記[10] を探求し，説明していたものと思われる。

特に，特殊商品販売における説明においては，企業会計原則で示される総額主義を根拠に理論的な簿記処理を説明しようとしている。損益計算書原則一Bで示される総額主義を「明瞭性の原則の現われである」（井上 [1975b] 61頁）とし，明瞭性の原則から簿記処理の理論的妥当性を説明していることになる。財務諸表を明瞭に表示することを考慮した表示面を司る原則からも，簿記処理へ影響を及ぼしうるものとしている。ここに，財務諸表的簿記と呼称される井上簿記の特徴がある。

このような企業会計原則に従った財務諸表の作成を重視する簿記の考え方は，企業会計基準が公表されるようになっても会計基準に従った財務諸表の作成を重視する簿記という点では同様の考え方を維持し，その後の日本商工会議

---

10)「簿記を財務諸表論に従属するもの」として「財務諸表的簿記」または「財表的簿記」とする表現がある（中村・大藪 [1997] 251頁，中村 [2006] 157頁）。

　なお，本支店会計の未達取引において「その1つは，沼田先生の処理，沼田簿記と言ってよろしいと思いますけれども，到着日記帳法をとる。もう1つは，井上達雄先生に代表されると思いますけれども，決算日記帳法です。私は拙著で，両方を説明しておりますが，到着日記帳法を前提にして考えておりますので，どちらが通説かと言われますと，ちょっとその返答に躊躇いたしますが，財務諸表的簿記では決算日記帳法が通説であり，簿記固有の手続としては到着日記帳法が筋だと考えております」（中村・大藪 [1997] 170頁（大藪発言））とされ，井上簿記を財務諸表的簿記の代表としている。

所の簿記検定試験等の簿記教育の場でも引き継がれているように思われる。この考え方は，実務上の要請に応える等のメリットがある反面，一定の批判も生じるものと思われるが，それでも現在でも継承される考え方であり，後世に与えた影響は非常に大きいと思われる。

しかし，井上自身も過去の問題の修正に努めたように，会計基準の改正が生じ，財務諸表に関する何らかの影響が生じた場合，新たな簿記処理を再検討する必要が生じる。簿記を財務諸表に従属させる位置づけとなる財務諸表的簿記の宿命であるが，近年のように会計基準の改正が頻繁に生じた場合には，簿記が安定性を欠くものとなっている可能性がある。また，制度上，複数の会計基準（企業会計原則・企業会計基準，国際財務報告基準，修正国際財務報告基準等）が採用できる状況において，かつての企業会計原則のみというシングルスタンダードのときと同様に会計基準と簿記の関係を考えられるか再検討する必要もある。

井上［1982］でも，勘定理論の説明は排除されていない。井上簿記における財務諸表的簿記の特徴は，企業会計原則から簿記処理を検討することで簿記と会計基準を一体として学習・研究できることにあると思われるが，この基底には簿記の理論と会計基準を双方から検討する視座が存在し，財務諸表が作成できれば何でも良いというものではなかったものと思われる。

【参考文献】
　井上達雄［1934］『例解會計簿記精義』森山書店。
　井上達雄［1965］『新版精説簿記論』中央経済社。
　井上達雄［1975a］『改訂現代高等簿記論』白桃書房。
　井上達雄［1975b］『新財務諸表論全訂版』中央経済社。
　井上達雄［1982］『新例解会計簿記精義』白桃書房。
　神戸大学会計学研究室編［2007］『会計学辞典第6版』同文舘出版。
　中村　忠・大藪俊哉［1997］『対談・簿記の問題点をさぐる改訂版』税務経理協会。
　中村　忠［2006］『簿記の考え方・学び方　五訂版』税務経理協会。
　渡部裕亘［1995］「井上達雄先生の追憶」『経理研究』第39号，3-5頁。

【写真出所】
　『インタビュー日本における会計学研究の軌跡』（同文舘，1990年）

（金子友裕）

第 10 章　木村重義と在高・損益二勘定系統説

木村重義

【略歴】
1908 年　東京都生まれ。
1931 年　東京帝国大学経済学部商業学科卒業，小樽高等商業学校講師。
1932 年　小樽高等商業学校教授。
1953 年　東京大学経済学部教授。
1960 年　経済学博士（東京大学）。
1969 年　明治大学経営学部教授，東京大学名誉教授。
1979 年　創価大学経営学部教授。
1980 年　死去。72 歳。

【主要業績】
『工業会計』叢文閣，1943 年。
『資産評価論』中央経済社，1953 年。
『財務会計―経験の蒸溜』ダイヤモンド社，1957 年（同書，同文舘出版，1970 年）。
『簿記要論』中央経済社，1963 年。
『会計総論』同文舘出版，1976 年。

1　はじめに

　木村重義（以下，木村）は，メイ（G. O. May）著 "Financial Accounting: A Distillation of Experience" の訳者として著名である。これは，『財務会計―経験の蒸溜』というタイトルで翻訳され，そのフレーズは以降の研究者がこぞって引用している程に影響をもたらした。木村は，この著作を含め，1943 年公

刊の『工業会計』を皮切りとして，19冊の著書，論文に至っては1931年から292本の膨大な研究成果をアウトプットし，日本の会計研究に多大な貢献をもたらしたといえる。

木村の学説[1]は，資産評価論と簿記理論に特徴があるといわれている（藤芳[1979] i 頁；平井[1979]280頁）。前者は，1950年に「決算における資産評価の理論」の論文を『資産評価論』として出版し，後に経済学博士（東京大学）を取得した。これは，分配可能利益の算定には原価評価を，経営状況の報告には時価評価を採用すると主張するものであったとされる（藤芳[1979] i 頁）。

後者は，ヒュックリ（Hügli）やシェアー（Schär）以前の簿記理論の先駆者であるクルツバウア（Kurzbauer）の学説である物的二勘定系統説を参考にしているとされ，損益勘定を資本勘定よりも上位におく学説の一部を充実・修正したものとされる（平井[1979]280頁）。これが木村の簿記理論として，「在高・損益二勘定系統説」（木村[1976]64頁）と自身の著作においても名称を与えているものである。

そこで本章では，木村の簿記理論である「在高・損益二勘定系統説」について明らかにすることを目的とする。まず，1931年に発表された処女論文「費用勘定と収入勘定」を取り上げ考察する。その上で，木村の簿記および会計に関わる研究の著作『会計総論』を中心に，木村の簿記理論の本質を明らかにし，後世または現代的な意義を検討する[2]。

---

1) 木村の簿記または会計学説・理論を研究した先行研究として，平井[1979]や茂木[1990]がある。

2) 木村は，『会計総論』について，自分の学説を述べていることを明らかにしている（木村[1976]1頁）。また，簿記理論の著作として，『簿記要論』があるが，この著作は中央経済社の企画した『会計士二次試験綜合講座』に10章にわたる簿記論を執筆したものを基礎としており（木村[1963]序2頁），本章はより理論的・体系的に簿記理論について記述している『会計総論』を中心に位置づけ，記述している。

II 商品勘定と在高・損益勘定

1 商品売買における費用・収入

　木村は，費用とは「すべて企業から消え去つた財産の價値」（木村［1931］260頁：以下，特に記述がない限り同文献とする。）と定義し，収入（収入）を，「加はつた財産の價値を収入といふ」（259頁）と定義する。現代的に解釈すると，費用は，費用（expense）であり，収入（収入）は，収益（revenue）のことを指している[3]。

　まず，木村は「収入即はち商品賣上の計数は勘定の貸方残高，費用の計数は借方残高なること勿論である」とした上で，「これ等の勘定はいづれも價値勘定或ひは所謂資本勘定に屬するから財産勘定との關係，聯絡が問題となる」（260-261頁）と問題提起する。

　木村は，石炭勘定と石炭費勘定を例としてあげ，理論展開を行う。石炭勘定は財産勘定を示し，石炭費勘定は，「費用収入勘定の借方へ振替へられる」（263頁）とする。この費用収入勘定は，次のように説明される。それは，「集合損益勘定と呼ばれてゐるもので，資本金その他諸積立金が靜的價値勘定なるものに對し動的價値勘定であつて，その借方には企業より去つた價値即ち費用を累積的に，その貸方には企業に加はつた價値即ち収入を累積的に記録し，期末に於て貸借の差額を算出すればその期間の企業の成績がわかるのである。」（263頁）[4]

　このように，木村は，資本勘定を静的価値勘定，収益および費用勘定である損益勘定（集合損益勘定）を動的価値勘定とし，後者から利益を導くとするのである。通常，資本金および資本金およびその他諸積立金は，純財産（資本）

---

3) 木村［1931］270-271頁は，Paton［1924］p.97, pp.101-102を引用・参考としていることから，収益（revenue）と費用（expense）と本文中に記載した。

4) 費用収入勘定は，必要に応じて「勘定の分割」ができるとしている（264頁）。これは，借方は費用勘定，貸方は収入勘定として分割することが可能であることを示す。

第 10 章　木村重義と在高・損益二勘定系統説 | 127

として位置づけるのに対して，木村ではもっぱら収益および費用に焦点が当て
られている点は，損益勘定重視の観点が明らかである[5]。

　次に，木村は，商品売買を例として，収益および費用勘定の議論を行う。木
村は，石炭勘定（すなわち商品勘定）は残高勘定であるが，集合損益（損益）勘
定には，その残高が無いことを認め（264 頁），「資産の中企業外に流出したる
もの及び企業内にて消失したもの丶価値のみが費用の額に計上されるべき」
（265 頁）とする。これは，「資産としての商品及び販賣により減少した商品の
價値換言すれば商品費用の取扱ひも前述の原理」（265 頁）すなわち，費用化さ
れるものである。

　さらに，次のように続ける。「商品勘定の借方には年度年始在高及び年度内
仕入高が記入されるが，年度末に至り財産目録作製の結果その現在在高が判明
するときは，借方合計とこの現在在高との差額がその年度内に於ける商品減少
額と考へられる故その高は商品勘定の貸方に入る。」（265-266 頁）「それに對す
る反對記入は，費用を示す價値勘定になされるべきで商品費用勘定が用ひられ
るか或ひはそれを省いて費用収入勘定へ直ちに仕譯される。商品現在在高が商
品勘定残高であつて次期に年度初在高として繰越さるべきものである。」（266
頁）

　つまり，ここでは商品仕入れに関わる勘定を，費用として処理するのではな
く，商品勘定として捉え，商品の仕入れを資産在高（在高勘定）そのものとし
て把握しようとするものである。その反対記入として費用とすることを想定し
ているものと思われる。

　それに対して，収入（収入）勘定は，「商品或ひはサアヴィスを『販賣』し
た際對價として受け取る財産の價値を一會計期間を通じ累積記録する勘定」
（266 頁）であるとする。販売における収入勘定は，商品売上勘定であり，「そ
の貸方が財産の減少，資本の増加といふ二要素を含む混合勘定である」（267
頁）とし，その考えの根底には「個々の販賣ある度毎に直にその費用とその損

5）木村 [1972] では，シェアーの在高・資本二勘定学説を，資本学説とするのに
　対して，自身の学説（在高・損益二勘定系統説）を損益学説とよんでいる（木村
　[1972] 100 頁）。

益とを算出せんとの理想が存在する」(267頁)という。

　しかし，商品販売の都度導かれる商品売買に関わる損益（賣上損益）勘定による利益を純利益とみると，「資本を損はずしてこれを企業外に處分する」(268頁)ことはできず，「賣上損益勘定はまだ混合勘定である」(268頁)という。「『財産の減少』と『利益の發生』との二要素を分離できないこと」(268頁)によって，商品賣上勘定を問題視する。言い換えれば，「財産の減少，資本の増減の二計數を混合したものであらうか，それともその期間の價値の流入額すなはち収入であらうか」(269頁)と指摘する。

　商品仕入れを商品勘定で捉えることとは既述したが，ここでは売上時に，その都度利益を算定することを理想とすると，その利益は分配することはできないとする。そして，その際に減少するが商品であれば財産の減少なのか，それとも収益と費用の差額である利益の発生なのかと疑問視するのである。次に，木村は，「眞の意味の價値勘定としての収入勘定及び費用勘定を含む勘定組織を考察しなければならない」(272頁)として，勘定組織について理論展開を行っている。

2　勘定組織の検討

　木村は，勘定を次のように大別する。それは，「財産に關する勘定（財産勘定）」と「價値或ひは資本に關する勘定（價値勘定）」(272頁)である。前者は，「貨幣額を以て企業の所有する特定の財産の数量をあらはす記録」であり，後者は，「貨幣額を以て各財産の價値の合計額なる資本額および企業の収入，費用を示す記録」(272頁)である。

　そこで，新たに商人が林檎を販売する露店を始めることを例としてあげ，勘定組織についての理論を展開する。まず，「一圓紙幣五枚の價値」現金5圓を元入れし，その貸方記入としての價値勘定は「特定時點に於ける企業財産價値の状態を示すものなる故資本勘定」(273頁)とよばれ，元入れを意味する「資本取引」(273頁)とよぶ。したがって，「資本勘定は價値勘定の一部分」(273頁)とされる。これを仕訳すると次のとおりとなる。

　　　（借）　現金勘定　5.00　　　　（貸）　資本勘定　5.00

第 10 章　木村重義と在高・損益二勘定系統説 | 129

　次に，露店商人は，4圓にて林檎百個を仕入れたとすると，現金4圓が企業外に流出する代わりに，林檎百個が流入することになる。この場合，「現金四圓を失つたがそれと等價値の林檎を得たのであるから損益はなし」であり，この取引のことを「交換取引」という（275頁）。これを仕訳すると次のとおりである。

　　　（借）　價値勘定　4.00　　　　（貸）　現金勘定　4.00
　　　（借）　林檎勘定　4.00　　　　（貸）　價値勘定　4.00

　しかし，「企業財産の價値が四圓減じて四圓増したとすれば何等増減變化はない」（276頁）ので，仕訳中の價値勘定は相殺され，次のとおりとなる。

　　　（借）　林檎勘定　4.00　　　　（貸）　現金勘定　4.00

　この時点で，財産は，「一圓貨幣一枚の價値一圓と林檎百個の價値四圓とを加へて全企業財産の價値は五圓である。」（267頁）このことから，「財産勘定は個別的であり價値勘定は總合的，單一的」となる（267頁）。さらに，この林檎を1個5錢で90個売ると，売上の総額は4圓50錢である[6]。これを仕訳すると次のとおりである。

　a）（借）　價値勘定　3.60　　　　（貸）　林檎勘定　3.60
　b）（借）　現金勘定　4.50　　　　（貸）　價値勘定　4.50

　これを「價値勘定」に転記すると次のとおりである。

價値勘定

a) 林檎勘定	3.60	b) 現金勘定	4.50

　この價値勘定は，「移動する價値，換言すれば出で行く財産の價値と入り來る財産の價値とを借方，貸方にわけて累積的に記録したもの即ち費用収入勘定（集合損益勘定）」（277頁）であり，「借方と貸方を分割すればそれぞれ費用勘定，収入勘定（所謂商品賣上勘定）となる。」（277頁）この取引は，「費用収入取引」とよばれ，次の仕訳のように整理される。

6）後述することとなるが，貸方の林檎勘定3圓60錢（3.60）は原価を示し，次のように創出される。4圓÷100個×90個＝3圓60錢（3.60）。

a) （借）　費用勘定　　　×××　　　（貸）　財産勘定　　　×××
b) （借）　財産勘定　　　×××　　　（貸）　収入勘定　　　×××

　a）は「費用取引」，b）は，「収入取引」とされる。費用取引で減少する財産は，「販賣された商品又はサアヴィスそのものばかりでなくすべて營業を行ふに必要にして使用價値を有し且生産的能力ある資産（土地，建物，機械，器具，消耗品，勞力等）をも含む。」（278頁）土地を除き，「資産の使用により消費され」，かつ「消滅，破壊，減價することの中にその使用價値が宿つてゐるからこれを消費財」とよび，それに関する勘定を「消費財勘定」とよぶ（278頁）。

　また，収入取引で増加する財産は，「現金，小切手その他の貨幣とみなさるべきもの及び貨幣に對する權利である債權等すなはち支拂用具」（279頁）であることが原則的に本質であるとする。支拂用具に関する勘定は，「支拂用具勘定」とよばれ，「債務勘定」も含むものとする（279頁）。そして，企業の活動は，消費財と支払用具の交替の中にあるとして，次の関係を示す（279頁）。

　　　　支拂用具　→　消費財　→　支拂用具　→　消費財……

　支拂用具が消費財になる過程が，交換取引であり，消費財が支拂用具に交替する過程が，費用収入取引となる。また費用収入取引において，營業損益（營業損益）が生じる（279頁）。費用収入取引は，「資本取引や交換取引の一變態でもなければその兩者の混合取引でもない本質上全く別の第三種の取引」（279頁）であり，「企業の最も本質的な姿の見られる取引」（280頁）と木村は主張するのである。

　ここで，b）収入取引を混合勘定としての商品賣上勘定を用いて記録すると，次の（イ）の仕訳のとおりとなる。先ほどは，林檎勘定（資産勘定）の貸方を分割したものとすれば，減少した林檎の価格（原価）3圓60錢を記入したこととなる。もし，この林檎を90個3圓60錢で売却すれば，交換取引になるのをそれより90錢高く売ったので，90錢だけは純利益すなわち，資本の増加額となる。このように解釈すると，林檎賣上勘定は，「財産勘定と純損益勘定との混合體である」（281頁）とされる。

（イ）（借）　現金勘定　　4.50　　（貸）　林檎賣上勘定　　4.50
　林檎賣上勘定の残高は集合損益勘定に送られ，「集合損益勘定の貸方へ移さ

れた計數は混合額であるからそれを分解して純利益額を出すため」(282頁),次の仕訳を必要とする。

(ロ) (借) 集合損益勘定 3.60 (貸) 林 檎 勘 定 3.60

(ロ) の仕訳は,「棚卸の後その實際の數量が初めて明瞭に決定されるからその額を上の如く仕譯して集合損益勘定と林檎勘定との兩者を完結させる」(282頁) ものであり,単なる振替記入にすぎず,費用取引のように実質的な意義を有しないものである(282-283頁)。したがって,費用収入勘定または集合損益勘定は次のように示される。

費用収入勘定あるいは集合損益勘定

残高(純利益)	3.60		4.50
	90		
	4.50		4.50

ここで注目するのは,4圓50錢を収入(収益)の額,3圓60錢を費用の額,差引90錢が純利益とする解釈が適当であるとする (283頁)。その上で,「勘定組織は支拂用具と消費財との交互の轉形に於て二つの段階すなはち仕入と販賣,交換取引と費用収入取引の本質を認識し,簿記の任務に從つてできるだけ正確に且それぞれの取引の特性に應じて記録しなければならない」(284頁) と木村は指摘する。そして,最終的に既述してきた勘定を整理し,財産勘定と價値勘定は對等に位置づけ,図表10-1のとおりに勘定組織を分類することを示す。

図表10-1　財産勘定と價値勘定の分類

(出典) 木村 [1931] 284-285頁

財産勘定は，すなわち後の木村のいう在高勘定系統に位置づけられる。これは，商品売買において商品勘定に着目し，残高または在高を記録するものであり，交換取引として位置づけられる。また，價値勘定は，後に損益勘定系統を示すものであり，商品売買において収益および費用を記録し，収益費用取引として位置づけられる。そして，商品販売時に交換取引と収益費用取引を別に認識し，利益を算出することが求められる。それは企業外に分配することができないとするのである。

　これは，木村 [1972] によれば次のとおりに記述される在高・損益二勘定系統説の特徴である。すなわち，商品勘定が混合勘定として運用されていることを理論的欠陥であるとし[7]，「在高勘定系統の商品勘定と損益勘定系統勘定の売上原価勘定および売上勘定とに混合商品勘定を分割した」（木村 [1972] 98 頁）とされる。木村は，このように処女論文からすでに，在高・損益二勘定系統説を形成しつつあったものと思われる。

III　分配可能利益と営利企業

1　複式簿記と利益

　次に，木村 [1976] を中心として，在高・損益二勘定系統説の理論を明らかにする。木村は，簿記と会計を一体として考え，簿記と会計の基礎概念を整理する。まず，木村は財務会計の主目的を，「分配可能利益の算定である」と指摘する（木村 [1976] 23 頁：以下，特に記述がない限り同文献とする）。木村のいう分配可能利益は，「それが稼得され，計算されたとき，その全額がかならずただちに分配されるのではなく，一部分は経営外部に分配されるが，他の部分は経営内部に留保される」（15 頁）ものと定義される。そして，複式簿記を「利益計算の制度的な特定形式」（25 頁）と規定し，その利益計算の目的が利益であることを指摘している（25 頁）。

---

7)　商品勘定を損益勘定系統とし，商品の期末在高は残高勘定に含み，商品勘定が混合勘定であることは，クルツバウアの学説に基づいている（木村 [1972] 97-98 頁）。

第 10 章　木村重義と在高・損益二勘定系統説 | 133

木村は，複式簿記と財務会計の関係を次のように説明している。「広義の会計は簿記と狭義の会計とに区別して，前者は記録の形式であり，後者は記録の実質である」（25頁）とし，容器とその内容に例えている。「なかみは液体のばあいのように，入れものなしでは保たれず，かつ，容器は内容物にふさわしいものであるべきことは当然であると考えられるばかりでなく，逆に，内容は入れものにふさわしいものであるとすら見られる。」（25頁）このように，木村は，複式簿記と財務会計の一体性を述べ，その共通の目的として，利益計算および分配可能利益の算定をあげる。

さらに，木村は，利益と資本の概念を，分配可能利益の観点から説明している。まず，利益は資本に先行する概念であるとし，「営利経営の会計記録は，複式簿記において資産と利益との二重記録においてなされ，この二重記録の基本的要素について『資本』は『利益』に属する」（37頁）と指摘する。

そして，「資本として用いられる財は，余剰の富あるいは消費の節約からもたらされたもので払い込まれる『資本』は払い込まれる前から『利益』であるとする。つまり，資本は，本質的に利益であろうとすることは，国民経済の立場からも個別経営の立場からも客観的にも主観的にも正しい見方である」（37頁）と主張する。また，「通常『利益』といわれるものは，分配可能利益であり，『資本』は，それに対して分配不能利益である」とし，利益を，複式簿記上の勘定科目においては，図表10-2のように分類する。

木村は資産と，その負の要素である負債をあげ，利益を資産の増加または負債の減少とし，その逆の概念を損失として定義する（31-33頁）。特定の利益および特定の損失が，対応関係にある際，それを特に収益および費用とする（35-36頁）。さらに資本は，利益から派生する概念であり，前者は分配不能利益として企業内部に留保され，後者は分配可能利益を指す。

図表 10- 2　利益の分類

利　益 ┤ 利益金 ―――― 分配可能利益
　　　　 資本金 ―――― 分配不能利益

（出典）木村 [1976] 38頁

2 複式簿記とその対象

複式簿記を述べる上で、木村はまず、「勘定口座の全部を収容している帳簿は、総勘定元帳 (general leger) であって、この勘定口座への記入が帳簿づけの中心問題である」(56頁) とし、複式簿記における記録の対象を「取引」とし、「それは、資産、負債、資本、利益および損失」であり、「会計科目、同時に勘定科目の分類である」(58頁) とする。

木村 [1963] によれば、簿記の対象は、「企業の経営活動とそれに付随する諸事象 (event) およびその結果としての企業利益である」(木村 [1963] 2頁) とし、複式簿記の目的は、利益計算にあると述べられている。これは、既述したとおり、財務会計の目的と同義のものとなる。

そして、簿記と経営活動および取引の関係について次のように述べ、経営活動の形態から取引を分類化している。「簿記は、諸勘定をもって経営活動を記録する。主要な経営活動は営業活動であって、別に営業外活動も含めて経営活動という用語法をとる。経営資金の営業活動における投資の循環的過程を代表する取引は、購入、製造、販売および金融の四取引からなる。」(58-59頁)

そして、特に「営業取引に対して営業外取引が存し、これに属するものは財務取引と投資取引とである。」(59頁) 各会計項目の位置にそれぞれ勘定口座をおくと、そこに勘定体系図ができ上がる。これを示したものが、図表10-3である。

図表10-3　経営活動と取引

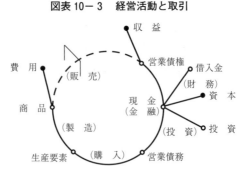

(出典) 木村 [1976] 59頁；木村 [1963] 4頁より筆者作成

第 10 章　木村重義と在高・損益二勘定系統説 | 135

　図表 10-3 において，「営業活動については，円周上を右回りに資金が循環するように表象され，円周上の会計項目は営業財産の存在形態を意味する。」また，「営業活動における在高全体の運動量，すなわち動態全量は，円周上の一ヵ所に，たとえて言えば，関門を立てて，その間を通過する資金量を一定期間について数えることによって補足される」（59頁）とする。「この関門は，販売取引の場所に立てられると考えることが最も便宜」（59頁）であり，「事実においては販売取引において営業収益総量である『売上高』が記録され，期間売上収益が動態量を代表する」（59-60頁）とする。

3　在高・損益二勘定系統説の本質

　木村は，複式簿記の実質を「総勘定元帳とその記録」（63頁）とし，複式簿記理論についての考察を加える。まず，人的学説および物的学説に分類されることをあげた上で，物的学説には，一元論および二元論があることを指摘する。しかし，「複式簿記について言うのであるから二元論は当然であると考え」（64頁）ることから，二勘定系統説（Zweikontenreihentheorie）として，財産・資本二勘定系統説と，在高・損益二勘定系統説を比較して検討する[8]。

　そして，自身の主張する在高・損益二勘定系統説（在高・損益二勘定説）について次のように述べる。「『複式簿記は在高と損益とについての対照的記録である。』という定義が行われ……在高（Bestand）とは資産および負債すなわち財産構成各部分であって，その記録は損益記録と対照的になされ，たとえば現金の増加が認められるときはその金額だけ会計的に認識される。」（65頁）

　その上で，「現金という資産が増大しただけ，資産総計としての資本が増大

8）財産・資本二勘定系統説（純財産説，財産・資本二勘定説）は，シェアー（Schär）によって主張されたものであるとし，次のように述べている。「複式簿記の過程は，『複式簿記は財産構成部分と純財産とについての対照的記録である』というものであり，……複式簿記は諸資産および諸負債の勘定と純財産すなわち資本の勘定の間の貸借二重記録であると解され，利益および損失についての勘定は資本勘定の下位勘定（Unterkonten）として見られる。」（64-65頁）すなわち，純財産つまりは資本は，1つの大きさを記録し，経営活動による資本の増大分を年度利益として確定することが目的とされるものである（65頁）。

し，その増し分は利益であるはずである」(65頁)とし，在高・損益二勘定系統説の妥当性を述べている。「総計はすべてを合算したのちにのみ確認できるというのとは異なり」(65頁)，「利益と損失とは経営活動における特定の行為および特定の経済事象が特定の資産あるいは負債の増減に関連しあるいは影響することから生じ，結果的に純財産の増減になにかの影響をもたらすであろうが，利益および損失を，いわばその場において，直接的に認識することについては在高・損益二勘定説（在高・損益二勘定系統説―筆者）がまさることは明らかである)。」(65頁)

　木村は，在高・損益二勘定系統説を図式化し，次の図表10-4のようにまとめている。このように，財産・資本二勘定系統説では，損益勘定の位置づけを，資本（純財産）勘定の下位概念とするが，在高・損益二勘定系統説では，損益勘定が資本勘定を含むとし，資本金勘定は，損益系統に属す。ここで，分配可能利益の観点から在高・損益二勘定説の理論的優位性を主張する。

図表10－4　在高・損益二勘定系統説の勘定分類と記録図式

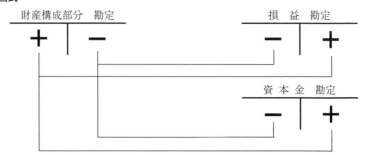

(出典) 木村［1976］66頁

財務会計の主要目的と複式簿記の主要目的が，分配可能利益の算定にあることは既述した。すなわち，「財務会計の主要目的は，……経営活動において実現された分配可能利益の算定にあるが，それを記録する帳簿と勘定との技術である複式簿記の目的がそれと異なるはずはない。簿記手続は特定年度に稼得された分配可能利益を計算し記録する手続である。」(66頁)

　木村は，上記の分配可能利益または利益の観点から，在高・損益二勘定系統説が会計理論に結びつくことを主張する。それは次のとおりである。「利益は，資産の増加の意味であり，資産がまず認識されていなければ利益は認識され得ない。これが在高・損益二勘定系統説の根拠である。この簿記学説は，この会計理論によく適合しているはず」(67頁) である。

　その理由は，次のとおりである。「複式簿記は資産についてその静態量と動態量とを記録する。……会計においては静態量を在高，動態量を損益という点で用語の特殊性があり，また，複式簿記の機構によってこの両量が特殊な関連で対照的に計算，記録されると単純に解してよい。そして，動態純増分が静態量の一部を構成することも，ただちに理解できるだろう。」(67頁)

　また，「在高・損益二勘定系統説は，すべての取引が在高と損益との二系統勘定間に貸借仕訳をされなければならないはずである」(67頁) と述べた上で，しかし実際は，「取引が必ずしも損益取引であるのではなく，在高勘定間の，時として損益勘定間の，交替あるいは振替えの取引は多い」(67頁) とし，これらは省略されるものであるとする。

　そして，「営業資金は，その営業資産の形で，営業過程の各位相に存在し，販売取引の場合のほかは原則として等価交換において交替」(67-68頁) され，「損益取引は，費用収益取引として，販売取引について，或いは営業費については，販売取引に附随するものとみなして認め，扱うのが原則である。」(68頁) それは，「資金の営業活動における循環運動量の把握が経営生成の表示において必要とされる際，本章の1の (2) (図表10-3―筆者) に説明しかつ図示したように，販売過程のところに『関門』を設けて，ここで計測し，数えることを適当とするからである」(68頁) としている。

　そして，複式簿記は，「営利経営のばあいのほかでは行えない資産と利益と

の対照記録であって，非営利の経営においてはありえないことが明瞭」(68頁) とする。「会計項目としての利益勘定がなければ複式簿記もありえない」(68頁) と結論づけている。

木村 [1976] では，「個別経済の実体およびその活動」を「経営」とよび (3-4頁)，「消費経営─収入支出経営」と「営利経営─費用収益経営」に分類する (6頁)。営利経営とは，「『商的経営』すなわちいわゆる商業ベースの経営あるいは金銭的利益 (pecuniary gains) 追求の経営」(6頁) と定義され，簿記と会計の基礎概念から複式簿記理論と営利経営財務会計理論の検討を行っている。

ここで，営利経営に限定する理由として，木村は別のところで次のように指摘している。「利益・損失科目は，『営利』経営会計にしかありえないもので，複式簿記という簿記は，会計一般のものではありえない。」(木村 [1978] 104頁) このように，木村の簿記理論は，営利企業と営利企業による企業会計を前提とし，そこで求められる利益を追求するのが簿記の中心的役割であることが明らかとなる。

Ⅳ　おわりに

木村は，自身の複式簿記を次のように定義している。それは，「複式簿記は在高勘定系統の諸勘定と損益勘定系統の諸勘定の二重記録である。」(木村 [1972] 95頁) このような木村の簿記学説である「在高・損益二勘定系統説」の本質を整理すると，次の3点である。

(1)　総勘定元帳を基礎として，すべての勘定は，在高勘定系統勘定と損益勘定系統勘定に分類される。「在高勘定系統諸勘定は，借方プラス貸方マイナスの記録をし，損益勘定系統勘定は，貸方プラス借方マイナスの記録をするように対照的」(木村 [1972] 96頁) である。

(2)　利益と資本は，損益勘定系統勘定に位置づけられ，分配不能利益である資本は，分配可能利益である利益の下位概念として位置づけられる。

(3)　複式簿記は，営利企業が行う会計と不可分の関係であり，ともに，その目的は利益を算出することにある。

第 10 章　木村重義と在高・損益二勘定系統説 ｜ 139

　以上の 3 点の中で，木村の簿記学説の後世への影響は，（3）の利益計算を最
重要視する観点であると思われる。木村の学説では，資産 - 負債＝利益（損
益）と解釈され，売買の都度利益を算定することが可能である[9]。木村の簿記学
説は柔軟性が高く，会計理論と一体であるため，現代的な混合測定の時代にお
いても十分に有用性が高いものと思われる。

【参考文献】
　木村重義 ［1931］「費用勘定と収入勘定」『商學討究』第 6 巻中冊（第 2 号），258-286 頁。
　木村重義 ［1948］「クルツバウエルの簿記理論」『社会経済研究』第 6・7 巻，1-15 頁。
　木村重義 ［1950］「簿記學説百年史―序説的考察―」『小樽商科大學開學記念論文集』第
　　　2 巻，273-304 頁。
　木村重義 ［1956］『會計學研究』巌松堂書店。
　木村重義 ［1963］『簿記要論』中央経済社。
　木村重義 ［1972］「簿記理論について」『會計』第 102 巻第 3 号，94-102 頁。
　木村重義 ［1976］『会計総論』同文舘出版。
　木村重義 ［1978］「私の学説」『会計ジャーナル』第 10 巻第 7 号，104-106 頁。
　創価大学経営学会 ［1982］「木村重義教授略歴・業績」『創価経営論集』第 6 巻第 1 号，
　　　145-155 頁。
　平井克彦 ［1979］「木村重義教授の略歴と学説」『経営論集』第 26 巻第 3 号，279-296 頁。
　藤田藤雄 ［1982］「木村重義教授追悼記念論文集の発刊に寄せて」『創価経営論集』第 6
　　　巻第 1 号，巻頭写真，巻頭 i - ii 頁。
　藤芳誠一 ［1979］「献呈の辞」『経営論集』第 26 巻第 3 号，巻頭 i - ii 頁。
　宮沢光一 ［1982］「木村重義教授追悼記念論文集の発刊に寄せて」『創価経営論集』第 6
　　　巻第 1 号，巻頭 iii - iv 頁。
　茂木虎雄 ［1990］「木村重義博士の簿記理論―昭和初期の勘定理論展開史によせて―」
　　　『立教經濟學研究』第 43 巻第 4 号，29-59 頁。
　Paton, W. A. ［1924］ *Accounting*, The Macmillan Company.

【写真出所】
　『創価経営論集』創価大学経営学会，第 6 巻第 1 号（1982 年 1 月）

（島崎杉雄）

　9）木村 ［1976］では，利益の増減を導く資産評価において，「評価の二段構成」と
　　して，取得原価の枠組みの中で，時価会計を行うことを認めている（木村 ［1976］
　　52 頁）。

第3部　簿記理論の成熟

第11章　嶋村剛雄と簿記の管理機能

嶋村剛雄

【略歴】
- 1928年　熊本県生まれ。
- 1950年　横浜専門学校卒業。
- 1951年　熊本国税局，東京国税局に転勤後退職。
- 1955年　立教大学経済学部卒業。
- 1959年　明治大学経営学部助手。
- 1960年　立教大学大学院経済学研究科博士課程単位取得退学。
- 1961年　明治大学経営学部講師。
- 1964年　明治大学経営学部助教授。
- 1969年　明治大学経営学部教授。
- 1994年　死去。66歳。

【主要業績】
『資産会計論』中央経済社, 1966年。
『体系会計諸則精説』中央経済社, 1967年。
『会計原則コンメンタール』中央経済社, 1979年。
『財務会計原理』中央経済社, 1984年。
『会計学一般原理』白桃書房, 1989年。

1　はじめに

　嶋村剛雄（以下，嶋村）は，資産会計を中心とする会計理論研究と，現行の制度を支える会計諸則研究に取り組み，多くの研究成果を遺している。
　また，経理教育研究所を設立し，資格試験指導にあたり数多くの職業会計人を育成するとともに，『簿記の学び方』『演習講座簿記Ⅰ・Ⅱ・Ⅲ』『簿記会計

問題精説』『体系簿記論』等の多数の簿記書を執筆し，簿記教育にも熱心であった。

　嶌村は，資産会計研究において，「会計の計算対象として企業に実在する実体は資産をおいて他にはない。費用や収益はそのフローを表す概念であり，負債や資本もその源泉ないし拘束関係を示す概念に過ぎない。その意味で，資産会計の理論はまさに会計の原理論とも位置づけできるものである。極端な表現をすれば，資産の特質を解明するのが会計の特質解明を意味するといえる」（嶌村 [1989] 149 頁）と述べている。そして，この資産概念の特質究明にあたっては，資産の価値—収益獲得能力としての経済原資—的側面，すなわち資産そのものから捉えた資産概念と，計算構造的側面からの資産概念との関係—接合—を核とするものであるといえる（大倉 [1995] 274 頁）。この資産に対する考え方が，後述する簿記処理の特色につながっているといえよう。

　嶌村は，会計情報の拡充化を求める社会的要請の増大を反映して会計の計算構造や測定技術の面からだけではなく，認識対象ないし計上能力の面からも種々の問題が提起される中で，問題が複雑多様化すればするほど，会計の原点を再確認しておくべきであるという問題意識をもっていた。本章では，主として「会計の原点—勘定—」と題された論稿をもとに，考察を行っていくこととする。

II　簿記の目的と役割

　簿記とは，経済活動体の活動内容（資金の調達・運用に関する面）を，貨幣数値によって把握するための記録計算技術である（嶌村 [1980] 3 頁）。

　企業簿記を対象とする場合，簿記の目的とは（1）対内的目的（経営活動の管理資料に役立てること）および（2）対外的目的（利害関係者に対して活動状況を報告すること）の 2 つに大別される（嶌村 [1980] 3 頁）。

1　対内的目的における簿記の役割
　企業は各種の財貨または用役を社会に提供することを目的とした経済活動体

第11章　嶌村剛雄と簿記の管理機能 | 143

であるため，その経済活動は最小の犠牲（費用）により最大の効果（収益）を
あげるという経済性の原則によって支配される（嶌村［1980］3頁）[1]。

　企業が効率的な経済活動，つまり効率的な企業資金の運用を行うためには，
その資金の調達および運用のプロセスが周到に管理されなければならないが，
この管理資料を提供するのが簿記の管理機能であると考えられる。

　簿記の管理機能は，中世の商業都市において簿記が商人の財産，取引先に対
する債権債務の増減を管理するための記録として発生したことからもわかるよ
うに，当初は財産管理機能の側面が大きかった。その後，時代が下るにつれ企
業の経済活動範囲が拡大し，活動内容が複雑化することにより，個人の債権債
務の変動や商品の増減といった部分的な財産管理資料の提供からすべての資産
負債の増減の記録，その増減変動要因を表す収益費用の記録へと拡大し，さら
に企業資金運動の全面的な管理資料の提供へとその内容が拡大されてきた（嶌
村［1980］4頁）。しかしながら，この簿記の管理機能の特質は，財産の変動を詳
細に記録する財産管理機能に典型的にみられるように，記録の具体性・細目性
におかれる（すなわち，債権債務の総額の変動の記録だけではなく，人名別の記録も
要求される）のである（嶌村［1980］4頁）。

2　対外的目的における簿記の役割

　企業の経済活動規模が拡大するにつれ，企業の社会的な影響力が増大し，ま
た利害関係者も増加することになる。このような状況において，企業外部者で
ある利害関係者に対し，経営活動の報告が社会的に要求されるようになってき
た。すなわち，簿記は経営管理のための資料を提供するという役割だけではな
く，企業外部の利害関係者に対し企業に関する報告書を作成するための資料提
供の役割も求められるようになってきたのである。

　企業外部への情報提供は，決算を行って財務諸表を作成することによりなさ

1）経済活動体には財や用役の提供を目的とする生産経済活動体である企業のほか
　に，消費経済活動体としての家計や行政単位としての政府や地方自治体がある
　が，それらの経済活動の内容はそれぞれの活動目標によって異なるので，その相
　違は記録計算技術の上にも表れる（嶌村［1980］3頁）。

れる。嶌村はこの簿記の企業外部への報告書作成のための資料提供の機能を決算機能とよんでいる（嶌村［1980］5頁；［1993］5頁）。

今日の企業は，社会制度として各種利害関係者とのつながりのもとに存在しており，利害関係者の関心に応じた情報の提供は欠くことのできないものとなっている。簿記は，この利害関係者への情報提供のための財務諸表の作成を秩序的に行うにあたり不可欠の記録計算技術であるといえる。

3　簿記機能の分類

簿記とは勘定の理論ともいわれるように，古くから勘定理論として展開されてきており，その多くは簿記の決算機能との関連において展開され，資産勘定，負債勘定，資本勘定，および費用勘定，収益勘定の計算構造的な体系把握に基本視点がおかれているだけで，簿記の本源的な機能としての取引顛末記録に基づく管理機能には論及されていないのが一般的である（嶌村［1993］4頁）。

嶌村によれば，「簿記の機能ないし役割は，記録目的からみるとき，決算機能と管理機能に分類することができるが，発生史的には，勘定の借方・貸方の用語に象徴されているように，簿記は債権・債務の管理をはじめとした財産保全ないし財産管理を目的とした記録計算技術であって，簿記のこの本源的な管理機能は，こんにちにおいても決算機能とともに会計制度上重要な役割を果たしていることが留意されなければならない。」（嶌村［1993］5頁）

簿記はより直接的には取引の顛末記録を課題とするものであり，その意味において簿記の基本機能は取引の顛末記録機能であるといえる（嶌村［1993］4-5頁）。簿記の管理機能を重視する場合，取引概念，勘定設定および帳簿組織を

図表11−1　簿記機能の分類

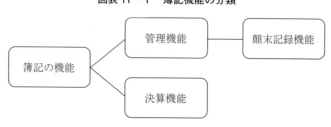

図表 11-2　簿記機能の階層化

含め，決算機能視点のみからの展開とは異なった体系化が必要とされるが，この管理機能と決算機能をどのように統合して簿記理論を構築するかという点につき，嶌村は顛末記録機能 → 管理機能 → 決算機能という機能階層に基づく体系化が必要ではないかと述べている（嶌村［1993］5頁）。

III　簿記の機能の関連性

簿記の管理機能と決算機能との関連性を明らかにするために，嶌村［1993］はいくつかの例をあげて説明している。

1　対照勘定と簿記機能

対照勘定は一般に実質的対照勘定と形式的対照勘定とに区別される。実質的対照勘定は，例えば従業員預り金運用資産勘定と従業員預り金勘定などの関係のように，貸借対照表上の資産勘定と負債・資本とに資金面で源泉と運用形態とが個別に結びついており，これらの対照勘定の設定は資金の源泉と運用とが個別に結びついている限り，簿記の管理機能と決算機能の両面からみて合理性が認められる（嶌村［1993］5頁）。

他方，形式的対照勘定は，手形裏書義務勘定と手形裏書義務見返勘定のように，借方勘定と貸方勘定が同一金額で直接的な関連で現れるが，それらの対照勘定は現行の会計制度のもとでは本来の資産勘定または負債勘定とは認識され

ず，いわゆる備忘記録として特徴づけられる（嶌村 [1993] 5-6 頁）。これらの形式的対照勘定は備忘記録であるため，簿記の決算機能の観点からは貸借対照表に計上されない。

しかしながら，簿記はもともと備忘のため取引の顛末を詳細に記録するものである。したがって，決算機能の観点からは貸借対照表に計上するものと計上されないものに区分されるが，管理機能の観点からはそれらは本質的に異なった取引とは考えられない。将来における経済資源の増減変動と関わる契約事実が生起している限り，それらの事実の記録は個別財産管理の必要からも，経済行為の顛末説明のためにも必要不可欠のものである（嶌村 [1993] 6 頁）。

さきに述べたように，簿記の基本機能が取引の顛末記録機能であることにかんがみれば，企業の経済取引または経済事象は，それらの取引ないし事象の生起時点において経済資源の増減変動を伴う場合はもとより，その変動が将来に生起する性質のものである場合であっても，その顛末が記録されるべきである。嶌村は，「経済行為としての取引と簿記上の取引とされない取引とに区別し，簿記上の取引を限定するのは簿記の本源的機能から見て明らかに不合理である。たとえその時の会計目的との関連でオフ・バランス取引として扱われるとしても，それらの取引は顛末記録機能に基づく管理機能の面から本来の簿記上の取引として認識されるべきものである」（嶌村 [1993] 6 頁）と述べている。貸借対照表を企業の経済資源ないし資金の運用・源泉からの二面表示計算書とみる限り，形式的対照勘定は貸借対照表計上外勘定となるが，将来予測も含めた財政状態表示を重視するならば，これらは決算開示機能の面からもオン・バランス化されるのが合理的であると考えられるとしている（嶌村 [1993] 6 頁）[2]。

2 勘定分割と簿記機能

勘定はその記録計算目的によって細胞分裂的に増殖または統合される性質をもっている。勘定分割には記録計算対象それ自体の細分化をもたらすような実

---

[2] ただし，その場合には資産性および負債性の階層性に基づく区分表示などの，対照勘定の区分表示・分離表示が必要となると考えられる（嶌村 [1993] 6 頁）。資産性および負債性の階層的把握については，嶌村 [1989] に詳しい。

第 11 章　嶌村剛雄と簿記の管理機能 | 147

質的勘定分割（例えば現金預金勘定の当座預金勘定，普通預金勘定，定期預金勘定等
への分割)3) と，勘定形式の細分化という形式的勘定分割の2つの形態がある
（嶌村 [1993] 7頁）。

　勘定形式は記録計算対象の増減変動事象を増加高と減少高にまとめて左右に
配置し，増加高と減少高を比較して左右をつりあわせることにより把握するも
のであるが，これをさらに増加事象のみを記録する勘定と減少事象のみを記録
する勘定とに分割する場合もある。例えば，記録計算対象を A とするとき，
A 勘定が（＋）A 勘定と，（－）A 勘定とに分割されることになるが，この場
合の A は主勘定であり，（＋）A 勘定と（－）A 勘定は評価勘定または調整勘
定ということができる（嶌村 [1993] 7頁）。

　資産勘定の（＋）の例としては，例えば売買目的有価証券の評価益があげら
れるだろう。また，（－）評価勘定の例としては債権の貸倒引当金勘定，固定
資産の減価償却累計額勘定などがあげられる。費用の（－）評価勘定の例とし
て仕入戻し勘定や仕入値引勘定，収益の（－）評価勘定の例として売上戻り勘
定や売上値引勘定などがあげられるだろう。

　資産勘定の（－）評価勘定は，財産管理上の必要性というよりは適正な期間
損益計算のため，つまり決算機能の面から設定されるものであるが，主勘定を
直接減額せずに（－）評価勘定として設定する理由は，財政状態の明瞭表示の
ために間接控除方式をとる必要性があるからである（嶌村 [1993] 8頁）。

　他方，費用の（－）評価勘定や収益の（－）評価勘定は，決算目的の勘定で
はない。決算機能の面からは仕入高や売上高から直接控除しても問題はない。
しかし，管理機能の面からは返品取引や値引取引の実態記録は営業取引の管理
にとっても，また取引顛末の説明のためにも不可欠である（嶌村 [1993] 8頁）。

---

3) 預金勘定の当座預金勘定，普通預金勘定，定期預金勘定への分割は個別的な財
　産管理目的からの分割である。また，例えば貸付金勘定の短期貸付金勘定と長期
　貸付金勘定への分割は，決算目的もしくは開示目的からの分割であるといえる
　（嶌村 [1993] 7頁）。

3　勘定処理と簿記機能

(1)　商品売買取引の勘定処理

　商品売買取引の処理方法には総記法，分記法，三分法，売上原価対立法など
があるが，簿記の機能との関連でこれらの処理方法をみるとき，決算機能の観
点からはどの処理方法をとっても本質的な違いはない。しかしながら，簿記の
管理機能の観点からは，財産管理および取引事実の顛末説明の点で，売上原価
対立法が最も合理的であるといえる。なぜならば，売上原価対立法は総額主義
的な処理方法であり，売上のつど売上勘定と売上原価勘定が記帳されるからで
ある[4]。

　このように，簿記の管理機能の面からは処理方法自体は売上原価対立法でな
ければ不十分であるが，帳簿組織として商品有高帳や売上帳等の補助記入帳が
整備されていれば顛末記録に基づく管理機能上の問題は生じないと考えられる
ため，商品売買における処理方法の合理性はもっぱら決算機能の面に重点がお
かれることになる（嶌村[1993] 9 頁）。

(2)　見越・繰延処理

　前払費用，未払費用，未収収益，前受収益等の見越・繰延勘定の処理は簿記
上最も主要な処理事項としてあげられる。嶌村によれば，この見越・繰延処理
は簿記の決算機能の面から現れた勘定処理であるが，管理機能の面からの合理
性を欠くために，簿記上の処理として必ずしも合理的な処理方法とはいえない
（嶌村[1993] 9 頁）。

　例えば前払費用については，利息や家賃のような時の経過によって発生する
ものの一定期間の用役対価を前払いした時点においては一定期間の用役請求権
を取得したのみであるから，支出時点においては支払利息や支払家賃等の費用
勘定ではなく未経過利息や未経過家賃などの具体的な資産勘定で処理し，決算
時に当期経過分を費用勘定に振り替えるべきである。仕訳を示すと次のように

---

　4)　なお，分記法も売上原価対立法と同じく売上のつど売上原価が記帳されるが，
　　販売取引高である売上高が記帳されないため，販売取引の顛末説明としては不十
　　分であるといえる。

なる。

- 支払時
  （借）　未経過利息　　××　（貸）　現 金 な ど　　××

- 決算時
  （借）　支 払 利 息　　××　（貸）　未経過利息　　××

　また，前受収益に関しても同様に一定期間の用役対価を前受けした時，その時点では一定期間の用役提供義務を負うので，収益勘定ではなく未給付利息や未給付家賃として具体的な負債勘定で処理し，決算時に当期経過分を収益勘定に振り替えるのが合理的である（嶌村 [1993] 9 頁）。仕訳を示すと次のようになる。

- 受領時
  （借）　現 金 な ど　　××　（貸）　未給付家賃　　××

- 決算時
  （借）　未給付家賃　　××　（貸）　受 取 家 賃　　××

　つまり，前払費用および前受収益は，支出および収入時点で資産勘定および負債勘定に計上し，決算時に経過分を費用勘定および収益勘定に振替処理することによって，簿記の管理機能および決算機能が有効に果たされることになる（嶌村 [1993] 10 頁）。

　他方，未払費用または未収収益は，一定期間の用役取引契約時点において，対照勘定処理をなさなければ簿記の管理機能が果たされない。未払費用に関して，例えば一定期間の借入金に対する利息の後払い契約がなされたとき，まず契約を記帳し，決算時に経過期間に見合う支払利息を計上するとともに，経過分について対照勘定を相殺消去するという処理を行う（嶌村 [1993] 10 頁）。対照勘定処理を行った場合の仕訳は次のようになる。

- 契約時

  (借) 契約未払利息見返 ×× 　　(貸) 契 約 未 払 利 息 ××

- 決算時

  (借) 支 払 利 息 ×× 　　(貸) 未 払 利 息 ××

  (借) 契 約 未 払 利 息 ×× 　　(貸) 契約未払利息見返 ××

　また，未収収益について，例えば一定期間の貸付金に対する利息を後受けする契約がなされた場合も同様に，契約を認識したのち，決算時に経過期間に見合う受取利息を計上するとともに対照勘定を相殺消去する（嶌村 [1993] 10頁）。

- 契約時

  (借) 契 約 未 収 利 息 ×× 　　(貸) 契約未収利息見返 ××

- 決算時

  (借) 未 収 利 息 ×× 　　(貸) 受 取 利 息 ××

  (借) 契約未収利息見返 ×× 　　(貸) 契 約 未 収 利 息 ××

　このように，一定期間の用役取引対価が後払いされるときは，契約時点においては双方未履行契約であり，現行の会計制度ではいわゆる簿記上の取引として認識されないことになる。しかし，簿記の本源的機能である取引顛末の記録に基づく管理機能の面からみるとき，これらの取引も本来の取引として認識されるべきである。つまり，対照勘定処理を行わなければ債権債務の管理が十分になされえないことになるからである（嶌村 [1993] 10頁）。

4　勘定科目設定と簿記機能

　簿記機能の面から勘定科目の設定にとって興味深い科目として，金券があげられる。金券は郵便切手，乗車券，収入印紙等にみられるように，使途が特定

されており，必要に応じて取得されるものであるから，購入時に使途を示す費用勘定で処理される。例えば，郵便切手は通信費勘定，乗車券は旅費交通費勘定，収入印紙は租税公課勘定で処理される。これらの勘定処理は重要性の原則を前提とした決算機能の面からの勘定処理である（嶌村 [1993] 10頁）。

　しかし，簿記の管理機能の面からは金券の種類別に資産勘定を設定し，使用時に費用処理させるべきものであると考えられる。資産勘定設定時に問題となるのは，管理機能面からの勘定設定と決算機能面からの勘定設定の関係である。管理機能の面からは，金券の種類別に明細勘定を設定すればよいが，貸借対照表上の記載科目は概観性を基本とするため，何らかの統制勘定を設定する必要がある。その場合，金券は貨幣と同様にそれ自体が金銭的価値をもつ紙片であるから，その点で現金との同質性に基づき現金勘定に含めることの合理性も認められるが，金券は使途が特定されており，現金のように支払手段に充当することはできないため，決算機能の面からは前払経費の勘定科目を設定するのが合理的である（嶌村 [1993] 11頁）。

　このように，嶌村は勘定科目の設定にあたり，何よりもまず簿記の本源的な機能である取引事実の顛末記録機能およびそれに基づく管理機能の面から細目勘定が設定されるべきであり，その上で決算機能の面からの勘定追加設定および開示機能面からの勘定統合が段階的な仕組みで体系的に整備される必要があると述べている（嶌村 [1993] 11頁）。財務諸表上の勘定科目は，簿記上の勘定科目を前提とした上で開示目的から勘定の統合または分割のための組替え計上がなされることになる。簿記上の勘定科目の整理統合の過程では，評価勘定はもちろん，備忘記録としての対照勘定も，他の勘定と同様に簿記上の本来の勘定として扱われるべきものであり，財務諸表に記載する段階で，評価勘定を直接控除するか，間接控除形式にするか，対照勘定を貸借対照表の本体構成勘定として扱うかまたは補足情報開示として扱うかは，会計上の開示目的に依存することとなる（嶌村 [1993] 11-12頁）。

5　帳簿組織と簿記機能

　今日の会計制度においては，簿記の管理機能については特殊仕訳帳や補助元

帳が大きな役割を果たしている。総勘定元帳の統制勘定を通して決算機能が果たされ，簿記の管理機能に必要不可欠な細目記録は得意先元帳や仕入先元帳などの補助元帳が担っている。

　嶌村は，このような職能分化による帳簿組織について否定はしないが，簿記の本源的な機能が取引の顛末記録に基づく管理機能にあるにあることを認める限り，統制勘定と補助元帳との関係は，主勘定と補助勘定との関係ではなく，要約勘定と具体勘定の関係として，ないしは二次的勘定と一次的勘定の関係として，つまり補助元帳勘定に簿記の本源的な基本勘定としての性格づけがなされるべきであり，帳簿体系上は，総勘定元帳に対する補助元帳の関係は「補助」元帳ではなく「主要」勘定元帳として位置づけられるべきであると述べている（嶌村［1993］12頁）。

　簿記の機能については，制度会計上も当初から決算機能よりも顛末記録機能を重視した規定がみられる。主要諸国における商法または会社法の会計規定においても，決算機能に第一義をおいているわけではない。貸借対照表がもともとは財産目録に基づいて作成されていたことからも明らかなように，商人に対する会計帳簿の作成義務規定は，もともと取引関係者保護を目的とした顛末記録を義務づけたものとみることができる（嶌村［1993］13頁）。

Ⅳ　おわりに

　本章では，嶌村の論稿をもとに，簿記の機能に関する考え方について考察した。嶌村は，「簿記は会計の主要な一部分である」（嶌村［1977］6頁）とした上で，会計情報の社会的な役割が増大すればするほど，簿記理論はもとより効果的な教育方法や実践摘要の研究が要望されるとしている。その場合，勘定設定や仕訳基準の設定にあたっては，簿記の決算機能に偏ることなく，簿記の本源的機能である顛末説明および管理機能面からの取引事実そのままの描写が重視されるべきであると結論づけている（嶌村［1993］13頁）。例えば，オフ・バランス取引の問題に対して取引概念の拡大化の傾向がみられるが，そもそも簿記の基本的な機能を顛末記録に基づく管理機能に求める限りにおいて，オフ・バ

ランス問題は生じえない。

　また，取引の顚末記録に基づく管理機能を強化するということは，情報利用者の多様なニーズを充足するため，情報作成者が加工したデータではなく生の（raw）データが求められるという，いわゆるイベント・アプローチ的思考を体現したものといえるだろう。

　しかしながら，嶌村は簿記の決算機能と管理機能を二項対立的に捉えていたのではない。決算機能と管理機能とを統合し，顚末記録機能→管理機能→決算機能という重層的な簿記の体系を構築することが必要であると考えていたのである。

【参考文献】

　大倉　学［1995］「故嶌村剛雄教授の略歴と学説」『経営論集』第 42 巻第 2-4 合併号，273-288 頁。

　嶌村剛雄［1976］『資産会計の基礎理論』中央経済社。

　嶌村剛雄［1977］『財務諸表論の学び方』税務経理協会。

　嶌村剛雄［1980］『簿記の学び方（増補版）』白桃書房。

　嶌村剛雄［1989］『会計学一般原理』白桃書房。

　嶌村剛雄［1993］「会計の原点―勘定―」『経営論集』第 40 巻第 3・4 合併号，3-13 頁。

【写真出所】

　『私の知る会計学者群像』（中央経済社，2005 年）

（浅野千鶴）

第 12 章 高寺貞男と企業資本二重分類簿記

高寺貞男

【略歴】
1929 年　茨城県生まれ。
1953 年　京都大学経済学部卒業。
1958 年　京都大学大学院研究奨学生課程（後期）修了，京都大学経済学部講師。
1960 年　京都大学経済学部助教授。
1972 年　京都大学経済学博士，京都大学経済学部教授。
1993 年　京都大学退官，京都大学名誉教授，大阪経済大学経営学部教授。
1997 年　大阪経済大学経営情報学部教授。
2014 年　死去。85 歳。

【主要業績】
『簿記の一般理論―勘定簿記から行列簿記へ―』ミネルヴァ書房，1967 年。
『会計政策と簿記の展開』ミネルヴァ書房，1971 年。
『会計学パラドックス』同文館出版，1984 年。
『利益会計システムの進化』昭和堂，1999 年。
『会計と市場』昭和堂，2002 年。

1　はじめに

　高寺貞男（以下，高寺）は，自らの専攻分野を「会計理論・会計史・会計政策」としていたが，「伝統的枠組みを超えた潜在的諸問題を研究テーマとするために，会計学の関係領域（とくに経済学と社会学）の研究成果を積極的に取りいれて，過去に『あった会計』または現に『ある会計』を説明する記述的会計

理論と未来に『あるべき会計』または『ありうる会計』を代替会計として構想する規範的会計理論の統合を志向」（京都大学経済学会 [1992] 献辞）していたとされる。

　高寺の研究を一覧すると，初期（1950・1960 年代）においては企業の会計政策，特に減価償却について，世界各国の具体的事例に関する歴史的な分析が多くみられる。その後（1970 年以降）は，「会計と市場・組織の相互関係を構造化理論によって社会制度としての会計の制約性と可能性を探求」（京都大学経済学会 [1992] 献辞）し，利益平準化等の利益管理の問題にも触れつつ，「経営者会計」（もしくは「作成者志向の会計理論」）から「所有者会計」（もしくは「利用者志向の会計理論」）への変革について研究している。

　そのような研究を行っていた高寺が，自らの論考を最初に世に問うた著作が『簿記の一般理論』（高寺 [1967]）である[1]。本書は，「『勘定簿記から行列簿記へ』という副題が暗示しているように，新しい内容をもるために，独自の理論構築を試み，従来多くの簿記学入門書や簿記教科書が伝統的にとってきた型を随所にわたって破っている」（高寺 [1967] 序文 i 頁）とされ，いわゆる簿記教科書とは多くの点で異なっている。その主な違いは，1 つに考察の対象を「勘定簿記＝二重（複式）記入簿記」だけでなく「行列簿記＝単一記入簿記」にまで拡げていることであり，2 つに「勘定簿記と行列簿記の両者を二重分類簿記（体系に所属する 2 つの簿記形態）としてカバー（位置づけ）できる構成をととのえた『簿記の一般理論』」（高寺 [1967] 序文 i 頁）を構築しようとしていることである。

　高寺は，この『簿記の一般理論』について，次のように端的に説明している。すなわち，「企業資本の運動を n 重に分類し，n 面的過程として総合するために設けられる基本分類標識の数（n）に応じて，n−1 個の n 重分類（n 面的）『簿記体系』が成立しうるが，その場合，二重分類簿記と多重分類簿記とは特殊と一般の関係ではなく，基本と派生の関係におかれている。そして，か

---

1) 本書は，京都大学経済学部で担当していた『簿記原理』の講義ノートを基礎にして執筆されたものとされる（高寺 [1967] 序文 i 頁）。

かる地位にある二重分類『簿記体系』内では，二重に仕訳（分類）した取引を配列（細分類）し，集計（総合）してゆくのに必要な記録形式としては，勘定形式と行列形式のいずれをも選択できるので，それに見合って，勘定『簿記形態』と行列『簿記形態』とが形成される。」（高寺[1967]序文ⅱ）

　本章は，『簿記の一般理論』を分析の対象とし，高寺が一般理論として提示した「二重分類簿記」とはいかなるものなのか，また形態としての勘定簿記と行列簿記が同じ体系の中でどのように位置づけられているのかを具体的に明らかにすることを目的とする。まず，次節で彼の考えていた会計と簿記の相互関係について概要を示し，その後，「二重分類簿記」の内容について考察を加える。

Ⅱ　会計と簿記の関係

1　会計対象の限定

　高寺は，簿記と会計の異同について，「まず簿記と会計とを峻別せずに，……両者を同義と仮定して論を進め，後にかかる仮定を検証する過程を通じて，両者の相違を明らかにする」（高寺[1967]2頁）と説明をはじめる。そして，簿記すなわち会計を「経済単位に所属し，それが管理している経済資源の運動に関する総合（財務）情報を生産する行為である」（高寺[1967]2頁）と定義している。

　また，「会計は通常各経済単位ごとにおこなわれ」，「その結果として，経済単位に所属し，それが管理する経済資源の運動が会計対象とされる」（高寺[1967]3頁）と述べている。そして，会計のうち典型的なものが企業会計であるため，もっぱら企業会計に焦点をあわせて考察を進めている。

　会計対象となる「企業資本の運動（の価値的側面）は，すべて，貨幣表象によってあらわされた『商品』の集成つまり価格総計の運動として構成されているか，または少くとも価格づけられたもののあつまりの運動として構成可能であるという量的側面をもっている」と述べ，企業資本の運動が「貨幣表象として価格という共通言語 common language を有している」ため，「会計は企業資本の運動について貨幣評価 monetary valuation（貨幣測定 monetary measurement）

第 12 章　高寺貞男と企業資本二重分類簿記 | 157

をした財務情報 financial information（貨幣的情報 monetary information）を作る
ことができる」（高寺［1967］6 頁）とする。

　さらに，会計対象を限定していく要件として「会計期間」の存在を説明す
る。すなわち，企業が「はじめからその生命が（短期的には）一応無限に継続
する建前で組織される継続企業 going concern へと進展し，そこにおける企業
資本の運動が（短期的には）永続資本 permanent stock として連続性をもつも
のとして考えられるようになると，このような連続的な企業資本の運動は人為
的に期間に区切ってあらわさねばならなくなる。」（高寺［1967］10 頁）そして，
会計期間の設定に関して，その長さは「期間的会計情報の利用目的」に依存す
るとされ，会計情報の利用目的として，「企業資本の運用（増殖）過程の（内
部）管理（そのための資本運用者管理)」と「企業資本の金融（集中，集積）過程の
（外部）管理（そのための資本金融者〔関係〕管理)」の 2 つをあげている（高寺
［1967］10-11 頁)。

2　企業資本の運動と会計過程

　また，会計対象となる「集団としての企業資本の全運動は，その単位要素と
しての企業資本の部分運動から構成されて」おり，「企業資本の部分運動もま
た企業活動の構成要素である業務活動 operation（transaction）にともなって発
生」（高寺［1967］12 頁）している。つまり，「企業資本の全運動は取引[2]という
数多くの部分運動から構成されて」（高寺［1967］13 頁）いる。しかも，「その取
引が瞬間的なフローであるかぎり，企業資本の期間中における全運動はもとよ
り（過去の運動の結果としての）期末における企業資本の全体像を総合情報とし
て構成するためには，どうしても取引をそれが発生した場所で即座に個別（生
の）情報（資料 data）としてとらえておく必要がある」（高寺［1967］14 頁）とさ
れる。換言すれば，簿記（＝会計）によって，各取引についての個別（生の）情

---

2) 本来の業務活動のみならず，業務活動なしに企業資本の部分運動が生じるよう
　な「擬制的業務活動」をも含む広義の業務活動を「取引」とよんでおり，「広義
　の業務活動に伴って生ずる企業資本の部分運動（厳密には，取引と区別さるべき取引
　の結果 results of transaction）をも単に取引ということがある。」（高寺［1967］12-13 頁)

報を記録しておき[3]，それをもとにして，期間中の企業資本の全運動ならびに期末における企業資本の全体像についての総合情報を作り上げることになる。

　それでは，その「総合情報」はどのように作成されるのか。高寺によれば，「企業資本の運動についての総合（財務）情報を生産してゆく会計過程」では，「（部品としての）取引に関する個別情報（取引情報）を一定の基準にしたがい分類 classifying して，分類情報を作り，それらを期末に総合（総括）summarizing して，（完成品としての）総合情報（会計情報）にまとめ上る2つの会計手続（会計処理）accounting procedure が用いられる」（高寺 [1967] 15頁）とされ，「分類」と「総合」という2つの手続が用いられることが述べられる。

　これら2つの手続において，会計対象である企業資本の運動は，それが有する「貨幣単位という量的標識だけでなく，それがもっている諸属性に応じた質的標識により分類・総合して」（高寺 [1967] 16頁）表される。そして，「企業資本の運動が質的側面と量的側面をもっているかぎり，分類・総合という会計情報をつくり上げる処理手続すなわち会計情報処理 processing accounting information には，特に総合手続には，当然，貨幣単位により演算 reckoning するという操作は含まれている」（高寺 [1967] 17頁）とされる。

　また，「理論的には，分類・総合という会計情報を処理してゆく手続とその結果を記録にとどめてゆく手続とは別個のものであり，両者の間には常に，前者が内容として基本にあって，それに附随してその外面に後者が同伴するという関係が成立している」（高寺 [1967] 20頁）とされ，「会計過程を時間的・空間的に構成しなおしてみると，それは，分類・総合してゆく基本的・内容的・実質的会計手続と，そこで処理された会計情報を記録してゆく附随的・外面的・形式的会計手続とから，立体的に構成されている複合的（操作）過程 multiple (operational) process である」（高寺 [1967] 20頁）と結論づけている。

　企業資本の運動に関する総合情報を生産するためには，「前もって企業資本の運動を構成する各取引についての個別情報をことごとく収集 collecting して

---

　3) 取引には，断続的または突発的に発生する「瞬間的取引」以外に，時間の経過とともに間断なく発生する「継起的取引」があり，すべての取引をそれが発生した瞬間に即時的に捉えることはできないとも述べている（高寺 [1967] 14頁）。

第12章　高寺貞男と企業資本二重分類簿記 | 159

図表12－1　会計過程の全体構造

収　集　過　程 (準備的会計過程)	会　計　過　程 (本来的会計過程) 分　類　・　総　合 (基本的・内容的・実質的手続)	報　告　過　程 (追加的会計過程)
捕捉 → 伝達	記　　　　録 (附随的・外面的・形式的手続)	演出 → 伝達
原始記録 → 移動	分類記録　総合記録	報告記録 → 移動

（出典）高寺［1967］24頁

おかなくてはならない」（高寺［1967］21頁）とされる。また，「総合情報として
でき上った会計情報は，その利用目的に応じて編集され（したがって，総合記録
は報告記録として変形され）て，会計過程からアウトプットされ，積極的または
受動的利用者へ報告 reporting されねばならない」（高寺［1967］22頁）とされる。

　この収集と報告に関して，「収集は会計過程に先立つ準備として欠かせない
過程であり，他方，報告は会計過程への追加として必要な過程である」が，
「厳密な意味では，会計過程に含まれない」（高寺［1967］22頁）とされる。ただ
し，「そこに含めて考えても，別段差支えないし，会計の構造を明らかにする
には，むしろその方が適切かもしれない」（高寺［1967］22頁）とし，「部分情報
を収集してゆく準備的会計過程」と「総合情報を報告してゆく追加的会計過
程」と位置づけている（高寺［1967］24頁）。

　以上を踏まえて，高寺は，会計の構造を，図表12-1の「要約表」として示
している。すなわち，捕捉された各取引についての個別情報を「分類」・「総
合」する上層構造としての「本来的会計過程」（実質的会計手続）があり，下層
構造として，それを記録した「分類記録」と「総合記録」が存在する。また，
会計過程の前後に準備的な収集過程と追加的な報告過程があり，それらも記録
側面として原始記録と報告記録をそれぞれ下層構造として有している[4]。

────────────
　4）分類・総合記録は「情報をのせた『のせもの』にすぎず，静物として動かない
　　のにたいし，収集過程の先端で，取引情報を捕捉して，それをはじめてのりこま
　　せた原始記録は，『伝』票と呼ばれているように，それ自身が『のりもの』とし

3 「通例的操作群」としての簿記

　上記のような会計過程の全体構造において，簿記はどのような場を占めているのか。高寺は，ここに至ってはじめて，簿記と会計とを峻別し，その相違を分析する。すなわち，「かりに，簿記をその原語（bookkeeping）の字義通りに解釈すると，それは財務情報を帳簿（非綴込帳簿としての紙葉を含む）上に記録して，帳簿記録として保存する行為であるといわなくてはならない」とし，簿記は「記録手続のみを指すように見えるし，現にそのように簿記の意味をとらえている論者も少なくない」（高寺 [1967] 24 頁）とも述べている。

　しかし，上記の全体構造で明らかにしたように，「記録手続だけが独立して展開することはありえず，必らず会計情報を（捕捉）分類・総合（演出）してゆく手続が上層にあって，それにそってその下層に記録手続が順次流れてゆくのであるから，記録手続のみを切りはなして，それを簿記ということはできない」（高寺 [1967] 24-25 頁）と論じる。その上で，「会計の全過程を高度の会計的判断を要する（いわゆる『例外の原理』が適用される）例外的操作群と，このような高度な判断を特に要しない，型にはまった（ルーティン化した）おきまりの通例的操作群とに分けて，『会計のうち，高度の会計的判断を要しない通例的操作群が簿記である』といわなくてはならない」（高寺 [1967] 25 頁）と主張する[5]。

　なお，高寺は「例外的操作群」と「通例的操作群」の具体的内容については触れていないが，「高度な会計的判断の有無」がそれらを峻別しており，「このような簿記概念は，会計（実践）主体が会計管理者（会計判断者）と会計労働者（簿記労働者）とに分裂している現実を反映している」（高寺 [1967] 25 頁）と述べ

て移動し，取引情報を本来の会計過程の入り口まで送り込む機能をはたす」とともに，「会計過程から総合情報としてアウトプットされた会計情報は，報告過程の始点で，その利用目的に応じて編集され，そのために設計された『のりもの』である報告記録にのって，その利用者の手許に送りとどけられる」（高寺 [1967] 22-23 頁）とされ，分類・総合記録が「保存機能」のみをもつのに対し，原始・報告記録は「伝達機能」も併せもっていると指摘している。

5) つまり「『初級の会計は簿記である』といわれる場合，そこには上記のような意味が含まれているとみてよいであろう」（高寺 [1967] 25 頁）と述べている。

る。つまり，会計実務においては，会計的判断を行う経営者と実際に経理業務を行う従業員とは別の個人であり，会計管理者が会計判断を，会計労働者が会計作業を，さらには一般労働者が準備的会計過程として情報収集をそれぞれ行っていることを示唆している。

III　簿記の一般理論としての企業資本二重分類簿記

1　企業資本の二重性

　会計過程において，会計対象となる企業資本の運動は，「その構成要素である取引がもっている相異なる属性にしたがい，分類されなければならないが，その前提として用意される企業資本の分類標識には2つの種類がある」（高寺[1967] 28頁）とされる。1つは，企業資本の運動を「二面的過程 two-dimensional process（さらに多面的過程 multi-dimensional process）として分解する前提として，企業資本を二面に（さらに多面に）分類するために設けられる」，「資産（形態）と資本（源泉）という2つの基本標識」（高寺[1967] 28頁）である。もう1つは，「分類された企業資本の各側面をいくつかの構成要素グループに組分けするために設けられる構造標識」（高寺[1967] 28頁）である。これら2つの分類標識によって，企業資本の運動は「二重の（さらに多重の）企業資本構成要素グループの増加（インプット）と減少（アウトプット）」（高寺[1967] 28頁）として表すことができる。

　また，「企業資本は，運用形態別企業資本（資産），形成源泉別企業資本（資本）以外に，さらにたとえば管理責任者別に構成された企業資本，所有者別に構成された企業資本……という具合に，幾重にも多面的に分解でき」，その結果として，「企業資本の運動は，企業資本の多くの側面を構成する要素の増減変動からなる多面的過程として表すことが可能になる」（高寺[1967] 29-30頁）とされる。ただし，企業会計における企業資本の二重性に応じた，「その運用形態（資産）と形成源泉（資本）の2つの重要な基本標識ははじめから動かしえないものとして決定されている」（高寺[1967] 30頁）ことがポイントとなる。

　つまり，「必要に応じて，企業資本の管理責任者，所有者という副次的基本

標識を追加設定することができる」ものの,「そうしてえられる管理責任者別に構成された資産,所有者別構成資本」は,「あくまでも企業資本の資産と資本への二面分解を基礎として,そこから間接的に多面分解されたもの」(高寺 [1967] 30 頁) にほかならならい。それゆえ,「企業資本の二面的分解と多面分解とは特殊と一般に解消できるものではなく,あくまでも,基本と派生の関係におかれている」(高寺 [1967] 30-31 頁) とされる。

　この企業資本の分解の流れを図示すれば,図表 12-2 のようになる。

　そして,企業会計では,「原則として,企業資本の二重性に応じて,資産と資本の 2 つの主要な基本標識を設定して,企業資本の運動を二面的運動として二重に分類(総合)してゆく二重分類(二面的)簿記 double or dual classification (two-dimensional) bookkeeping をしなければならない」(高寺 [1967] 31 頁) と主張する。

　さらに,「企業資本が二重性以外に,それから派生したものとして幾重にも多面性をもっているかぎり,さらに副次的基本標識を追加設定して,企業資本の運動を多面的に幾重にも分類(総合)してゆく多重分類(多面的)簿記 multi-classification (multi-dimensional) bookkeeping をすることは不可能ではない」(高寺 [1967] 31 頁) が,「この多重分類(多面的)簿記はあくまでも二重分類(二面的)簿記を基底としてその上に構築される」(高寺 [1967] 32 頁) とする。

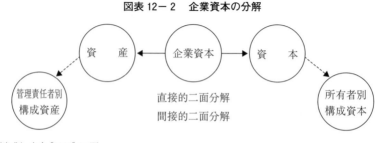

図表 12-2　企業資本の分解

(出典) 高寺 [1967] 31 頁

2　取引の二重性

　これまで述べてきたように，会計対象である企業資本の運動は，常に資産と資本という二重性をもっているが，「資産と資本は企業資本の二側面でしかないから，価格総計として常に均衡関係にある」（高寺［1967］33頁）とされ，資産の総価格を A，資本の総価格を C とすると，その対等関係は，

$$A = C \tag{1}$$

という「企業資本等式」として表すことができる。なお，「資産と資本はそれぞれ多くの構成要素の集りであるから」（高寺［1967］33頁），資産の構成要素の価格を a，資本の構成要素の価格を c とし，A を a の集合（$A = \{a\}$），C を c の集合（$C = \{c\}$）として表せば，（1）式は

$$\sum_{a \in A} a = \sum_{c \in C} c \tag{2}$$

と変形される。

　また，二重分類簿記では，企業資本の運動は，「資産と資本のイコール関係を常に保持しながら，資産構成要素の増減変動とそれに相対する資本構成要素の増減変動を通じて二重に運動してゆく二面的過程として構成される」（高寺［1967］34頁）ため，資産構成要素の増加を a^+，減少を a^-，資本構成要素の増加を c^+，減少を c^- とすると，企業資本の運動は，

$$\sum_{a \in A} (a^+ - a^-) = \sum_{c \in C} (c^+ - c^-) \tag{3}$$

として表すことができる。（3）式の負項を移項して，正負の符号を変えると，

$$\sum_{a \in A} a^+ + \sum_{c \in C} c^- = \sum_{a \in A} a^- + \sum_{c \in C} c^+ \tag{4}$$

という正項のみからなる「企業資本運動等式」となる。

　つまり，「企業資本とその運動の二重性に応じて，企業資本を資産と資本の二側面に分解し，企業資本の運動を二面的過程として構成した結果として，全取引は資産構成要素の増加と減少ならびに資本構成要素の増加と減少という4基本取引要素 elements of transaction（企業資本の部分運動要素）に分解されて

図表 12-3　4 取引要素結合関係表

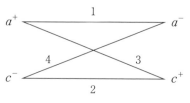

（出典）高寺 [1967] 35 頁

いる」（高寺 [1967] 34 頁）が，これら 4 つの取引要素は，一定の関係をもって結びついており，それらの結合の型（取引の基本型）は，図表 12-3 が示しているように，4 つとなる。

高寺は，この図表 12-3 における取引関係 1 を「資産構成変化取引」（$\sum_{a \in A} a^+ = \sum_{a \in A} a^-$），取引関係 2 を「資本構成変化取引」（$\sum_{c \in C} c^- = \sum_{c \in C} c^+$）（1，2 をあわせて「企業資本構成変化取引」），取引関係 3 を「増成（正の形成）取引」（$\sum_{a \in A} a^+ = \sum_{c \in C} c^+$），取引関係 4 を「減成（負の形成）取引」（$\sum_{c \in C} c^- = \sum_{a \in A} a^-$）（3，4 をあわせて「資本形成取引」）とよんでいる[6]（高寺 [1967] 35-37 頁）。

個別の取引をすべて 4 基本型にそって分類・総合すれば，企業資本の運動は二重運動として表すことができる。しかし，「ここでは 2 つの基本標識を設定して，企業資本を資産と資本の両面に分解しているだけであって，さらに構造標識を設定して，資産と資本をそれぞれの構成要素グループに組分けしていない」（高寺 [1967] 38 頁）ため，不十分であると，さらに論理を展開する。

資産と資本の構成要素グループへの細分化にあたり，まず，「資産を未分化のままにして，資本のみを投入（元入・借入）資本 invested capital（外部形成資本）と純利益 net profit または純損失 net loss（内部形成資本）とに 2 分する。」（高寺 [1967] 38 頁）そこで，投入資本を I，純損益を P とすると，「企業資本等式」は，

6）なお，企業資本構成変化取引は，企業資本の両側面を示す資産と資本がともに全体として変動することなく，それぞれの構成のみを変化させていくのに対し，企業資本形成取引は，資産と資本がともに全体として増減変化し，それとともにそれぞれの構成を変化させていくという特徴をもっている（高寺 [1967] 36-37 頁）。

$$A = I + P \text{（純利益の場合）} \quad \text{または} \quad A + P = I \text{（純損失の場合）} \tag{5}$$

となり，投入資本構成要素を i，純損益構成要素を p とすると，

$$\sum_{a \in A} a = \sum_{i \in I} i + \sum_{p \in P} p \quad \text{または} \quad \sum_{a \in A} a + \sum_{p \in P} p = \sum_{i \in I} i \tag{6}$$

と変形される。

さらに，投入資本構成要素の増加を i^+，その減少を i^-，純損益構成要素の増加をもたらす収益 revenue および利得 gain の構成要素を p^+，減少をもたらす費用 expense および損失 loss の構成要素 p^- とすると，「企業資本運動等式」は，

$$\sum_{a \in A} (a^+ - a^-) = \sum_{i \in I} (i^+ - i^-) + \sum_{p \in P} (p^+ - p^-) \tag{7}$$

となり，さらに移項して，

$$\sum_{a \in A} a^+ + \sum_{i \in I} i^- + \sum_{p \in P} p^- = \sum_{a \in A} a^- + \sum_{i \in I} i^+ + \sum_{p \in P} p^+ \tag{8}$$

となる（高寺 [1967] 39 頁）。

この (8) 式の両辺からそれぞれ 1 つの項を選んで組み合せ，他項をゼロとすると，図表 12-4 のような 9 つの取引類型等式ができ上がる（高寺 [1967] 40-43 頁）。

3 取引の仕訳・配列・集計

以上のように，二重分類簿記では，「取引はすべて，その二重性に応じて，左側の取引要素（借方要素）と右側の取引要素（貸方要素）とに分解され」（高寺 [1967] 46 頁）るが，取引をこのように二重に分類する手続が，「仕訳」にほかならない[7]。そこで，「開始取引も含めて，期中の取引を 9 類型にしたがい仕訳

---

7) なお，「期中の現実的取引」だけでなく，「期間開始のための期首の擬制的取引」（すなわち開始取引）もまた「投入資本増成取引の合成されたもの（資産構成諸要素$^+$＝投入資本構成諸要素$^+$）」としてみなすことが可能であり，「それが取引であるかぎり，すべて取引の 9 類型のいずれかにそって，仕訳できる」（高寺 [1967] 47 頁）ことになる。

図表 12－4　9 取引類型等式と具体例

取引の種類	取引類型等式	取引の具体例
①資産構成変化取引	$\sum_{a \in A} a^{+} = \sum_{a \in A} a^{-}$	現金による仕入 売掛金の回収
②投入資本構成変化取引	$\sum_{i \in I} i^{-} = \sum_{i \in I} i^{+}$	買掛金に対して約束手形振出 株式へ社債の転換
③対投入資本費用（損失）取引	$\sum_{p \in P} p^{-} = \sum_{i \in I} i^{+}$	未払家賃の発生 退職給付引当金の繰入
④対投入資本収益（利得）取引	$\sum_{i \in I} i^{-} = \sum_{p \in P} p^{+}$	受取手数料と借入金の相殺 時効買掛金の整理
⑤損益相殺取引	$\sum_{p \in P} p^{-} = \sum_{p \in P} p^{+}$	受取利息と支払利息の相殺 （売上収益と売上原価の相殺）
⑥投入資本増成取引	$\sum_{a \in A} a^{+} = \sum_{i \in I} i^{+}$	資金の借入 増資
⑦対資産収益（利得）取引	$\sum_{a \in A} a^{+} = \sum_{p \in P} p^{+}$	貸付利息の受取 販売による収益の計上
⑧投入資本減成取引	$\sum_{i \in I} i^{+} = \sum_{a \in A} a^{-}$	買掛金の返済 減資（有償分）
⑨対資産費用（損失）取引	$\sum_{p \in P} p^{-} = \sum_{a \in A} a^{-}$	火災による建物の喪失 販売による原価の計上

してゆき，期末にそれらを集計すれば，9 取引類型等式を合成したものとして」（高寺 [1967] 47 頁），(8) 式の企業資本運動等式と同じ「取引合計等式」（合計試算表等式）が得られる。

$$\sum_{a \in A} a^{+} + \sum_{i \in I} i^{-} + \sum_{p \in P} p^{-} = \sum_{a \in A} a^{-} + \sum_{i \in I} i^{+} + \sum_{p \in P} p^{+}$$

　さらに，この取引合計等式から，資産と投入資本の構成諸要素について代数和としての差引残高 balance を求めると，

$$\sum_{a \in A} a + \sum_{p \in P} p^{-} = \sum_{i \in I} i + \sum_{p \in P} p^{+} \tag{9}$$

という「取引残高等式」（残高試算表等式）が得られる（高寺 [1967] 47 頁）。

第 12 章　高寺貞男と企業資本二重分類簿記 | 167

最後に，取引残高等式の両辺に代数和 p を加えて分解すると，

$$\sum_{a \in A} a = \sum_{i \in I} i + p \text{（純利益の場合）またば} \sum_{a \in A} a + p = \sum_{i \in I} i$$

（純損失の場合）

$$\sum_{p \in P} p^- + p = \sum_{p \in P} p^+ \text{（純利益）またば} \sum_{p \in P} p^- = \sum_{p \in P} p^+ + p$$

（純損失）

となり，「貸借対照表等式」と「損益計算書等式」とに分解される（高寺［1967］48頁）。

このように，高寺は，方程式の援けを借りて，基本的簿記体系としての二重分類簿記の分類・総合手続を貫く数理を説明する。

さらに，高寺は，会計過程における分類・総合手続を，「仕訳」（第1次分類）・「配列 arranging」（第2次分類）・「集計（総合）」という3手続に分解して説明する。このとき，配列は，「同種の取引要素の代数和を求めて集計するために，あらかじめ加減算がしやすいよう，同一種類の取引要素ごとに，そのプラスとマイナスを区別して，並べておく手続」（高寺［1967］48頁）と定義される。

また，「実質的内容をなす分類・総合手続が仕訳・配列・集計の3手続に分けられると，その外面に附随する記録手続も」，「仕訳記録手続・配列記録手続・集計記録手続に分けられる」（高寺［1967］49頁）とされる。この「記録手続は，記録形式 record form とそこへの記入法 entry method とから構成され」，「記録形式は，二重分類・総合（仕訳・配列・集計）手続を前提としているかぎり，それによって拘束され，また記入法は，一定の記録形式を選べば，それによって一方的に決定される関係にある」（高寺［1967］49頁）とされる[8]。

8）なお，配列と集計の記録形式が異なると意味をなさないため，必要な記録形式は，「仕訳記録形式」と「配列・集計記録形式」の2つとされる。また，仕訳記録形式の要件は，「仕訳された左右の取引要素がそれぞれ記入場所によって区別され，位置的（場所的）に表現できる形式的要件」を備えていればよく，配列・集計記録形式の要件は，「同一種類の取引要素ごとに，そのプラスとマイナスならびにそれらの代数和とが分列隊形に並べられて，座標的に表現できる形式」（高寺［1967］49-50頁）であればよいとされる。

その上で，仕訳記録形式として「仕訳帳形式」と「ベクトル形式」を，配列・集計記録形式として「勘定形式」と「行列形式」を，それぞれ示しており（高寺［1967］51-56頁），これらの記録形式の組合せは，「仕訳帳形式―勘定形式」，「ベクトル形式―勘定形式」，「ベクトル形式―行列形式」の3つのみが有効であるとされる（高寺［1967］56頁）。なぜならば，行列形式への記録は同種取引を合計転記しなければならず，仕訳帳では同種取引を抽出してその合計金額を求めることが容易ではないためである。つまり，配列・集計記録形式がその前提としての仕訳記録形式を規定していることになる。この点に注目して，二重分類簿記をそれが選んだ配列・集計記録形式の相違に即して，勘定形式を用いる簿記形態を「勘定簿記 account bookkeeping」とよび，行列形式を用いる簿記形態を「行列簿記 matrix bookkeeping」とよび，同じ簿記体系に位置づけている（高寺［1967］57頁）。

IV　おわりに

　以上が，『簿記の一般理論』における高寺の二重分類簿記の概要とその説明理論である。その特徴を指摘し，本章のまとめに代えることとする。

　高寺によれば，会計過程の全体構造は，取引に関する個別情報をインプット（収集）し，一定の基準にしたがって分類・配列し，それらを期末に総合して会計情報にまとめ上げ，利用目的に応じて編集されて会計過程からアウトプットされ，利用者に報告される上層構造と，それらを記録した原始記録・分類記録・配列記録・集計記録・報告記録を下部構造として有するものとして説明された。そこでは，下部構造の記録手続のみが独立して展開することはないため，簿記は，記録手続のみをさすのではなく，高度な会計的判断を要しない，ルーティン化した「通例的操作群」として定義された。

　また，会計（＝簿記）の対象となるのは，企業資本の運動であり，それは常に資産（形態）と資本（源泉）という二重性をもっており，均衡関係にあるそれらを基底にして多面的に分解されうる。例えば，資産構成要素の増減と資本構成要素の増減という4つの基本取引要素の結びつきとして，すべての取引を

第 12 章　高寺貞男と企業資本二重分類簿記 | 169

分類・総合することが可能であった。

　さらに，取引を二重に分解する「仕訳」を第 1 次分類，同種の取引要素ごと
を集計するためにプラス・マイナスを区別して並べておく「配列」を第 2 次分
類とし，その後に集計（総合）するとき，その下部構造である記録手続もま
た，仕訳・配列・集計記録手続に分解された。配列・集計のための記録形式と
しては，勘定形式と行列形式のいずれをも選択可能であるため，その意味で
「勘定簿記」も「行列簿記」も二重分類簿記としては同次元に位置づけられ，
それらは配列・集計記録形式が違うに過ぎないものであった。

　つまり，高寺が主張するように，今日の「複式簿記」の二重性は，記入され
る帳簿の二重性でも，貸借の勘定形式の二重性でも，記入・転記の二重性でも
なく，取引分類の二重性に求められることが明らかとなった。そして，彼のい
う「二重分類簿記」は記録対象を企業資本の運動としていたことから，これを
「企業資本二重分類簿記」と名づけることができる。従来からの勘定簿記と
「来るべき簿記法としての，行列簿記」（小島［1968］104 頁）を，「二重分類」と
いう観点から同じ簿記体系に位置づけ，それらの簿記形態を対立的ではなく発
展的に捉えていた先見性とその論理は，今日の機械化・自動化が進む会計処理
（簿記手続）を，さらに発展させる可能性があるということができる。

【参考文献】
　京都大学経済学会［1992］「高寺貞男教授　略歴・業績目録」『経済論叢』第 150 巻第 1
　　号。
　小島男佐夫［1968］「書評　高寺貞男著「簿記の一般理論」」『企業会計』第 20 巻第 2
　　号，102-104 頁。
　高寺貞男［1967］『簿記の一般理論―勘定簿記から行列簿記へ―』ミネルヴァ書房。

【写真出所】
　『大阪経大論集』第 50 巻第 6 号（2000 年 3 月）

（吉田智也）

第 13 章　中村忠と取引要素の結合関係

中村　忠

【略歴】
1930 年　東京都生まれ。
1953 年　一橋大学卒業。
1958 年　一橋大学大学院商学研究科博士課程単位修得，神奈川大学専任講師。
1961 年　神奈川大学助教授。
1968 年　神奈川大学教授。
1972 年　一橋大学商学部教授。
1975 年～1976 年　税理士試験委員。
1988 年～1992 年　公認会計士試験委員。
1990 年～1993 年　日本簿記学会会長。
1994 年　創価大学経営学部教授。
2006 年　大原大学院大学会計研究科研究科長。
2008 年　死去。77 歳。

【主要業績】
『資本会計』白桃書房，1961 年。
『現代会計学』白桃書房，1964 年。
『現代簿記』白桃書房，1985 年。
『対談・簿記の問題点をさぐる』大藪俊哉共著，税務経理協会，1987 年。
『簿記の考え方・学び方』税務経理協会，1996 年。

I　はじめに

　中村忠（以下，中村）に関して，「一橋大学に着任された 1972 年は，日本の会計制度の整備が一段落しようとしたときであり，そして，欧米で，新しい動

向が始まろうとしたときであった。前後して先生はわが国の会計制度の整備に
関与され始めるとともに，制度会計に関する数多くの論文を書かれた。したが
って，先生が制度会計に重点を置いて研究を続けられてきたことは紛れもない
事実である」（中村忠先生還暦記念論文集編集委員会［1994］刊行の辞）と，編集委
員会代表が述べている。

　また，中村自身は，「私が大学で会計学を専攻しようと決めたとき，資本会
計をテーマに選んだ。その結果が昭和36年に出た『資本会計』であり，後に
改訂して『資本会計論』（1969）になった。その後は次第に研究領域を広げて
財務会計の全般にわたり多くの論文を書いた」（中村［1990］）とし，資本会計
をテーマとしてきたことを述べている。

　また，前掲の『財務会計と制度会計・中村忠先生還暦記念論文集』では，
「本書は三部構成からなり，第1部『財務会計の方向』では，財務会計や制度
会計の基礎的な考え方や方向性を見据えようとしている。第2部『制度会計
と資本・利益計算』では，中村先生の研究の核となった株式会社会計を扱って
いる。第3部『財務開示と監査』では，財務開示の基礎理論，実証研究，そし
て監査を論じている。このように，現代会計学の展開の方向を探るのに相応し
く，幅広いテーマが扱われている。これは，中村会計学の守備範囲の広さに由
来するものと言えよう」（中村忠先生還暦記念論文集編集委員会［1994］刊行の辞）
と，中村の教育者としての懐の深さを示している。

　中村の代表的著書には，その『資本会計論』をはじめ『現代会計学』，『現在
簿記』など多数ある。また，会計に関するコラムニストとしても知られ，それ
らをまとめて『会計学こぼれ話』，『会計学放浪記』，『会計学つれづれ草』，『会
計学風土記』として公刊している。

　本章では，それぞれ重版を重ね発刊されている『新訂現代簿記（第5版）』
［2008］および，中村自身，教科書ではないし，受験参考書でもない「変わっ
た簿記書」といっている『簿記の考え方・学び方（5訂版）』［2006］とに基づ
き，中村の守備範囲とする簿記について説明したい。

II 簿記学と会計学

　中村は,「簿記の初歩の段階で勘定記入のルールとして説かれる借方四つ,貸方四つから成る8要素の結びつき,あれは会計的思考の基本形式だといってもよいのである。そうなると会計学と簿記学との関係について触れておかなければならない」(中村 [2005] 12頁) としている。これに関して,中村は以下のように述べている。

　わが国では会計学を学ぶ前に,それとは別個の学科として簿記学を学ぶのが普通である。会計学者の一部には,現在の簿記学 → 会計学という教科課程の組み方は,かえって会計学の理解を妨げるとする意見がないわけではないが,近い将来にこの教授方式が改められるとは思われない。やはり会計学を学ぶ前に,少なくとも複式簿記の初歩的なことはぜひ知っておく必要がある。

　会計学と簿記学との関係については,次の3つの考え方がある。第1は,会計学と簿記学は内容的に同一のものであり,単に程度の差にすぎないとする考え方である。つまり初級会計学が簿記学であり,上級の簿記学が会計学だという考え方である。

　第2の考え方によれば,簿記学と会計学はともに企業の計算を対象とするものであるが,前者はその技術面を取り扱い,後者はその理論面を取り扱うのだ,と説かれている。もちろん,これも絶対的な分け方ではない。簿記学でも貸借理論(複式理論)とか勘定理論(あるいは勘定学説)というような理論面を取り扱うからである。

　第3の考え方は,第2の考え方をさらに突きつめたもので,会計学は評価を主目的とするのに対し,簿記学は評価を取り扱わないとする説である。つまり,会計学の中心は評価論だとする考え方である。ここでいう「評価」の意味を,資産評価に限定せず,費用評価を含む会計上の金額決定と解するならば,この説は確かに会計学の主内容をいい当てている。しかし,この第3説をとると,学科としての簿記学の中に会計学が入り込んでしまう。簿記学では決算のところでどうしても評価の問題に相当踏み込まなければならないからである。

したがって，上の3つの考え方は，いずれも一面の真理を言い表していると
いってよく，両学科はくっついているものと理解しなければならない。中村自
身は，第2の考え方がよいと考えている。歴史的にみても，会計学は簿記学か
ら発展したものであることは疑問の余地がない（中村［2005］12-13頁）。これが
中村の考える会計学と簿記学の関係である。

Ⅲ　勘定理論

　中村は，大藪俊哉との共著である『対談　簿記の問題点をさぐる』［1987］
で簿記学の中核になるのは簿記理論であり，簿記理論の重要な部分が勘定理論
であるとしている。勘定理論については古くから多くの人が様々な説を立てて
いるので，勘定学説ともよばれていると説明している。

　そして，「勘定学説にはいろいろあるが，その代表的なものが物的二勘定説
で資本等式の基礎になっている考え方である」と説明しており，「この物的二
勘定説が現在もなおも生きている」（中村［1987］16頁）としている。

　中村は勘定理論について，「複式簿記は，500年の歴史を持っている。その
間多くの人たちが，資産の増加はなぜ勘定の借方に記入するのか，資産・負
債・資本・収益・費用の勘定は相互にどんな関係を持っているかなどを論じて
きた。これは勘定学説あるいは勘定理論と呼ばれており，現在でもドイツやス
イスでは簿記学の研究領域の一つになっている」（中村［2006］143頁）と述べて
いる。

　もともと，簿記は債権債務の記録から始まった。借方・貸方という言葉もそ
こから生じている（「方」は人の意味であり，かつては簿記係のことを簿記方とよん
だ。ほかに奥方とかおのおのがたという言葉もある）。しかし，複式簿記では現金，
商品，備品など債権以外の資産や収益・費用が記録の対象になる。これらには
人名勘定のような説明はできない。

　そこで，初期のころには擬人説という説明法がとられた。例えば現金勘定
は，その背後に現金係がいると考えるのである。現金が入ってきたら，現金係
が現金を借りたとみる。商品勘定も，その背後に商品の受払係がいると考える

のである。しかし，収益・費用の勘定にはこの説明もあてはまらない。

　その後に現れたのが物的二勘定系統説とよばれるものである。これは，周知の資産－負債＝資本という資本等式を基礎とする考え方である。この式の左辺は財産を意味する。資産は積極財産，負債は消極財産，したがってその差額が純財産で，これは資本とよばれる。

　この関係から勘定は財産系統と資本系統の２つに分けられる。擬人説の「人的」に対し，こちらは「物的」である。そして注意すべきは，この勘定学説においては，収益・費用の勘定は資本勘定に従属するものとして位置づけられることである。この考え方は今日でも通説とみてよいであろう（どの簿記教科書でも資本等式から出発する），と中村はいう（中村 [2008] 303頁）。

　しかし，「もちろん，これに対する批判はある。損益計算がこれほど重視されている現在において，収益・費用の勘定を資本勘定の従属勘定と位置づけるのは時代おくれも甚だしいというのである。」「確かにそうである。しかし収益・費用が期末資本の一部をなす当期純利益の内訳を示すものであることは事実であるから，考え方としてはやや古いにしても，妥当性を持っている。収益は資本の増加要因であるから，資本の増加と同様に貸方に記入するという説明は，初歩の人にも理解しやすいのである」（中村 [1993] 303頁）としている。

　中村は次に，貸借対照表学説について説明する。「資本等式の左辺の負債を右辺へ移項したもの，すなわち資産＝負債＋資本を貸借対照表等式と呼ぶことは，ご存知のとおりである。これは単に資本等式を変形しただけのように見えるが，この等式に物的二勘定系統説とはまったく異なる意味づけを与える主張があらわれた。それによると，負債はマイナスの財産ではなく，資本だとされる。しかし負債は，本来の資本とは法律的な性質が違う。一方は返済しなければならないが，他方は返済を要しないからである。そこで両者を区別するため，負債を他人資本，本来の資本を自己資本と呼ぶ。そして両者を合わせたものを総資本という。この勘定理論は貸借対照表学説と名づけられる。」（中村 [1993] 304頁）

　貸借対照表学説は，物的二勘定系統説の後から生まれたものであり，かなりの支持者を得ている。確かに資本を「元手」と考えると，銀行から借りた100

万円も，資本主が元入れした100万円も，それを使って利益をあげる元手であるという点で同じ機能を果たすからである。そこで，貸借対照表の貸方は資本がどこから調達されたか（調達源泉）を表し，借方は調達された資本がどのように使われているか（運用形態）を示すものだと説明される。

物的二勘定系統説は純資産を資本とみるのに対し，貸借対照表学説は総資本を資本と考える。前者は企業の所有者（資本主）の立場であり，後者は経営者の立場である。個人企業の場合は所有者が経営者であるが，大きな株式会社では所有者（株主）と経営者（取締役）は別である。そのため，大会社には貸借対照表学説がよくあてはまるのである（中村 [1993] 304頁）。

さらに，「他人資本，自己資本という言葉は，もともとドイツ語の翻訳であるが，すでに定着しており，新聞などにもよく出てくる。英語には他人資本，自己資本という言葉はないが，別の言い方で貸借対照表学説が主張される。それは貸借対照表の貸方を資本と呼ぶ代わりに『持分』というのである。持分とは『請求権』または『分け前』のことであり，負債は債権者持分，資本は所有者持分（株式会社の場合は株主持分）という。」（中村 [2006] 145頁）

IV 勘定分類

中村によれば，勘定の分類について，簿記は勘定による計算である。これが簿記の最大の特色といってよい。勘定は計算の単位であり，場所である。

勘定は，その性格により，(1) 資産の勘定，(2) 負債の勘定，(3) 資本の勘定，(4) 収益の勘定，(5) 費用の勘定に分類される。場合により (1) から (3) を一括して貸借対照表勘定または実在勘定，(4) と (5) を損益計算書勘定または名目勘定とよぶこともあるが，基本的なのは5分類である。これは勘定記入のルールに関連する。

資産の勘定は増加を借方，減少を貸方に記入し，負債と資本の勘定は，その逆に増加を貸方，減少を借方に記入するといった具合である。ルールは簡単であるが，実にうまくできている。

すべての取引は，ある勘定の借方と他の勘定の貸方に同一金額で記入され

る。したがって，その合計または残高（差額）を集計すれば貸借が同額になり，記録・計算の正確性を確かめることができる。ただし，その正確性の検証は絶対的なものではなく，この方法では発見できない誤りもあることは，どの教科書にも書いてある，と中村は述べている。

　中村は，勘定分類の説明の中で5つの分類に属さない勘定についてあげている。それは損益勘定である。「決算整理のあと帳簿を締め切るためにこの勘定が設けられ，収益・費用に属する諸勘定がこの勘定に集計される。この勘定残高は当期純損益をあらわし，資本勘定へ振替えられる。損益勘定は収益の勘定でもないし，費用の勘定でもない。収益・費用は，資本の直接的増減以外に純資産の増減をもたらすものであるから損益勘定を資本の勘定に含めることも考えられないわけではない。しかしそうすると収益の勘定と費用の勘定を資本勘定の下位勘定として位置付けなくてはならなくなり5分類の考えが崩れてしまう。損益勘定は，5分類のどこにも属さない勘定とみるべきである」（中村［2006］17頁）としている。

　さらに，中村は「勘定は簿記の基本的な要素ではあるけれども少し踏み込んでみると割り切れないところや疑問の箇所が残っている。だから絶えず研究が行われているのである」（中村［2006］17頁）として，勘定分類の奥深さを述べている。

V　取引要素の結合関係

　第Ⅱ節第1項の冒頭であげた「簿記の初歩の段階で勘定記入のルールとして説かれる借方四つ，貸方四つから成る8要素の結びつき」について，中村の考えに触れておきたい。

　わが国の簿記教科書では，ほとんど例外なく仕訳を説明するところで，取引の8要素の結合関係が図表で示されている。周知のように借方，貸方それぞれ4個ずつの結びつきである。これは取引のパターンを理解するのに大変有用なものである。

　中村は，「この図解は，わが国独特のものではないかと思う。外国の書物で

図表 13-1　古くから提唱されている 8 要素の結合関係

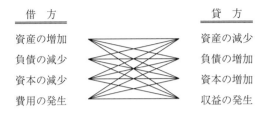

はもっとまわりくどい説明をしており，このような図解を私は見たことがないからである。しかし，この図解の内容は，著者によって少し違っている」（中村［2006］24-26 頁）とする。

　中村は，1958 年に神奈川大学へ就職し簿記を担当することになり，沼田嘉穂の『簿記教科書』を 14 年間テキストにしたと述べ，沼田の簿記書をすべて読んだと，沼田簿記に大きな影響を受けたことをうかがわせる（中村［2006］246 頁）。

　沼田は『商業簿記』［1968］の中で，「取引要素の結合関係で 15 通りの結合関係を説明しており，取引 8 要素の結合関係表として複式簿記の貸借記入についての基本表であるとして，借方 4 要素は貸方 4 要素のいずれとも結合して取引を成立させるものであるが，ただ，利益の増加と損失の増加とが結合して取引を成立させる場合はありえない。このため借方 1 要素と貸方 1 要素とが結合して成立する取引は 15（4×4-1）種あるわけである」（沼田［1968］31 頁）としている。

　沼田簿記の影響を大きく受けた中村であるが，中村は取引要素の結合関係を 13 通りとして沼田との違いを示している。それは，(1) 費用の発生と資本の増加，(2) 収益の発生と資本の減少，(3) 費用の発生と収益の発生の結合に線を引くかどうかであり，中村は，これらの 3 つの組合せには線を引かないという。そのような取引は実際には存在しないからである。

　もっとも，このうち (3) は，あまり問題がない。たいていの書物でも線を引いていない。しかし，中にはムリをして，同一の相手に貸付金と借入金があ

図表 13－2　沼田の提唱した取引の 8 要素の結合関係

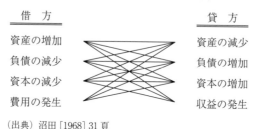

(出典) 沼田 [1968] 31 頁

図表 13－3　中村が提唱する取引の 8 要素の結合関係

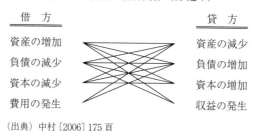

(出典) 中村 [2006] 175 頁

り，その受取利息と支払利息を相殺するという例をあげている書物がある。確かに，同じ銀行に預金をしていると同時に，借入れをしているという例は，ごく普通にみられるケースである。しかし，預金の利息を受け取るのと借入金の利息を支払うのはまったく別の取引であり，両者を相殺するようなことは，銀行の場合，まずない。では，相手が個人だったらどうか。だいたい貸付金と借入金が同時に存在するというようなこと自体がとても考えられないことであり，ないといってよい，と中村はいう（中村 [2006] 24-26 頁）。

　中村のこのような考えの基となっているのが，『現代会計学　9 版』[2005]で示している会計計算の構造図式である。この資産負債計算の説明の中で中村は，財産法では資産，負債，資本が計算要素となり，損益法では収益と費用が計算要素になるわけであるが，それらは次のように表裏あるいは対立的関係に

図表13-4　資産負債計算

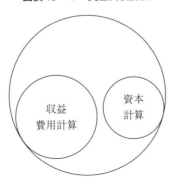

あるという（中村［2005］11頁）。

この図式の具体的な意味は，収益費用計算の表裏には資産負債計算があり，また，収益費用とは異質の資本自体の直接的増減の計算の裏側にも資産負債計算があることを示す。

収益，費用は抽象的な概念であって，具体的には収益は資産の増加または減少を伴う。例えば，商品を掛売りすれば，（借方）売掛金（貸方）売上と記録されるが，これは収益の発生が資産の増加を伴うことを示す。また，注文を受けて前受金を受け取っていたところ，注文品を引き渡せば，（借方）前受金（貸方）売上で収益の発生が負債の減少を伴うことは明らかである。同様に，費用の減少（例えば給料の支払い）か，負債の増加（例えば期末に未払利息を計上）を伴う。

資本計算と資産負債計算の関係は，資本の元入れ（資産の増加と資本の増加），転換社債の転換（負債の減少と資本の増加）などの例から理解される。さらに，資本負債計算には，収益費用計算および資本計算と重ならない部分がある。これは，いわゆる中性項目である。例えば，貸付金，投資，借入金などの収益費用とはまったく関係のない項目，それから将来は収益費用計算の裏側に来るが，現在は中性的な項目がある。建物・機械等の未償却額，棚卸資産などがこれである。

損益計算にあたって，収益費用から把握するか資産負債から把握するかとい

う把握の仕方に相違があるにせよ，収益費用計算と資産負債計算は表裏の関係にあり，金額もむろん等しい。非収益費用項目はそれぞれ交換取引であるから，それによって等価関係が崩れることはない。したがって，貸借対照表に集計される期末の資産・負債と期末の元入資本の差額として示される純利益の額が収益費用計算の差額として示される純利益と一致するのは当然である（中村[2005] 11 頁）。

　中村が取引要素の結合関係を 13 通りにした理論的根拠としては，資本会計と損益会計は別物だというそもそもの発想の根源としてあるので，費用の発生と資本増加を繋いだり，資本の減少と収益の発生を繋いだりすると，1 つの取引が資本会計でも損益会計でもあるというものは，それはないというのが中村の発想であり，それを上記図表 13-4 で示している。

　この図表の捉え方が資産負債アプローチと収益費用アプローチの考え方につながってくる。この図表により，収益費用計算と資本計算が企業の経済事情の取引活動の中で同時に併存・混在することはないというのが中村の考えであるため，（1）費用の発生と資本の増加，（2）収益の発生と資本の減少，（3）費用の発生と収益の発生の結合に線を引かないことになる。

　費用の発生と収益の発生を繋がないのは沼田簿記にもあり，中村のオリジナリティーではないが，収入支出計算との関係を重視するので，費用の発生と収益の発生の直接的な結びつきを認めることができないという立場である。

　費用の発生と資本増加を繋がないことや，資本の減少と収益の発生を繋がないのは，そもそもの中村会計学の基本的発想であり，これにより，収益費用計算と資本計算は別の概念となるのである。

VI　おわりに

　本章では，『新訂現代簿記』および『簿記の考え方・学び方』，『簿記の問題点をさぐる』の記述を中心に特徴を整理し，中村の理論的根拠としての考え方である資本会計と損益会計は別物だというそもそもの発想の根源を，取引要素の結合関係から検証を行った。

費用の発生と資本増加を繋いだり，資本の減少と収益の発生を繋いだりすると，1つの取引が資本会計でも損益会計でもあるということになる。しかし，これは認められないというのが中村の考えであり，これは彼の会計研究の出発点となった資本会計に由来する。すなわち，資本会計の中心課題は「資本と利益の区別」であり，「資本と利益の区別としたときの最も重要な意味は，資本の増加か収益か，資本の減少か費用かというように費用収益を区別することである」のである。取引要素の結合関係で，中村が13通りの分類としたところの意味がここにあるということができる。

【参考文献】
中村　忠・大藪俊哉［1987］『対談・簿記の問題点をさぐる』税務経理協会。
中村　忠［1990］『会計学こぼれ話』白桃書房。
中村忠先生還暦記念論文集編集委員会［1994］『財務会計と制度会計』。
中村　忠［2005］『新稿　現代会計学（9訂版）』白桃書房。
中村　忠［2006］『簿記の考え方・学び方［五訂版］』税務経理協会。
中村　忠［2008］『新訂　現代簿記（第5版）』白桃書房。
沼田嘉穂［1968］『商業簿記』中央経済社。

【写真出所】
『財務会計と制度会計』(白桃書房，1994年)

(竹中輝幸)

第 14 章　武田隆二と簿記公準

武田隆二
【略歴】
1931 年　新潟県生まれ。
1954 年　横浜国立大学経済学部卒業。
1957 年　神戸大学大学院経営学研究科修士課程修了，神戸大学経済経営研究所助手。
1960 年　神戸大学経営学部講師。
1963 年　神戸大学経営学部助教授。
1966 年　経営学博士（神戸大学）。
1971 年　神戸大学経営学部教授。
1981 年〜1985 年　公認会計士二次試験委員。
1989 年〜1992 年　税理士試験委員。
1992 年　大阪学院大学教授。
1993 年〜1996 年　日本簿記学会会長。
2000 年〜2003 年　日本会計研究学会会長。
2008 年　愛知工業大学大学院客員教授。
2009 年　死去。77 歳。

【主要業績】
『情報会計論』中央経済社, 1971 年。
『連結財務諸表』国元書房, 1977 年。
『最新財務諸表論』中央経済社, 1978 年。
『簿記Ⅰ〈簿記の基礎〉』『簿記Ⅱ〈決算整理と特殊販売〉』『簿記Ⅲ〈株式会社会計〉』税務経理協会, 1978 年。
『営業報告書・計算書類の総合分析と事例』中央経済社, 1984 年。

I はじめに

　武田隆二（以下，武田）は，研究活動の起点としてドイツ貸借対照表論の研究に取り組み，『貸借対照表資金論―ドイツ会計近代化論の展開―』[1962] にて神戸大学より経営学博士の学位を授与された。その後の研究領域としては，連結会計，税務会計，情報会計，中小会社会計など多岐にわたり，1985 年に創設された日本簿記学会の発起人にも名を連ね，簿記における研究・教育の発展にも貢献した。

　武田の簿記に関する書籍としては，1978 年に公刊された 3 部作，『簿記 I〈簿記の基礎〉』，『簿記 II〈決算整理と特殊販売〉』，『簿記 III〈株式会社会計〉』が最初のものであり，その後それらのエッセンスを 1 冊に集約した書籍，『簿記一般教程』を著した。これらの書籍は期間にして 30 年超，版にして 5 回ないし 7 回の改訂がなされ，大学講義や国家試験などの簿記教育に広く利用された。

　武田の簿記教科書の特徴として，次の諸点を指摘したい。第 1 に，教科書でありつつも高度な理論の裏打ちをもって叙述されていること。第 2 に，処理方法やその特質における絶妙な命名がなされていること。第 3 に，類書に比し，よりレベルの高い簿記処理まで扱われていること。第 4 に，会計基準のみならず関連法規との整合性など制度会計上の視点を踏まえた簿記処理が明示されていること。第 5 に，極めて豊富な図表が掲載され，かつ，カラー印刷がいち早く取り入れられていること。

　本章では，武田 [2009a] を中心素材とし，まず，武田が示す簿記の位置づけ，とりわけ会計との関係を取り上げ，その上で上記の特徴中，第 1 の特徴として象徴的といえる「簿記公準」を抽出・検証の上，武田簿記における本質の一端を解明したい。

II 簿記と会計の関係

　武田は，簿記と会計とは区別される学科であるという前提のもと，簿記と会

図表14-1　形式・内容と記録・機能

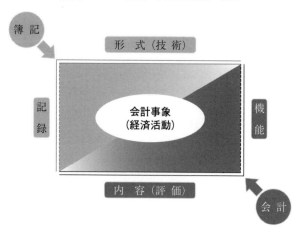

（出典）武田［2009a］8頁

計をそれぞれ次のように定義する（武田［2004］5頁）。「簿記は，簿記システムを通じ，利害関係者が必要とする会計情報を財務諸表として作成するための技術である。これに対し，会計は企業内に生起した経済事象を簿記システムにインプットすべきかどうか，あるいは，インプットするとしてそれを貨幣金額でいかに評価するか等を決定する行為を対象とする。それ故簿記学は記帳技術論であるのに対し，会計学はその認識対象の内容の大きさを決定する評価論としての性格を持っている。」[1] これを図で示したものが，図表14-1である。

簿記と会計の関係を具体的に説明すると，「たとえば決算日における商品の価格が購入時の価格よりも低くなっているとき，いずれの価格で商品を評価したらよいのかとか，建物を1ヵ年間使用したことに基づきどれだけの減価（価値の減少）が生じたのか，という問題に対しては，記帳技術の学として成立し

---

1) 武田は教科書であると論文であるとにかかわらず，記述において傍点や鍵括弧を多用する。本章でも原文引用の場合に，原文で傍点や鍵括弧が付されている箇所はそのまま表記している。また，参考書籍はカラー印刷となっており，強調される用語は青字もしくは赤字印刷されている。そこで，本章では原文引用の場合に，青字もしくは赤字印刷されている箇所は太字により表現する。

た簿記の知識では答えられなくなった。ここに新たな領域として，**評価論**が成立する」（武田［2009a］6頁）となる[2]。

したがって，武田の考える簿記と会計は，次のような対極構造として整理される。

$$
\begin{array}{ccc}
簿記：形式（記録） & = & 技術 \\
\Updownarrow \quad\quad \Updownarrow & & \Updownarrow \\
会計：内容（評価） & = & 機能
\end{array}
$$

ひとまず教育の観点を離れることとすれば，武田の中では，簿記は会計と対等のもの，もしくは車の両輪的存在として意識されているように見受けられる。このことは，次節で検証する会計公準の体系においても，多くの研究者の立場と異なり，簿記と会計とを対等に扱っていながらも，相互作用するものと捉えていることとも符合する[3]。

III　簿記公準の理論

1　簿記公準の存在

武田は「近代会計や簿記が成立するために欠くことのできない前提要件を**会計公準**と名づける」（武田［2009a］23頁）とし，会計公準は会計のみならず，簿記の基礎的前提であると指摘する[4]。それを裏打ちするかのように，武田は

---

2) ただし，「簿記は形式を，会計は内容を扱うという具合に明確に区別することは困難な場合が多い。形式が内容を規定し，内容が形式を規定するというごとく，相互に関連しあっているからである。そこで，現在の教育課程としては，簿記は記帳技術の習得を中心とした初級会計学であり，会計は記帳技術を前提とした中級もしくは上級会計学であるという程度に理解すべき」（武田［2009a］7頁）とし，教育的見地からは簿記を会計学に包摂させ，等級に分けて，簿記と会計を位置づけることも明示している。

3) 簿記と会計学の関係として，(1) 簿記は会計学の一部（米国型），(2) 簿記と会計学は不即不離（ドイツ型），(3) 簿記と会計学は各々独立（日本型）という3タイプがある（中村［2006］202頁）とすれば，武田のそれは (2) に該当するかに思われる。

4)「名づける」という表現から，当該公準は会計学研究における通説的な概念で

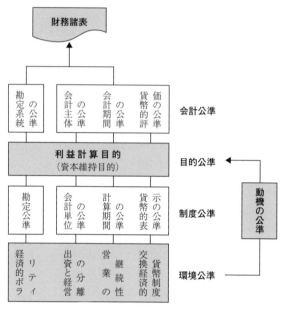

図表14-2 会計公準の具体的内容

（出典）武田 [2008] 83頁

「簿記公準」なる概念を提唱する。ここでいう簿記公準は、「勘定計算に関する必要最小限の条件」（武田 [2009a] 26頁）を意味し、「勘定公準」と「勘定系統の公準」から成るものとする（武田 [2008] 81-82頁；武田 [2009a] 26頁）。また、「簿記公準は会計の構造的仕組みに係る形式公準であり、（それ以外の―筆者）会計公準は主としてそれに盛り込まれる会計諸資料の数値に係る測定公準である」（武田 [1968] 13頁）と指摘される。2つの簿記公準を会計公準の全体像（最

はなく、武田固有の概念であることがうかがえる。簿記も含めたこの「会計公準」については、財務会計にかかる書籍たる武田 [2002]、武田 [2008]、簿記にかかる書籍たる武田 [2009a] のいずれにおいても解説がなされているが、その基となったと思われる学術論文、武田 [1960]、武田 [1968] において、その論理構成が重厚に示されている。

第 14 章　武田隆二と簿記公準 | 187

広義の会計公準）の枠組み中において図で示したものが，図表14−2である[5]。

　当該図は，ボトムアップで理解すべきものである。その中における2つの簿記公準は，勘定計算に関する必要最小限の条件を意味するもので，他の会計公準とともに広義の会計公準を形成する。後に，2つの簿記公準については検証を加えるが，さしあたりここでは，これらの簿記公準の定義のみを示しておく（武田［1968］41-42頁；武田［2008］86, 90頁）。

　「勘定公準」：

　計算の場としての勘定が形態的にどのような要件を満たすべきかについての公準

　「勘定系統の公準」：

　勘定を通じて会計目的を満足させるような数値を得るために個々の勘定を一定のルールに従ってグループ化する公準

2　会計公準の全体像

　周知のとおり，会計公準には諸説が存在するが，帰納法による会計公準のスタンダードとして，1939年に公表されたギルマン（Gilman）のそれがあげられる。ギルマンは「基本的コンベンション」（basic conventions）として，(1) 企業実体コンベンション（entity convention），(2) 評価コンベンション（valuation convention），(3) 会計期間（accounting period convention）を掲げ，近代会計の成立条件を歴史的観察法により明らかにしている。武田が提唱する会計公準の体系も，ギルマンのそれを包摂していることは明白ながら，それを会計公準全体の一部として位置づけた上で，そこに先に示した2つの簿記公準を結合させているようにみえる[6]。そこで，次に，図表14−2における階層について触れ

---

5) 武田は会計公準の全体にかかる図として，武田［1968］(40, 45頁)，武田［2004］(42頁)，武田［2009a］(24頁) などにおいて，複数を明示しているが，これらのうち最も全体像が理解しやすく，また最終形ともいえるものが当該図である。

6) 武田［1968］では，このギルマンの会計公準に加え，それ以前に公表されたペイトン＝リトルトン（Paton and Littleton）による「基礎的諸概念」（basic concepts）または「諸仮定」（assumptions）と，それ以後に公表されたムーニッツ（Moonitz）の「会

ておく。

「近代会計そのものが一面的性格のものではなく，多面的性格のものである
ため，会計公準は多段的な構造として組み立てられる必要がある。すなわち，
会計公準は，性格を異にする次の3条件の集合から成る……（イ）近代会計が
成立する環境に関する諸条件～**環境公準**　（ロ）近代会計が制度として成り立
つための制度的諸条件～**会計制度の公準**　（ハ）特定の会計目的を達成するの
に必要な理論的諸条件～理論公準（**基本的会計公準**）」（武田［2008］78-79頁）。こ
のように，会計公準全体は，下部構造たる環境公準，中間構造たる会計制度の
公準，さらに，上部構造たる基本的会計公準というように，階層的に形成され
る。その際，中間構造たる会計制度の公準と上部構造たる基本的会計公準との
間に，目的公準を介在させている。

　この目的公準の意味については，次のように説明される。「制度公準も勘定
公準もともに理論中性的性格のものであり，また，形式的性格をもつものであ
るため，これから直ちに特定の会計理論や計算原則を展開することはできな
い。形式・技術的なものから，実質・内容的なものを展開する媒介項としての
公準が必要とされる。これが**目的公準**である。目的公準とは，特定の会計理論

計の基本的諸公準」（basic postulates of accounting）も代表的な会計公準として掲
げている（武田［1968］37-38頁；武田［2008］93頁）。
　その上で，これら先人の会計公準の問題点として3点を示す。第1に，特定の
会計理論を展開する前提条件としての「基礎的概念」は，他の会計理論を構成す
る場合に，基礎概念としての役立ちを失う可能性があるが，そういったものを公
準として考えることがはたして妥当であるかどうか。第2に，特定の理論を念頭
におくことなく近代会計制度が原初的会計制度と区別される特質を引き出す場
合，そこに得られる公準の性格は特定の理論に対し中性的であると同時に，技術
的な性格のものとなる可能性があるが，かかるものとして会計公準を理解するこ
とが妥当であるかどうか。第3に，現在おかれている政治的・経済的社会制度に
おける環境認識から，環境公準なるものを認めるとしても，かかる環境公準がた
だちに会計公準となりうるかどうか。このように，先人によって示された会計公
準は，一面的であって包括的な性格をもっていないことから，これらを融合した
形で会計公準を構成していくべきではないかと考え，環境公準（下部構造），会計
制度の公準（中間構造），および基本的会計公準（上部構造）という立体的関係で
整理を行っている（武田［1968］38-39頁；武田［2008］93-94頁）。

第 14 章　武田隆二と簿記公準 | 189

を構成する場合の前提となるべき『会計の目的観はなにか』ということに関する公準である。」「『会計目的』とは『会計行為の目標として会計行為を規定し方向づけるもの』であるといいうる。かかる会計目的の確定は，人間の恣意的判断によって一方的に定まるのではなく，かえって，その時どきの社会的・経済的環境条件との相対的関連において定まるものである。したがって，現在の企業会計の目指す『会計目的とは何か』という判断がくだされるためには，現にある社会的・経済的環境との相対的関連においてその判断を動機づけるものがなければならない。これが**動機の公準**である。」（武田 [2008] 80-81 頁）。

　相当程度抽象的な説明であるが，これは次のようなことを示していると思われる。今日の営利企業（株式会社）の活動は，利潤最大化を目指すものであるため，この点が会計目的達成のための動機となっていること，これが「動機の公準」である。さらに，この動機から会計に要求される目的は，名目貨幣資本維持に基づく利益計算であること，これが「目的公準」である[7]。

3　2 つの簿記公準

(1)　勘定公準

　ここで再度，「簿記公準」に焦点を絞る。簿記公準は図表 14−2 における 4 段の階層中 1 番上の階層に位置する「勘定系統の公準」と，3 番目の階層に位置する「勘定公準」とから成るものであり，武田独自の理論に基づく会計公準である。当該図は財務諸表が作成されるための前提条件をボトムアップにより示したものであるため，まず，下の階層に位置する「勘定公準」から取り上げる。上述のとおり，これは計算の場としての勘定が形態的にどのような要件を満たすべきかについての公準である。換言すれば，この公準は「プラスの計算

7）武田 [2008] における会計公準に関する記述の基となっているとみられる武田 [1968] では，武田 [2008] 83 頁の図中，財務諸表を除いた 4 段の階層全体を最広義の会計公準，次いで 4 段の階層中上の 3 つの階層を広義の会計公準とし，さらに，上の 2 つの階層を狭義の会計公準とカテゴライズしている（武田 [1968] 40 頁）。なお，上述した，わが国の標準的な会計教科書にも多く記述されているギルマンの 3 公準は，武田 [2008] 83 頁の図における 4 段の階層中最上部の階層の右の枠内の 3 つに相当すると考えられよう。

量とマイナスの計算量とを対照する形式の『勘定』に関する要件」（武田［2009a] 26頁）とされる。しかし，この説明も抽象的であるため，これを学生の小遣帳を例とした平易な比喩で説明されている。

勘定によらない小遣帳の記録方式は，図表14-3のように示される。これを武田は「階梯式計算法」と名づける（武田［2009a] 25頁）。かかる記録方式について，「現金の日々の残高を知ることはできるが，1ヵ月間の収入合計と支出合計を求めるには，いちいち（＋）の金額と（－）の金額とを区別して加算しなければならない。……また，一定期間内の現金の動きの総体（収入総額および支出総額）を知る必要もあり，階梯式計算法は不適当である」ことを指摘する。このような欠点を補うためには，（＋）欄と（－）欄を別々に設ける方式が考えられ，かかる方式を「勘定式計算法」または「勘定計算」とよんだ。同じ

図表14-3　階梯式計算法

5月1日	父より送金	（＋）	80,000
2日	下宿代の支払	（－）	50,000
			30,000
3日	書籍購入	（－）	10,000
			20,000
4日	定期券購入	（－）	6,000
			14,000
5日	家庭教師アルバイト収入	（＋）	24,000
			38,000

（出典）武田［2009a] 25頁

図表14-4　勘定式計算法

現	金		
収 入 （＋）		支 出 （－）	
5/1 父 よ り 送 金　80,000		5/2 下　宿　代　50,000	
5 アルバイト収入　24,000		3 書　籍　代　10,000	
		4 定 期 券 代　6,000	

（出典）武田［2009a] 25頁

小遣帳を「勘定式計算法」により示されたものが，図表14-4である。「勘定式計算法」における勘定は，計算が行われる単位にほかならず，近代会計の勘定そのものである。武田によれば，かかる勘定記入のやり方を研究する領域が簿記学とされる（武田 [2009a] 26頁）。

　このような理解による「勘定公準」は，各勘定の設定・構成に関する3要件，すなわち（a）計算対照性，（b）包括可能性，（c）要素的同質性を内容とし，武田はそれらを勘定設定要件とよぶ。（a）計算対照性の要件は，勘定の借方に記入される内容と貸方に記入される内容とは計算的に対照性あるものでなければならないという要件である。（b）包括可能性の要件は，例えば収入と支出という対照性ある一組の概念が，現金勘定に包括され，現金の積極的変動（収入）と消極的変動（支出）から，現金有高（現金勘定の残高）が求められるという事実の中に認められるという要件である。ゆえに，計算対照性と包括可能性とは密接な関係にあり，両者とも勘定の形式性に関する要件と指摘する。これに対し（c）要素的同質性の要件は，現金の収入 as1 は実際に受け取った現金を，as2 は1か月後に受け取る収入見込額を記入したとすれば as1 と as2 との同質性が保証されず，あるいは，商品の期末有高を一部は購入価額で一部は期末時価で他の一部は将来売価で評価し，勘定計算の記入内容とすることは，この要素的同質性の要件を満たすことにはならないため，これら金額の同質性を求める要件である（武田 [2009a] 27-28頁）。

　なお，「勘定公準」が措定されるには，その下部構造たる「環境公準」として経済的ポラリティ（両極性）という環境認識が存在するという。経済的ポラリティとは，ある経済事象が発生すると，1つの価値が常に他の価値に移るという相対立する運動を示す概念である。勘定形式による加算的減算法[8] は，このような経済的ポラリティがあり，かかる事実認識が借方・貸方の勘定形式を生み出した原因とされる（武田 [2008] 85-86頁）。

---

8) 支出欄に記入される金額は，収入額から差し引かれなければならない金額であり，その「減算額」を合計する（すなわち「加算」する）ことにより，この加算された「減算額」にどれだけ加えれば，収入額と等しくなるかというやり方で「残高」が求められるという計算方式（武田 [2009a] 25-26頁）。

(2)　勘定系統の公準

　図表14-2における4段の階層中1番上の階層に位置する「勘定系統の公準」は，上述のとおり，勘定を通じて会計目的を満足させるような数値を得るために個々の勘定を一定のルールに従ってグループ化する公準である[9]。換言すれば，この公準は，「勘定公準（勘定の形態的要件）を前提として，一連の『勘定』要素から企業目的に適合した意味のある数値を得るために，勘定のグループ化を行った場合に生ずる勘定系列の内容的な論理的同質性を要請する公準であるから，系̇統̇的̇同̇質̇性̇の公準」（武田［2008］90頁）と位置づけられる。

　原文は極めて抽象的な叙述ではあるが，かかる公準は，例えば期間損益計算を目的とする取得原価主義会計（名目貨幣資本維持目的）であれば，すべての勘定が貸借対照表勘定（残高勘定に集約される諸勘定として，資産の諸勘定，負債の諸勘定，資本の諸勘定）と損益計算書勘定（損益勘定に集約される諸勘定として，収益の諸勘定，費用の諸勘定）とに分類・統合されることで，企業の財政状態と経営成績が把握可能となるということであろう。このことは，「勘定系統の公準」が図表14-2における4段の階層中1番上の階層に位置され，到達点である財務諸表の直前におかれていることからも，裏づけられる。

　なお，「勘定系統をいかに設定するかは，会計の目̇的̇性̇の問題である。簿記や会計の目的をいかに考えるかによって，勘定のグループ化が異なってくるはずである。勘定学説または勘定系統説として，学説史上いくつかの考え方が示されている」（武田［2009a］29頁）として，現行制度会計のような勘定のグループ化が唯一絶対のものではないことを示唆している。

　「勘定系統の公準」においても，上述した「勘定公準」と同様に，一定の要件を掲げている。すなわち，(a) 系統間の対立性，(b) 系統内の包括可能性，(c) 系統内の同質性がそれである。(a) 系統間の対立性は，貸借対照表勘定が財政状態を表し，損益計算書勘定が経営成績を表すという意味での対立性であり，(b) 系統内の包括可能性は，貸借対照表勘定は有高という上位概念

---

9)　武田は，グループ化された勘定群のことを「勘定系列」もしくは「勘定系統」とよぶ（武田［2009a］28頁）。

第 14 章　武田隆二と簿記公準 | 193

図表 14-5　2 つの簿記公準

	共通点	相違点		
		内　容	前提公準	性　格
「勘定公準」	勘定計算に関する必要最小限の条件（簿記公準）	勘定に関する前提	経済的ポラリティ（環境公準）	理論中性的
「勘定系統の公準」		グループ化に関する前提	利益計算目的（目的公準）	理論関連的

によって資産・負債・資本が包括され，損益計算書勘定は利益または成果という上位概念によって収益・費用が包括されること，さらに（c）系統内の同質性は，貸借対照表勘定に含まれる資産・負債・資本が同一の測定尺度（例えば取引価格）で評価されることである（武田［2009a］30 頁）。

　以上，2 つの簿記公準の同異点をマトリクス化して示せば，図表 14-5 のようになろう。

Ⅳ　簿記公準に立脚した処理例

　武田簿記の要諦と考えられる簿記公準は，既述のとおり極めて理念的かつ抽象的な理論といえる。そこで本節では，かかる簿記公準を基とした具体的処理例を取り上げる。ただし，前掲の簿記著書 3 部作だけを対象とした場合でも，1,250 頁にも及ぶ記述中，当該公準の処理例は膨大なものとなるため，ここでは，とりわけ武田の特徴と思われる「処理的記帳」と「期間帰属記帳」に焦点を絞る。また，これにより，冒頭で指摘した武田簿記の特徴の第 2 の点，すなわち処理方法やその特質における命名の妙も確認できよう。

　武田は，簿記の最終的な目的として，（a）日々の取引の歴史的記録の作成，（b）事業年度の経営成績の明示，（c）事業年度末における財政状態の明示という 3 点を掲げる。このうち（a）は，期中の取引記帳の問題であり，かかる記帳を処理的記帳とよんでいる。これに対し（b）と（c）は，決算手続にかかる収益・費用の期間帰属認識，簿記的には整理記入に関わる会計的判断の問

題であり，期間帰属記帳という記帳の結果得られるものとする（武田［2009b］12頁）[10]。この2つの記帳はつねに［処理的記帳 → 期間帰属記帳］の順序（繰延処理）で生じるとはかぎらず，［期間帰属記帳 → 処理的記帳］の順序（繰上処理）をとることもある（武田［2008］305-306頁）。これを図で示したものが，図表14-6である。

処理的記帳は外部取引関係の記述過程であり，次の3要件が要求される。（イ）取引として記帳の対象となるものは，貨幣金額的に計量化できる事象であること（貨幣的計量可能性）。（ロ）契約上の権利義務ないし権利に対する支配権が，成立ないし確定していること（権利義務の確定性）。（ハ）記録された事象は，何らかの客観的な証拠を基礎とするものであること（検証可能性）（武田

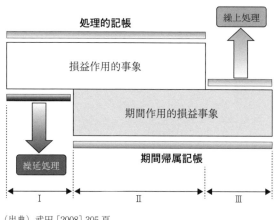

図表14-6　損益作用的事象と期間作用的損益事象

（出典）武田［2008］305頁

---

10) 処理的記帳と期間帰属記帳は，「企業会計原則」（第二の一A）の定めに照らし，次のようにも説明される（武田［2002］101頁）。「すべての費用及び収益は，その支出及び収入に基づいて計上」すること，これが処理的記帳の要件である。「その発生した期間に正しく割り当てられるように処理しなければならない」こと，これが期間帰属記帳の要件である。ちなみに，当該定めにかかる通説的な解説では，前者は費用・収益の測定基準たる収支（額）主義，後者は費用・収益の認識原則たる発生主義とされる。

[2008] 690 頁）。

　これらを総括してみれば，次のように要約できよう。まず，取引の発生により，1 次的には理論中性的な勘定公準に則り「処理的記帳」による処理がなされる。かかる処理は対外的取引に基づくものであり，基本的に収支を伴うものである。原始的な会計であれば，これのみで簿記の役割は完了するが，そのような会計はいわば現金主義会計にほかならず，期間損益計算を課題とする発生主義会計では不十分である。そこで，2 次的に「期間帰属記帳」による決算整理処理がなされる。かかる処理は，利益計算という目的に拘泥した結果実行される追加的処理であり，ここでは勘定公準はもとより，経営成績と財政状態を識別するため，理論関連的な勘定系統の公準に則ることとなる。

V　おわりに

　「著者は簿記・会計学の研究者となって以来約半世紀にわたる研究，教育の経験に照らして……」（武田 [2004] 序 5 頁）という著述にみられるとおり，武田は自らを「会計学の研究者」ではなく「簿記・会計学の研究者」と称している。他の著名な研究者について，子細にサーベイしたわけではないので軽々には断じられないが，自身を「会計学の研究者」ではなく，「簿記・会計学の研究者」と位置づけ，それを表明している研究者は，そう多くないのではなかろうか。この点と，上述した簿記と会計の関係における対等性の主張を併せてみれば，武田の簿記に関する思い入れの深さが感じられる。また，本章で取り扱った簿記公準に限らず，簿記を単なる記帳技術論として論じるのではなく，その背景もしくは基底にある会計理論との結びつきを重視している点も，他の研究者と比較した上で，武田の特筆すべき個性となっているようにも思われる。

　さらに，簿記と会計の対等性を主張する武田の基本スタンスとして，次の著述が参考になろう。すなわち，「歴史的に考察すると，帳簿記入の対象は金銭の貸借関係の記録に始まっている。金銭の出納とか，債権・債務の発生・消滅の記録が，帳簿記入の主たる対象であった時代においては，貨幣の動きと債権・債務の変動をいかに明瞭かつ確実に把握するかということが関心の中心と

なっていた。言い換えるならば記帳技術もしくは記録形式の研究に第一義的課題があったとみてよかろう。ということは，会計の歴史は**簿記史**として始まったのである。

　しかし，その後，企業規模が拡大し，企業活動が多方面にわたるようになると，帳簿記入の対象も著しくその範囲を拡大した。債権・債務や貨幣以外に商品（棚卸資産）や建物（固定資産）の記録をも含むようになると，ここに新しい問題領域がつけ加わった。それは**評価**の問題である。」（武田 [2009a] 6 頁）

　このような簿記と会計の関係は，あたかも前節で言及した簿記公準に立脚した処理例たる「処理的記帳」と「期間帰属記帳」に重なるようにも思える。つまり，（財務）会計の最終目標である一定期間の経営成績の明示と，事業年度末における財政状態の明示は，その前提となる日々の取引の歴史的記録抜きには成しえないという点においてである。そのため，武田にとって会計公準は，ギルマンが提唱した 3 公準（企業実体コンベンション，評価コンベンション，会計期間コンベンション）だけでは不十分であり，そこに簿記公準の付加を必要としたのではなかろうか。

　知りうる限り，武田によって提唱された簿記公準を継承する研究者は認められないが，武田が簿記教科書 3 部作を公刊した 1978 年から 40 年以上を経過する現時点において，これらを超える簿記の総合的著作は，未だに見受けられない気がする。武田は，わが国における簿記理論の成熟期に活躍した偉大な研究者であったことは，言を俟たないであろう。

【参考文献】

　武田隆二 [1960]「貨幣的評価の公準と簿記公準」『産業經理』第 20 巻第 1 号, 62-66 頁。
　武田隆二 [1968]「会計公準の体系」『国民経済雑誌』第 117 巻第 2 号, 36-54 頁。
　武田隆二 [2001]『簿記Ⅲ〈株式会社会計〉[第 3 版]』税務経理協会。
　武田隆二 [2002]『会計学一般教程 [第 5 版]』中央経済社。
　武田隆二 [2004]『簿記一般教程 [第 6 版]』中央経済社。
　武田隆二 [2008]『最新財務諸表論 [第 11 版]』中央経済社。
　武田隆二 [2009a]『簿記Ⅰ〈簿記の基礎〉[第 5 版]』税務経理協会。
　武田隆二 [2009b]『簿記Ⅱ〈決算整理と特殊販売〉[第 5 版]』税務経理協会。
　中村　忠 [2006]『簿記の考え方・学び方（第 5 版）』税務経理協会。

Gilman, Stephen［1939］*Accounting Concepts of Profit*, New York（久野光明訳［1965］「ギルマン会計学（上）」，［1967］「ギルマン会計学（中）」同文舘出版）.

【写真出所】
『企業会計』第 61 巻第 7 号（2009 年 7 月）

（石山　宏）

第 15 章　安平昭二と実体・名目二勘定系統説

安平昭二

【略歴】
1932 年　兵庫県生まれ。
1956 年　神戸大学卒業。
1959 年　神戸大学大学院修士課程修了。
1962 年　神戸大学大学院博士課程単位取得退学，神戸市外国語大学助手。
1963 年　神戸市外国語大学講師。
1966 年　神戸市外国語大学助教授。
1973 年　神戸商科大学助教授。
1975 年　神戸商科大学教授。
1978 年～1982 年　税理士試験委員。
1979 年　経営学博士（神戸大学）。
1995 年　神戸商科大学退職，大阪国際大学大学院教授。
1998 年　関西国際大学副学長，教授。
2002 年　関西国際大学学長。
2006 年　死去。74 歳。

【主要業績】
『ケーファー・複式簿記の原理』千倉書房，1972 年
『標準勘定組織の展開―諸国のコンテンラーメンとその国際的統一化の動向―』千倉書房，1977 年。
『簿記要論』同文舘出版，1978 年。
『簿記・会計学の基礎―シェアーの簿記・会計学を尋ねて―』同文舘出版，1986 年。
『企業簿記の理論と実際』東京経済情報出版，1990 年。

I　はじめに

　安平昭二（以下，安平）はその生涯を通じて，複式簿記の仕組みを理解するためには勘定理論を理解することの必要性を主張した。安平の研究の出発点はシェアー（Schär）の Buchhaltung und Bilanz[1] であり，ドイツで発達した勘定学説はケーファー（Käfer）によってスイス簿記学が展開される。安平は，ケーファーの学説研究ではわが国を代表する第一人者といっても過言ではない。安平は数々の勘定学説を翻訳・研究された後，独自の勘定理論「実体・名目二勘定系統説」を構築・提唱した。

　また，第 2 の研究領域として，標準勘定組織上において財務簿記と経営簿記（原価・給付計算）をいかに関係づけるか，という課題に対して，シュマーレンバッハ（Schmalenbach）のコンテンラーメン論を取り上げるにとどまることが多かった従来の研究を発展させ，第 3 類型ともよばれる新たな標準勘定組織を提案した。

　さらに，第 3 の研究領域である勘定理論の研究から発展された資金計算書論の展開は，ケーファーの「資金計算書論」[2] を研究した後，安平は独自の資金計算書論として，企業会計の前提としての簿記を強調し，各種簿記システムの特徴とその展開を踏まえ，会計システム全体を検討した。資金計算書が貸借対照表および損益計算書に並ぶ財務諸表として位置づけられる論拠を複式簿記の機構を明確に示し，これは後のキャッシュ・フロー計算書の「第 3 の財務諸表」としての位置づけに関する議論へとつながっていく（杉本 [2002] 39 頁）。

　さらに，第 4 の研究領域としては，財務簿記と経営簿記からなる伝統的システムにはみられない総合的計算体系としてのさらなる簿記機構の拡充を検討し

---

1) 「本書は，純財産学説というシェアー独自の勘定理論の展開を基礎的出発点として，会計組織論，貸借対照表論，原価計算論および経営分析論等を展開するという，会計学に 1 つの体系を与えようとするものである。」（松本 [1996] 268-269 頁）
2) ケーファーの「資金計算書論」は単なる情報開示の要請からではなく，簿記機構論的な基礎づけに基づいて展開されている（松本 [1996] 270 頁）。

た。つまり，経営計画が現実化されていく過程，および計画値と実際値との差異を分析的かつ総合的に明らかにしうる簿記システムを模索した（松本［1996］270-271頁）。このように，安平の研究は多岐にわたるが[3]，本章では勘定理論学説の変遷と安平が提唱した「実体・名目二勘定系統説」を検討する。

II　勘定理論体系

　安平によれば，勘定理論とは「勘定および勘定間の組織的関連の説明を通じて複式簿記の機構を原理的に解明しようとする理論であり，勘定学説は個々の論者によつて主張された具体的な勘定理論をさす」（安平［1976］83頁）と定義している。また安平は勘定学説を歴史的視点から解明し，特に各学説のもつ基本的会計思考と学説史的発展過程を基準にし，（1）人的勘定学説，（2）純財産学説（資本等式説），（3）貸借対照表学説（貸借対照表等式説），（4）成果学説（動的勘定学説），（5）四勘定系統説，（6）実体・名目二勘定系統説の6つに分類[4]している（安平［1992］230-231頁）。以下，それぞれの内容および特徴をみていく。

　人的勘定学説とは，複式簿記の生成（14・15世紀）以来，19世紀の後半に至るまで用いられてきた簿記説明法の総称であり，貸借複記の過程を借方・貸方という用語の定義そのものに即して説明しようとした。そのため，すべての勘定に人格的存在を擬制することによって，勘定記入を文字通り人と人との貸し・借りの関係（債権・債務関係）として捉え，貸借複記の技術を説明しようとするものである。

　しかし，安平によれば，人的勘定学説は単なる記帳技術解説法であって本来の意味の勘定理論ではなく，「本来の勘定理論が主張されるようになったと

　3）安平の業績として，簿記教育に関する多数の文献・書籍・辞書等をかんがみれば，非常に優れた後世への貢献として触れずにはいられないが，本章においては勘定学説に焦点を当てて検討している。
　4）安平は勘定理論体系を分類する上で，項目の変化がみられるが，本章は安平［1991］，［1992］，［1993］を中心に検討した。

き，その主張者たちが，自分たちが主張する勘定理論とそれ以前の記帳技術説明法とのちがいを強調するために，本来の勘定理論を物的勘定学説，それ以前の説明法を人的勘定学説と呼ぶようになったのであり，結果，これにも慣行的に勘定学説という名称がつけられるようになったのである」(安平 [1992] 229 頁) とあるように，本来の勘定理論の登場は，次の純財産学説からであるとしている (安平 [1992] 229-231 頁)。

純財産学説とは，「資本等式をもととするところから資本等式説とも呼ばれており，物的勘定学説のうち，基本的な勘定系統として二つの勘定をたてるところから，物的勘定学説とも呼ばれている。この学説によれば，複式簿記は，資本等式によって表現される関係を勘定によって表現したものにほかならない」(安平 [1992] 231 頁) と説明している。資本等式型の理論は，企業の純財産という同一物の二面的把握に基礎をおいており，資産と負債は純財産の具体的構成部分 (プラスとマイナスの)，資本はそれを抽象的価値合計として捉えたものである。収益・費用は資本の増減としてその中に含まれる (安平 [1993] 291 頁)。以下は，純財産学説の勘定体系である。

資産−負債＝資本，という資本等式の左辺は財産をその具体的な構成部分において示し，右辺は財産をその抽象的価値合計 (＝資本) という 2 つの面から捉えて表示することころに複式簿記の特徴がある，というのである。そのた

図表 15−1　純財産学説の勘定体系

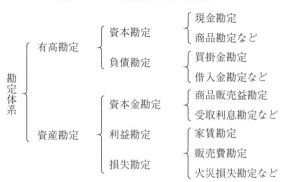

(出典) 安平 [1992] 234 頁

め，複式簿記では基本的に2つの勘定が必要である。1つは財産構成部分を表す有高勘定であり，2つめは抽象的な価値合計としての純財産を表す資本勘定である（安平 [1992] 231頁）。有高勘定は資本等式の左辺を表し，資本勘定は右辺を表すものであるから，借方・貸方の意味は2つの勘定で正反対になる。

　このように定めることによって，資本等式の関係はそのまま勘定で表現することができる。財産構成部分にはプラスの部分としての資産とマイナスの部分としての負債があるので，有高勘定は，資産勘定と負債勘定に分けられる。この場合では，借方・貸方の意味は変わらない。このような有高勘定（資産勘定と負債勘定）と資本勘定でもって，すべての貸借複記することができる（安平 [1992] 232頁）。

　しかし，財産構成部分の変動と同時にその全体価値額としての資本をも変動させる取引も存在する。これが利益取引，損失取引とよばれるものである（現在の用語では収益・費用取引）。これについては，有高勘定と資本勘定の両者に記入がなされる。利益・損失取引の場合には，利益は資本の増加として，損失は資本の減少として，それぞれ資本勘定に記入されるわけであるが，出資や引出により資本の増減と区別するために，利益・損失は，資本勘定に記入する代わりに，別個に利益勘定。損失勘定を設けて記入することになり，利益・損失勘定は資本勘定の部分勘定・下位勘定とみられるのである（安平 [1992] 233頁）。

　しかし，このような構想のもとでは，複式簿記における貸借対照表作成の基礎は明らかにされるが，それと並ぶ損益計算書作成の意味が非常に影のうすいものになってしまい，損益計算書は貸借対照表の一項目たる資本の一部を表示する，単なる部分計算としてしか位置づけられないので，貸借対照表のみが複式簿記における基本計算であるとみられるのである。これでは，貸借対照表（財産法）と損益計算書計算（損益法）の統合としての複式簿記体系の特徴が十分に解明しえない。ここに純財産学説の最も根本的な弱点がある。

　さらに，負債と資本とはまったくの異質なものとして捉えていることであり，負債は財産構成部分のうちのマイナス項目であって，総価値額の資本とはまったく別個のものと考えられている。株式会社企業の一般化とともに負債と資本の類似性（いずれも会社財産の源泉である）が次第に認識されてくるように

なり，この点から，純財産学説に代わる理論が形成されてくるようになった。次に出てきたのが，貸借対照表学説である（安平 [1992] 234頁）。

貸借対照表学説は，安平（[1992] 235頁）によれば，貸借対照表等式をもとに複式簿記体系の解明をはかるところから，貸借対照表等式説や貸借対照表二勘定系統説ともよばれているものである。貸借対照表等式（資産＝負債＋資本）と資本等式との違いは，負債が左辺から右辺に移動しているが，これは単に位置が変わっただけのことではなく，負債の見方が根本的に変化したものである。負債が右辺におかれているということは，負債と資本の類似性が認められているということを意味する。資本と負債はともに企業の財産の由来ないし源泉を示すものとして，同質的なものとみられているのである。資本が自己資本（企業の所有者からの資本）であるとすれば，負債は他人資本（企業所有者でないもの＝他人から由来する資本）であり，ともに広義の資本に属するとみられている。

安平は，利益・損失（収益・費用）については2つの見方があるという。その1つは，利益・損失の発生と同時に自己資本の増加・減少があったとし，利益・損失勘定を資本勘定の部分勘定・従属勘定とみるものであり，もう1つは，用役の取得・提供を財貨のそれと同様に資産の増加・減少とみなし，それに関する勘定は，決算にいたるまでは，この種の資産の増加・減少を示す暫定的資産勘定とみるものである。後者の場合，利益・損失勘定は決算整理の段階ではじめて出てくるが，それが資本勘定の部分勘定・従属勘定とみられる点にはかわりはないとする（安平 [1991] 75-76頁）。

この貸借対照表等式もまた，財産の二面的表示を示すものである。右辺の資本と負債は，財産をその由来ないし源泉として捉えたものであり，左辺の資産は，その財産が具体的にどのように運用されているのかを示すものである。一方は財産の由来・源泉であり，他方はその運用形態である。貸借対照表学説は，このような意味での財産の二面的な表示に複式簿記の特徴がある，というのである。したがって，この場合にも複式簿記は2つの基本的な勘定系統から構成されるものであると説明される[5]（安平 [1992] 235頁）。

5）貸借対照表学説の取引例として次の例をあげている。「商品の現金仕入れは資

図表15-2　貸借対照表学説の勘定体系

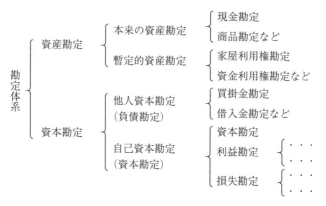

（出典）安平[1992] 237頁

　しかし，貸借対照表学説においても，次の問題点があげられる。依然として負債資本計算は貸借対照表計算にあるとみられており，損益計算書は単なる部分計算として矮小化されてしまい，貸借対照表と損益計算書との関係は，一方が他方を吸収するという関係と理解され，独立的な2つの基本計算の統合の関係として考えられるのではない。「資金的二勘定系統説」では，収益・費用勘定が，源泉勘定の1つたる利潤勘定の代位勘定とみられることによって，損益計算書の部分計算性は一層強調されることになる（安平[1991] 76頁）。

産と資産の交換であるから，資産勘定の借方と貸方に記入され，資本勘定には関係しないが，商品の掛仕入は，商品という資産の増加であるとともに，買掛金という資本（他人資本）の増加であるから，資産勘定の借方と資本勘定の貸方に記入される，と説明される。」（安平[1992] 237頁）また，家賃を現金で支払ったという取引については，一説では，資産の減少と損失としての資本（自己資本）の減少であるとして，資本勘定（損失勘定）の借方と資産勘定の貸方に記入される。もう一説では，支払い時には，家屋利用権というサービスと現金の交換であるから，暫定的資産勘定としての家屋利用権勘定（ないしは家賃勘定）の借方と本来の資産勘定の貸方とに記入され，決算時には，そのサービスが消費されてしまって有高がゼロであるので，決算整理記入として，暫定的資産勘定から資本勘定（損失勘定）への振替えがなされる，と説明されている（安平[1992] 237頁）。

静態論から動態論への移行に伴って，勘定理論にも動態論の立場に立つものの発展がみられた。損益計算中心の勘定学説がこれである。そこでは，複式簿記の全機構が損益計算の観点から吟味し直され，これによってはじめて，二面的損益計算機構としての複式簿記の特徴がみられるようになった。かつて損益計算書を附属明細表として位置づけていたが，損益計算書を強調するあまりに，かつての主要な貸借対照表を単なる損益計算の手段として矮小化してしまうところに問題があった。この点を補正するものが，財産計算・損益計算を指向する勘定学説である。それは動態論的思考を否定するものでもなく，複式簿記の二面的損益計算機構もそのまま承認する（安平 [1976] 83-84 頁）。しかし，会計理論が静態論から動態論へ，貸借対照表中心の思考から損益計算書中心の思考に転換するにつれ，やがて勘定理論にもこの動態論的思考に基づくものが現れてきた。それを代表するものが，次にみる成果学説とよばれるものである（安平 [1976] 238 頁）。

成果学説は安平によれば，企業を次のようにみるところから始まる（安平 [1976] 83-84 頁）。企業は，外部から財貨・用役などの給付を調達し，それに何らかの加工・変形を加えて新しい給付（財貨・用役）を外部に提供するものである。つまり，企業への給付の入りと出である。そして，このような給付の動きに対して反対に流れる支払（貨幣）の流れがある。給付の入りに対しては，その対価を支払うことによって支払の出があり，給付の外部への提供に対しては，その対価を受け取ることによって支払の入りがある，という。

このような企業取引をそのまま勘定で表現したものが簿記であり，給付の入りに対しては支払の出が，給付の出に対しては支払の入りが，それぞれに対応しているので，それぞれを表示するために給付勘定と支払勘定という 2 つの勘定系統が必要になる。そして，いずれの系統においても，入り（プラス）は借方に，出（マイナス）は貸方に記入するようにすれば，おのずから複式簿記は成立する（安平 [1992] 238-239 頁）ということである。

成果学説において特徴的なのは，給付の入りが費用，給付の出が収益とみなされることである。企業が外部から財貨・用役を調達するのは，それを財産として所有するためではなく，収益獲得のために消費することを目的としている

わけであるから，給付の入りというのは結局費用の発生を意味することになる。また，企業が外部に給付を提供するのは，その対価として収入を得ることを目的とするものだからである。給付の出は収益の発生とみられることになる。それゆえ，給付勘定は費用・収益を示す勘定として成果勘定とよばれることになる。したがって，給付勘定系統の属する勘定の残高を集計すれば損益計算書が完成する（安平［1992］240頁）。

このように，複式簿記の勘定体系は給付勘定と支払勘定という２つの基本的な勘定系統から構成されており，しかも，給付勘定からは損益計算書が，支払勘定からは貸借対照表計算が可能となり，複式簿記における両計算の同時的成立の基礎が明らかにされることになった。二面的計算機構としての複式簿記の特徴が，勘定体系に即して一様に明らかにされることになったことは，成果学説の最大の功績を認めるべきである，と安平は述べている（安平［1992］242頁）。

しかし，この成果学説にも問題点がある。安平は，給付の入りが費用（＝プラス），給付の出（＝マイナス）が収益であるとする概念構成の仕方に問題があり，通常の意味では，収益がプラス性をもち，費用はマイナス性をもつはずであることを指摘し，それが成果学説の収益・費用概念では意味が逆転してしまっていることを問題視している。さらに，費用は，その後にそれが消費された

図表 15－3　成果学説の勘定体系

- 勘定系統
  - 給付勘定
    - 財貨の勘定
      - 仕入勘定
      - 建物勘定など
    - 用役の勘定
      - 家賃勘定
      - 給料勘定など
  - 支払勘定
    - 現在の支払の勘定
      - 現金勘定
      - 当座勘定など
    - 将来の支払の勘定
      - 売掛金勘定
      - 貸付金勘定
      - 買掛金勘定
      - 資本金勘定など

（出典）安平［1992］240頁

時点で，消費された額だけについて認識されるべきであるが，商品・備品・建物のような有用な価値物の獲得が単なる費用としてしかみられない点も指摘している（安平 [1992] 242 頁）。これらの問題を解消しようと試みたのが，次に述べる四勘定系統説である。

四勘定系統説とは，「貸借対照表学説と成果学説とを折ちゅうしたもの」（安平 [1992] 242 頁）であり，「貸借対照表学説のもつ財産計算中心の考え方（静的観）と成果学説のもつ損益計算中心の考え方（動的観）とをミックスしているという意味で，静的動的四勘定説とも呼ばれており，この学説によれば，複式簿記の基礎を形成するものは貸借対照表等式と損益計算書等式であり，この二つを結合したものが複式簿記にほかならない」（安平 [1992] 242 頁）と考えられている。四勘定系統説という名称の由来は，複式簿記を構成する勘定が資産勘定・資本勘定（他人資本（負債）も含む）・費用勘定・収益勘定の 4 つからなるからである。

この勘定体系では，貸借対照表と損益計算書の同時並行的な作成の基礎が示され，二面的損益計算機構としての複式簿記の特徴が明らかにされており，この点からすれば，四勘定系統説はすぐれた勘定理論である（安平 [1992] 243-244 頁）。四勘定系統説の勘定系統は図表 15-4 のようになる。

しかし，この四勘定系統説にも問題点があり，理論的厳密性に欠けると，安平は以下の 3 点について指摘している。(1) 資産・資本・収益・費用が基本勘定であるとはいうものの，なぜそうなのか十分に明らかにされていない。(2) 資産・資本・収益・費用の内容・相互関係についての規定がルーズである。

図表 15-4　四勘定系統説の勘定体系

```
          ┌ 貸借対照表勘定 ┌ 資産勘定
勘定系統 ┤              └ 資本勘定 ┌ 自己資本勘定
          │                        └ 他人資本勘定
          └ 損益計算書勘定 ┌ 費用勘定
                          └ 収益勘定
```

（出典）安平 [1992] 243 頁

(3) 貸借対照表勘定と損益計算書勘定の区分をはじめから前提とした説明をしているが，貸借対照表と損益計算書は複式簿記の結果なのであって，その出発点ではないので，このような説明では複式簿記の特徴を明らかにすることはできない（安平 [1992] 244 頁)[6]。

　これらの問題を解消し，本来の勘定理論として構成されたものが，安平の提唱する実体・名目二勘定系統説なのである。

III　実体・名目二勘定系統説

　安平は，四勘定系統説の問題点を解消し，ケーファーの勘定理論をもとに展開した本来の勘定理論として構成されたものとして，実体・名目二勘定系統説[7] をあげている。「この実体・名目二勘定系統説という名称は一般的に定着しているものではなく，筆者がここで仮にこう呼んでいるだけである」（安平 [1992] 245 頁；安平昭二先生還暦記念論文集編集委員会 [1992] 8 頁）と述べているよ

---

6)「さらに，四勘定系統説の多くは，複式簿記の本質を解明するというよりも，むしろ，簿記の初歩教育における利用ということをねらいとして構成されているものである。そのため，厳密な理論的構成は犠牲にしても，初学者に複式簿記の実際の姿を簡潔に伝えることに重点がおかれることになっているのである」（安平 [1992] 244-245 頁）と指摘し，簿記教育法勘定体系構成論であると説明している。

7) 安平は実体・名目二勘定系統説に対して，次のような問題点を指摘している。「それを最も鋭く指摘しているのは，『企業資本等式説』を展開する笠井教授である。その焦点は，『実体・名目二勘定系統説』にいう意味での『財産法と損益法の統合』が論理的に矛盾なく成立しうるかという点におかれている」（安平 [1993] 296 頁）とし，主要な問題点をあげ，それに対する理論を展開している。さらに，これらは筆者の立場からの問題点を指摘しただけのものとし「企業複式簿記の本質によりよく迫りうるためには，これらの問題点を諸説の内容の詳細な分析に基づいて検討するとともに，それを踏まえた上で『実体・名目二勘定系統説』にも何らかの補整を加えなければならない。これは筆者にとって大きな宿題である。しかし，問題点の指摘だけでも，この種の問題に関心を持ち，『実体・名目二勘定系統説』の基本的立場を探ろうとする人々に，何らかの資料を提供したとすれば，本稿の一半の目的は達成したことになる」（安平 [1993] 297-298 頁）と述べている。

うに，これは安平独自の勘定理論である。

　安平によれば，実体勘定とは「何らかの価値物の有高・増加・減少それ自体を示す勘定」であり，名目勘定とは「価値の増加・減少の原因であり，種類・内容など名目的なことがらを示す勘定」である。マイナスの価値とは「将来における貨幣・財貨・用役の出」を意味し，用役は「貨幣や財貨と異なり，取得（入）と消費（出）が殆ど同時に起きる」ので，通常，用役勘定は残高をもたない。したがって，一定時点では，資産勘定の残高＝負債勘定の残高＋資本勘定の残高，という貸借対照表等式が成立する（安平［1993］291頁）。安平の主張する「実体・名目二勘定系統説」も，基本的にはこの貸借対照表等式に基づいている。

　なお，収益・費用勘定は実体勘定だけでは貸借複記できない価値の一方的な入と出となる取引（収益・費用取引）について，その価値の入（収益）と出（費用）そのものではなく，その原因・種類・内容などを示すことによって，貸借複記を可能にするために設けられた反対記入用の勘定である。決算時には，実体勘定の数値の集計表として貸借対照表，名目勘定の数値の集計表として損益計算書が，同時並行的に作成され，貸借対照表と損益計算書は，両者に共通する純利益を媒介として結びつけられ，1つの機構に統合されているとみることができるのである。

　安平は実体・名目二勘定系統説は次のように説明している。「複式簿記の勘定体系は，何らかの価値物の有高・増加・減少それ自体を表示する勘定と，価値の増加・減少の原因・理由・内容などを表示する勘定とに大別される。簿記の世界では，かなり早くから実体勘定と名目勘定という区別が一般的に行われているが，この学説による二つの基本的勘定系統は，この実体勘定・名目勘定の区別に対応しているものと見られるので，筆者は，この学説を実体・名目二勘定系統説と呼ぶのである。」（安平［1992］245頁）

　つまり，実体勘定の数値の集計表としての貸借対照表と，名目勘定の集計表としての損益計算書が自動的・同時平行的に作成され，両者を通ずる純利益を媒体として結合され，1つの機構に統合されている。複式簿記が財産法と損益法の統合であるといわれるのは，この特徴を強調してのことであると述べてい

る（安平 [1992] 248-289 頁）。では，実体勘定と名目勘定とはどのような意味を
もつものなのか。

　安平は，実体勘定を価値物そのものの勘定とし，「企業にとって有用な何も
のかの存在を示す勘定」（安平 [1992] 245 頁）であり，「さらには，将来の何ら
かの効用をもたらすものであり，具体的には貨幣・財貨・用役（サービス）を
意味する。これらを所有および取得することは，企業にとって価値の獲得（＝
プラスの価値）として認識される」（安平 [1992] 245 頁）と説明している。

　それに対して，マイナスの価値を示す勘定として「将来において貨幣・財
貨・用役の出をもたらすものに関する勘定」と説明し，具体的には「負債勘定
と資本勘定」をあげている。負債は，第三者に対して，将来，貨幣・財貨・用
役を提供しなければならないという事実を意味し，資本は，資本提供者に対し
て出資の払戻しとか利益の分配などによって価値を提供しなければならないと
いうことを意味する」（安平 [1992] 245 頁）と定義している。

　ここで，安平の主張である実体勘定について詳細にみていく。安平は，実体
勘定とは，「貨幣勘定・財貨勘定・用役勘定に区別され，貨幣勘定と財貨勘定
は一般に資産勘定と呼ばれているものに相当し，資産勘定に用役勘定もまたこ
の部類に属することに注意しなければならない」（安平 [1992] 245 頁）と主張す
る。用役勘定とは，「何らかの無形のサービスの入りと出を表示する勘定であ
る」（安平 [1992] 245 頁）と定義し，例として，給料の支払いと家賃の支払いを
あげている。給料の支払いは，労働用役の取得とそれに対する対価の支払いで
あり，この労働用役の入りが用役勘定の借方に記入され，家賃の支払い時は，
家屋利用権という意味でのサービスの入りとその対価の支払いと捉え，用役勘
定の借方記入がなされる。つまり，用役勘定とは何らかの無形のサービスの入
りと出を表示する勘定であると説明している（安平 [1992] 245 頁）。

　用役は「貨幣や財貨と異なり，取得（入）と消費（出）が殆ど同時に起き
る」（安平 [1993] 291 頁）ので，通常，用役勘定は残高をもたない。したがっ
て，一定時点では，資産勘定の残高＝負債勘定の残高＋資本勘定の残高，とい
う貸借対照表等式が成立する。実体・名目二勘定系統説も基本的にはこの貸借
対照表等式に基づいている。取引とは，貨幣・財貨・用役の入りと出を価値の

第 15 章　安平昭二と実体・名目二勘定系統説 | 211

変動と捉え，実体勘定だけですべての取引を記録することができる[8] ことから，簿記体系ができ上がっているとするが，すべての取引が貸借複記されるとは限らない[9] ことから，複式簿記にはなっていないと説明している（安平 [1992] 246 頁）。

そして，実体勘定だけでは貸借複記できない価値の一方的な入りと出となる（またはそのようなものとみなされる）取引が，一般的に収益・費用取引（あるいは損益取引）とよばれるもののであり，単式記入である[10] ことから，このような取引についても貸借複記を可能にするために，一方的な価値の入りと出に対する反対記入用の勘定が収益・費用勘定であると説明する（安平 [1992] 247 頁）。

ここで安平は，これらの収益・費用勘定は，価値の入りと出それ自体を示しているのではないことに注意するように述べている。「収益としての価値の入りは，……売掛金勘定の借方に示されているのであって，販売益勘定または売上勘定の貸方記入は，収益（価値の入り）の原因・理由などを示しているのである。また，費用ないし損失としての価値の出は，商品勘定・労働用役勘定・材料勘定の貸方に示されており，火災損失勘定・労働用役勘定・材料勘定の借方記入は，費用・損失（価値の出）の原因・理由などの表示なのである。収益・費用勘定のこのような特徴をとらえて，これを名目勘定と呼ぶわけであ

---

8) 実体勘定だけで貸借複記される取引は交換取引であるとし，先にあげた給料の支払いも用役の取得の交換取引の事例である，と説明している（安平 [1992] 246 頁）。

9) 貸借複記とならないものを安平は以下のように説明している。「現金の盗難，商品の火災による焼失などは一方的な減少であるから，現金勘定または商品勘定の貸方にしか記入されない。また，労働用役や材料などを生産・販売活動に消費した場合は，価値の一方的な減少ではないが，それに代わって入ってくる価値を当面は確定することができないので，このような場合にも，労働用役勘定や材料勘定の貸方だけに記入されるだけで，借方記入すべき勘定が確定できず貸借複記は成立しない。」（安平 [1992] 247 頁）

10) 単式記入の事例として，次のように説明されている。「商品を販売した場合，現金・売掛金の増加のうち販売益に相当する部分は価値の一方的な増加であり，もし販売益が販売時に確定できなければ，現金・売掛金の増加の全部がそうである。」（安平 [1992] 247 頁）

図表 15－5　実体・名目二勘定系統説の勘定体系

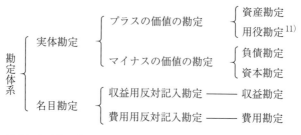

（出典）安平 [1993] 290 頁

る。」（安平 [1992] 248 頁）

　図表 15-5 は，実体・名目二勘定系統説の勘定系統である。

　決算時には，実体勘定の数値の集計表として貸借対照表，名目勘定の数値の集計表として損益計算書が，同時並行的に作成され，貸借対照表と損益計算書は両者に共通する純利益を媒介として結びつけられ，1つの機構に統合されているとみることができるのである。

Ⅳ　おわりに

　安平の勘定学説研究について，その足跡を追ってみた。彼は，複式簿記の構造を緻密に様々な勘定学説を検討することにより，独自の実体・名目二勘定系統説を提唱した。われわれが今日も，教育活動の一環である簿記の講義にて使用するテキストには，貸借対照表等式（財産法），損益計算書等式（損益法）が掲載されていないものを探す方が難しいであろう。最近の企業会計では周知のとおり，資本は「純資産」となり，その有り様には様々な議論がある。基準の

11）用役勘定とは，何らかの無形のサービスの入りと出を表示する勘定である。例えば，給料を支払うことは，労働用役の取得とそれに対する対価の支払いであって，この労働用役の入りが用役勘定の借方に記入される。また，家賃を支払ったときには，家屋利用権という意味でのサービスの入りとその対価の支払いがあり，そのサービスの入りが用役勘定の借方に記入される（安平 [1994b] 61 頁）。

改訂により，資本と純資産，資本と利益，負債と資本，それぞれの定義の曖昧さが様々な問題を引き起こしている。

この現状に，例えば藤井は「近年の一連の会計制度改革を通じて『資本≠純資産』という関係が基準化され（後述参照），伝統的な意味での資本等式『資産－負債＝資本』が今日の制度会計においては成立しなくなってきているということである。したがって，近年の会計制度変化の思想的深層，資本等式の理論的含意は格好の評価尺度を提供するものとなっているのである」（藤井［2007］1頁）と述べているように，簿記と会計との乖離がみられる。

さらに，安藤は「貸借対照表の表示区分が『資本の部』から『純資産の部』に変わったことで，簿記にも次のような問題が生じている。『資本等式』（資産－負債＝資本）をどうするのか。名称を変更して，『純資産等式』（資産－負債＝純資産）とすべきなのかどうか。勘定の分類および勘定科目表における『資本の勘定』をどうするのか。果たして，『純資産の勘定』をすべきなのかどうか」（安藤［2006］12頁）と主張し，さらに，「簿記は，何よりの本来の目的である企業自身に役立つために，伝統的な企業の論理に基づくべきである。したがって，簿記において『資本』は守られるべきである」（安藤［2010］12頁）と簿記の重要性を訴えている。「会計基準等は，あくまでも会計報告すなわち財務諸表等の作成に関する基準であって，簿記処理について規定するものではない。ただし，財務諸表の表示方法が簿記処理に影響することはある」（安藤［2011］14頁）として，簿記の独立性を主張している。

簿記と財務諸表の関係性を厳格に保持してくのか，あるいは断絶を容認していくのか，安平は改めてわれわれに突き付けているのであろう。

【参考文献】

安藤英義［2006］「会計と簿記の間」『會計』第170巻第3号，1-13頁。

安藤英義［2010］「簿記の財務会計化と「資本」衰退への危惧」『會計』第177巻第6号，1-14頁。

安藤英義［2011］「会計基準等に対する簿記の独立性」『會計』第180巻第2号，1-15頁。

宇南山英夫・安平昭二編著［1983］『現代簿記会計用語辞典』同文舘出版。

杉本徳栄［2007］「簿記理論とキャッシュ・フロー計算書」『経営学論集』第42巻第3

号, 39-66 頁。

藤井秀樹 [2007]『制度変化の会計学―会計基準のコンバージェンスを見すえて―』中央経済社。

松本康一郎 [1996]「安平昭二先生の人と学説」『商大論集』第 47 巻第 4 号, 265-273 頁。

安平昭二 [1976]「簿記のしくみを考えるために」『企業会計』第 28 巻第 6 号, 81-89 頁。

安平昭二 [1991]「勘定理論・会計構造諸説の類型化とその概観―企業複式簿記の本質の構造論的考察への序章―」『商大論集』第 43 巻第 3 号, 73-84 頁。

安平昭二 [1992]『簿記　その教育と学習』中央経済社。

安平昭二 [1993]「勘定理論諸説の比較論的考察のための覚書き―「実体・名目二勘定系統説」の立場から―」『商大論集』第 45 巻第 3 号, 289-298 頁。

安平昭二 [1994a]「収益・費用概念と収益・費用勘定についての若干の考察」『商大論集』第 45 巻第 6 号, 59-71 頁。

安平昭二 [1994b]『会計システム論研究序説―簿記論的展開への試み―』神戸商科大学経済研究所。

安平昭二先生還暦記念論文集編集委員会 [1992]『簿記・会計の理論・歴史・教育』東京経済情報出版。

【写真出所】
『簿記・会計の理論・歴史・教育』(東京経済情報出版, 1992 年)

(石田万由里)

第4部　簿記理論の新展開

第16章　井尻雄士と三式簿記

井尻雄士

【略歴】
1935 年　兵庫県生まれ。
1954 年　同志社大学短期大学商経科卒業。
1956 年　立命館大学法学部卒業。
1960 年　ミネソタ大学経営学部修士課程修了。
1963 年　カーネギー・メロン大学産業経営大学院博士課程修了。経営学博士。
1963 年　スタンフォード大学ビジネススクール助教授。
1965 年　同準教授。
1967 年　カーネギー・メロン大学産業経営大学院教授。
1982 年～1983 年　アメリカ会計学会会長。
2017 年　死去。81 歳。

【主要業績】
『会計測定の基礎―数学的・経済学的・行動学的探求―』東洋経済新報社,1968 年。
『会計測定の理論』東洋経済新報社, 1976 年。
『三式簿記の研究』中央経済社, 1984 年。
『利速会計入門』日本経済新聞社, 1990 年。
Historical Cost Accounting and its Rationality, Canadian Certified General, Accountants Research Foundation, 1981.

I　はじめに

井尻雄士（以下，井尻）は取得原価評価および取得原価会計の強力な提唱者

として知られている。井尻の取得原価会計の根拠は，彼の主張する会計責任説と密接に結びついている。井尻は会計の本質が会計責任（accountability）に由来するものであるとして，(1) 会計責任の受益者（accountee），(2) 会計責任の履行者（accountor），(3) 会計責任の報告者としての会計人（accountant）という三者の間の三元関係として会計を考察している（井尻［1976］序文 i -iv頁）。会計のハードコアとして，アカウンタビリティを位置づけているといえる。このような会計責任において，取得原価が非常に重要となる。

　取得原価は過去において行われた企業活動をその実際の取引価額でもれなく記録したもので，この記録により会計責任が遂行される。取得原価のデータがないと，経営者は，株主から委託されている財を適切に運用したということを証明することが非常に難しくなる（井尻［1976］129頁）。

　井尻は，会計責任をとる場合，会計測定ないし業績測定においては，中立的な会計人によって生み出された数字が相互にできるだけ近いという「客観性」と，たとえ会計人が数字を高くしたり低くしようとしても，その数字が変化しえないという「硬度性」が必要であるとしている。そして取得原価は，客観的で硬い測定値であるとする（Ijiri［1981］p.53）。

　井尻は会計公理の観点からも取得原価を主張している。井尻によれば，会計測定を行う場合，支配，数量，交換という3つの基礎的な概念があり，これらの概念に基づいて，3つの基礎的な判断能力，つまり，支配する財を認識する能力，数量として財を測定する能力，支配する財の変化を交換の集合に類別する能力が要求される（井尻［1976］104-105頁）。

　さらに，このような会計測定の基礎概念と取得原価との関係について，支配，数量，交換の概念に基づいた取得原価会計の公理として，支配公理，数量公理，交換公理の3つをあげている（井尻［1976］110-111頁）。そしてさらに，井尻はこの会計公理から取得原価の測定規則を数学的に導き出している（井尻［1976］112-114頁）。

　井尻はさらに，複式簿記をその仕訳の考え方にそって「分類的複式簿記」と「因果的複式簿記」と命名し，それぞれと取得原価との関係を議論し，「因果式簿記」がすべての会計公理の要件を含んでおり，完全な複式簿記システムであ

第16章　井尻雄士と三式簿記 | 217

るとしている（井尻 [1976] 147頁）。井尻は，因果式簿記が歴史的原価を表す形式にほかならないとしていることから，因果的複式簿記が現代の複式簿記の基本的思考と考えていると思われる。

このように，複式簿記を取得原価評価の根底に据えながら，一方では，複式簿記の論理的拡張にも挑戦している。それが本章で述べる「三式簿記」である。本章では三式簿記の論理として，その流れを井尻 [1984a] および井尻 [1984b] により，(1) 複式簿記の論理的拡張，(2) 利力という概念および (3) 利力計算書としてたどり，三式簿記の論理を明らかにする。

II　三式簿記の論理

井尻は三式簿記を検討するにあたり，まず複式簿記の完全性について触れている。そこでは，井尻は「複式簿記の完全仮説（複式簿記は完全であり，その内部の論理を破壊することなしに三式簿記への拡張は出来ないという仮説）はこれまで長い間認められてきたようである」（井尻 [1984a] 5頁）と述べている。そして複式簿記が不完全であり三式簿記へ拡張することができることを立証するとしたら，その条件として，(1) 旧システムの保存性，(2) 新システムの必然性の2つが必要であるとしている（井尻 [1984a] 5頁）。そして，これらを満足する三式簿記の論理を展開する。

1　複式簿記の論理的拡張

井尻は，借方・貸方という二元に内在する関係の解釈から始めている。既存の借方・貸方という二元に内在する関係はどういうものであるかというその解釈で，三式簿記の構造が的確に決まってしまう，そういう解釈を見つけ出したいとしている。三式簿記を複式簿記の論理的拡張と捉えるためには，既存の2つの元に内在する関係を把握し，それを拡張的に適用して，当然第3の元はこれに限られるというものを導き出す必要がある（井尻 [1984b] 12頁）。以下に示すのは，井尻によるその論理である。

複式簿記の2元性は，通常複式記入の等式として，　資産＝負債＋資本　と

して表される。さらに請求権を負債（貸主の請求権）と資本（株主の請求権）の和として規定して，まず複式簿記の基本等式として

　　資産＝請求権　　　　　　　　　　　　　　　　　　　　　　　　　　(1)

から出発すべきである，と井尻はいう（井尻 [1984a] 7 頁）。

　しかし，この等式から第 3 の元を導き出すのは大変難しい。というのは，受取り勘定と支払い勘定といったように正負の符号が違うだけで，資産と請求権という別のカテゴリーに入ってしまうものが存在するからである。このままで論理的拡張しようとすると，第 3 の元となるものは当然正負に続く第 3 の符号をもったものが来ることになる。これを既存の 2 値論理から導き出すことはまことに至難のわざである（井尻 [1984b] 13 頁）。

　ここで注意すべきことは，複式簿記ができ上がった 15 世紀の時代には，数学者の間ですら負数という概念が認められていなかつたということである。したがって，負数を貸方に記入する習慣も，実は負数を用いることを避けるため，やむをえずとられた措置とみることもできる（井尻 [1984b] 13 頁）。

　この負数を忌避する努力が，複式簿記の根本に横たわっている 2 元性をわかりにくくしてしまつている。そこで，複式記入の等式を，もう 1 つの表現方法を用いて

　　資産 − 負債 ＝ 資本

　またはより簡単に，財産を資産と負債の差として規定して

　　財産＝資本　　　　　　　　　　　　　　　　　　　　　　　　　　　(2)

というほうが，論理的に対比させる意義がはっきりしている（井尻 [1984a] 17 頁）。

　この形は，資産＝請求権（1）という考え方よりも 2 元性の追求には便利である。負債を負の資産として財産の中に含めて，それを資本と対比させるこの考え方は，第 3 の元を導き出すのに（1）よりはるかに都合がいい，と井尻は述べている（井尻 [1984a] 18 頁）。

　そこで，財産と資本を対比させる根本的な理由は何かと追及してみると，例えば資産勘定を実質勘定，資本勘定を名目勘定として把握する考え方をとったとしても，この考え方はこれまでも用いられてきたし，確かに有用ではある

が，それを3元的なものに拡張しようとすると行き詰ってしまう。実体，名目，そのあとになにが続くか。超名目（名目の名目）というのも変な概念であると井尻はいう（井尻［1984a］19頁）。

　そこで，財産勘定は「現在」を，資本勘定は「過去」を表すものとして対比できないかということを，井尻は検討する。財産勘定が貸借対照日での現在の状態を表すことには異存がないように思われる。さらに，資本勘定の内訳である損益勘定が過去の経営成果を集約する点で過去的指向のあることは疑いない。問題は資本勘定と払込みその他の資本勘定であるが，これもしいていうと，財産勘定のようにそれに対応する財が現在存在するという点に重点があるのではなく，過去にこういう取引があったということの集計にすぎないということも可能である。実質勘定のように現在の実質による確認ができないから，名目勘定はどうしても過去指向せざるをえなくなる。

　資本勘定（留保利益の細目勘定である損益勘定もすべて含めて）はもっぱら過去を記録表示するように指向されているのに対し，財産勘定は企業の現在を記録表示することに指向されているともいえる。この2つが統合された金額において一致することによって「現在をもれなく釈明する」ということが可能になる。これを簡潔に表現すると

　　現在＝過去　　　　　　　　　　　　　　　　　　　　　　　　　（3）

ということになる（井尻［1984a］23頁）。

　複式簿記のこの解釈の方法は，企業の現状がそれをもたらした過去の事象を捉える資本勘定によって釈明すること要求している。このようにして，複式簿記の基盤にアカウンタビリティー（会計責任）が存在しているといえる。この現在を過去で釈明することが組織的にもれなく行われるということである。そうでないと，貸借がバランスしないからである。経営者や会計人をして財産変動に責任をもたせるこの圧力が，複式簿記の最も基本的な貢献というべきである，と井尻はいう（井尻［1984a］23-24頁）。

　複式簿記の基本等式を（3）の形で把握すると，それを三式簿記の基本等式に，つまり

　　未来＝現在＝過去　　　　　　　　　　　　　　　　　　　　　　（4）

に論理的に拡張することは容易である（井尻 [1984a] 29頁）。これが，三式簿記のシステムを構築する基盤となる。

　ここで，未来勘定がどういうものを意味するものであるかは，過去勘定と照らし合わせると割合簡単に把握することができる。

　つまり，未来勘定は予算勘定を統一的に簿記機構に組み入れたものであるということになる。この三式簿記の3つの元が時間に基づいているところから，これは「時制的三式簿記」とよばれる。ところで，財産と資本という既存の2次元に加えられる第3の次元は，企業の予算に組み込まれた，もしくは計画された，あるいは単に予測された事象を取り扱うものであることが，過去の時点に照らし併せて肯定できる。したがって，これを単に「予算」とよび，予算＝財産＝資本　と表すことになる（井尻 [1984a] 30頁）。

　ここで，井尻は，簡単な例を用いてこの三式簿記がどのように運営されるかを説明する。いま，19x1年1月1日に50億円の現金で設立された会社を考える。この1年間に，この会社が40億円の借入れをし，80億円を土地の購入にあて，30億円の賃貸収入を稼ぎ，10億円の現金を諸雑費に支払うことが予想されている。したがって，この年の終わりにこの会社の財産は純額70億円になることが予想されており，それは現金30億円，土地80億円，および借入金40億円からなる。この会社の設立時における財産および資本はともに純額50億円である。そこから予想される賃貸収入の30億円を引き10億円の諸雑費を足し戻して期首残高の50億円に調整できる。この50億円は財産と資本の各々の純額に等しい。

図表16−1　期首試算表

予　算		財　産		資　本	
目標資本	¥70	現　　金	¥50	資 本 金	¥50
予想収益	−30				
予想費用	10				
予算純額	¥50	財産純額	¥50	資本純額	¥50

（出典）井尻 [1984a] 38頁

第 16 章　井尻雄士と三式簿記 | 221

　ここで，期首の試算表は図表 16−1 に示される。

　いま仮に，この年中にこの会社の予定されていた取引をまったくこのとおり
に実現させたが，ただ賃貸収入は予算より 10 億円上回り，諸雑費に 5 億円予
算以上に使ったとすれば，これらの 1 つ 1 つを記録する仕訳は図表 16−2 とな
る。

　さらに，その年末における試算表　図表 16−3 に示される。

　予算計算書は図表 16−4 のように示される。

　時制的三式簿記には，一見したところ整然としてきれいなシステムにみえ
る。理論的にみて，過去・現在・未来の 3 元はまったく完全なものにみえる。
しかし，井尻によれば，この三式簿記には何かが欠けている。三式簿記の導入
が革新的であるためには，「平明人」が突然 3 次元の世界に放り出されたとき

図表 16− 2　仕訳記入

	予　算		財　産		資　本	
1. 借　　入		—	現　　金	¥40		—
		—	借入金	−40		—
2. 土地購入		—	土　　地	80		—
		—	現　　金	−80		—
3. 賃貸収入　予想収益	¥40	現　　金	40	収　益	¥40
4. 費　　用　予想費用	−15	現　　金	−15	費　用	−15

（出典）井尻［1984a］38 頁

図表 16− 3　期末試算表

	予　算		財　産		資　本	
目標資本	¥70	現　　金	¥35	資 本 金	¥50
予想収益	10		80		40
予想費用	−5		−40		−15
予算純額	¥75	財産純額	¥75	資本純額	¥75

（出典）井尻［1984a］39 頁

図表 16－4　予算計算書

	実際	予算	比較	新予算
期首資本	¥50	¥50	¥—	¥75
売　　上	40	30	10	60
売上原価	−8	−4	−4	−20
その他の費用	−7	−6	−1	−5
純利益	25	20	5	35
期末資本	¥75	¥70	¥5	¥110

（出典）井尻［1984a］41 頁

のように革命的なものであるはずである。そう考えると，この三式簿記は実は三式簿記でなく，複式簿記を2度適用したものにすぎないのではないかと思われるのである（井尻［1984a］44 頁）。

2　利力という概念

　井尻によれば，時制的三式簿記は，実用化もたやすく，またそのもとになる3つの元もこれ以上には望めないくらい，論理的にしっかりとした3元をなしているようにみえるが，残念ながら考え方としてはあまりに平面的で，これまでの複式簿記を鏡を使って未来に向かって反射させたにすぎないようなところがある（井尻［1984b］14 頁）。

　そこで井尻は，もう一度出発点に戻って，財産＝資本という対比を，現在＝過去という形よりもさらに抽象化したレベルで考えてみる。そこで気がつくことは，財産勘定がすべてある時点（現在に限らなくても過去または未来の一時点）の状態を表すのに対し，資本勘定は2時点間（これも過去に限らず未来の2時点間でもよい）の変動を表していると考えることができるということである。つまり，財産勘定はストック勘定であり，資本勘定は（損益勘定も含めて）フロー勘定であるということができるのである（井尻［1984b］14 頁）。

　フローとストックの関係をもう少し掘り下げてみると，面白いことに気がつく，と井尻はいう。つまり，フロー勘定はストック勘定の2時点での測定値の

差を釈明するものとして用いられている。とすると，フロー勘定そのものも2期間の測定値の差を釈明するものがあってもいいのではないかということである。

いま，簡単にフローをストックの微分として考えると，第3の元として考えられるのはフローの微分（ストックからみると2次微分）にあたる考え方である。力学において，速度や運動量という概念をさらに高次元にもっていくと，加速度や力という概念になるが，それと同じように利益の測定も単なる測定に満足しないで，それを高次元にもっていき，利益変動を，それをもたらした原因をみつけて，それに帰属させることはできないであろうか，と井尻は考える（井尻［1984b］14頁）。

単式簿記では単に財産の変動と現在値の記録に留まっていたものが，複式簿記によって，財産変動の原因となるものを体系的に勘定科目で捉えて釈明していくシステムができ上がったのだと考えることができる。そうだとすると，複式簿記から三式簿記に移行することは，利益変動の原因となるものを体系的に勘定科目で捉えて釈明していくシステムに移行すると考えるのが当然ではないかということになる。

この考え方を進めるに際し，ニュートン力学のもたらした基本的な貢献を井尻はみる。物体の運動を記述するのに用いられる3対の基礎概念は位置，速度および加速度である。位置xはある与えられた基準となる座標システムのもとで測定される。速度vはその位置が時間関数tとの関係で変動する率であり，

$$v = dx \, / \, dt$$

として表される。加速度αは速度が時間tとの関係で変動する率であり

$$\alpha = dv \, / \, dt$$

として表される。

速度と加速度が物体の質量mと掛け合わされて運動量および力が決まる。運動量pは質量掛ける速度，$p = mv$　であり，力$F = m\alpha$　である。

これを会計の構造に関連させてみると，利益やその他の資本勘定は，財産の変動を記述するものである点，運動量と比べることができる。そうだとすれば，三式簿記で取り扱うべき第3の元は力の概念ということになる（井尻

[1984a] 55 頁)。

　企業を取り巻く内外の様々な種類の力というものがあって，その相互作用によって財産が変動し，利益が生まれると考えてもおかしくない。したがって，そういう企業をとりまく力が利益を生み出し，また利益をとおして測定される点から，それを「利力」と井尻は名づける（井尻 [1984b] 15 頁)。すなわち，この考え方から生まれる三式簿記の基本等式を，

　　　財産　＝　資本　＝　利力　　　　　　　　　　　　　　　　　　(5)

という形で，彼は捉えるのである（井尻 [1984b] 15 頁)。

　ここでの等式 (5) は，これまでの基本等式のそれと同じように，財産の変動がその原因を表す利益勘定の集計で釈明されるのみならず，利益勘定そのものの変動（例えば前期と比べた増減）もその原因を表す利力勘定の集計で釈明されている状態を示している。

　こうして生まれる三式簿記が，財産と利益の微分的関係（正確には差分的だが，力学との比較の便宜上微分的と解釈）に基づいて生まれたものであることから，「微分的三式簿記」とよばれる（井尻 [1984b] 15 頁)。

　ここで，井尻は，前に述べた例の会社を使って利力次元を含む新しい試算表を考える。企業は現金しかもたないとして，この企業が 19x2 年の終わりに 120 億円の現金をもっているとする。それは，19x0 年の終わりに会社が設立された時の 50 億円と 19x1 年中に稼得された利益の 25 億円とさらに 19x2 年中に稼得された 45 億円の総計からなっている。そのほかの取引はなかったものとすると，19x0 年，19x1 年，19x2 年の各年末の現金残高は各々 50 億円，75 億円，120 億円となる。現金の毎年の増分は資本勘定に記録されている。この場合，25 億円は 19x1 年に，45 億円は 19x2 年に帰属するものとして記録される。

　図表 16-5 において，利力勘定は，まず 50 億円の資本から始めて，企業は 25 億円の利益慣性を初年度に得た。2 年間の間に 19x1 年に設定されたこの慣性は，総額 50 億円の利益をあげてきたことになる。

　19x2 年には，利益慣性は年 25 億円から年 45 億円に伸びている。これは，19x2 年中に加えられた利力によって 20 億円の財産の貢献がなされたことにな

第 16 章　井尻雄士と三式簿記 | 225

図表 16− 5　利力次元を含む試算表

財　産		資　本		利　力	
現　金	¥120	資本金	¥50	設立時残高	¥50
		利益　19X1	25	利益　19X1	50
		利益　19X2	45	利益　19X2	20
	¥120	計	¥120	計	¥120

（出典）井尻［1984a］58 頁

る。このように，利力勘定はフロー勘定とその変動を完全に説明している，と
井尻はいう。

3　利力計算書

　利力勘定の様々な種類のものを考えるにあたり，財産勘定と資本勘定との間
の関係ならびにそれが計算書に集約される仕方を理解する必要がある。そこ
で，財産計算書，資本計算書，利力計算書のという 3 つ計算書を井尻は考える。
　財産勘定は貸借対照表に集約される。しかし，貸借対照表は資本勘定を含ん
でいる。したがって，同質性を強調するために，貸借対照表から資本勘定をす
べて取り除くこととし，それから得られる計算書を「財産計算書」と井尻はよ
ぶ（井尻［1984a］66 頁）。これは，財産目録と同じであるが，他の計算書との関

図表 16− 6　財産計算書

資　産		
流動資産	¥90	
固定資産	80	¥170
負　債		
流動負債	−¥10	
長期負債	− 40	− 50
財産合計		¥120

（出典）井尻［1984a］66 頁

連でこのように名づけられる。この計算書は次の図表16-6の形で報告される。

　資本勘定は大半損益計算書に反映されている。しかし、損益計算書は、例えば新株発行など財産の増減のすべてを釈明するのに必要なものが欠けている。そこで、損益計算書に留保利益の変動（剰余金計算書に集約される）およびその他の資本勘定の変動（資本計算書などに集約される）を付け加えて「資本計算書」というものを井尻は考える（井尻［1984a］57頁）。

　資本計算書は財産活動のすべてのフローを集約するものであるが、まず残高の記入から始める必要がある。この残高は期首財産の額であり、同時に期首資本の額でもあることは、例の等式から明らかである。この残高はいわば積分における積分定数を意味し、財産純計と資本純計がいつも等しくするために必要な項目である。それは今期の経営の初期条件を与えるものである。資本計算書の例は図表16-7で示される。

　次に利力計算書を井尻は考える。そのために、初期条件を2つ設定する。1つは、資本計算書に用いられたと同じ期首財産の残高が必要である。これは同時に期首資本の額となる。もう1つは、期首における利益慣性が必要であり、これはその時点で存在している単位時間にあげる利益率を示している。それを1期間の利益で表して期首財産に加えると、この2つの初期条件が、もし今期の経

図表16-7　資本計算書

期首財産		¥75
利益		
売上	¥70	
売上原価	−20	
その他利益	−5	
純利益		45
配当宣言		−
新株発行		−
期末財産		¥120

（出典）井尻［1984a］67頁

第 16 章　井尻雄士と三式簿記 | 227

図表 16 - 8　利力計算書

期首財産		¥75
前期利益	¥25	
利益増分	20	
今期利益		45
期末財産		¥120

（出典）井尻［1984a］69 頁

営に何の利力も加わらないとすると，期末財産がいくらになるかを示している。

　利力計算書のごく大ざっぱな形として，井尻は図表16-8のようなものを考える。

　この表からさらに，今期の利力を各損益勘定の前期との差額として分類することは可能であるが，それは損益計算書を単に財産勘定の期末と期首の差としてリストで表示するのがあまり意味がないのと同様に，あまり役に立つ仕方とはいえない。

　損益勘定の今期と前期との差を簡単にリストして利力計算書を作るより，一歩進んだ仕方として，利益の変動部分を固定部分と変動部分に分けて表示し，その変化部分をさらに価格と数量部分に分類することが考えられる。

　例えば，利力計算書とその差異分析として図表16-9のようなものが考えられる。

　この表の例では，この会社が今期45億円の利益を稼得し，配当金の宣言やその他の資本取引がなかったので，その額だけ財産が増加したことを示している。この45億円のうち，25億円はすでに期首に存在していた利益慣性によるものと判断され，今期より前の経営の成果であると表示されている。簡単にするために，ここではこの金額25億円は前期の利益と同じで，あたかも利益慣性はまったく衰えないものだと考える。残りの20億円は今期に捻出した利力の成果と判断されている。今期の売上10万単位を用いて，その利益に及ぼす影響を20億円と計算している。売上原価も単価1万円から2万円に上がったので，同じ売上数量を用いてその利益への影響を10億円と計算している。

図表 16－9　利力計算書と差異分析

期首財産		¥75
期首利益慣性	¥25	
利益慣性の変動		
売上価格利力	20	
変動原価利力	−10	
売上数量利力	8	
固定原価利力	2	
期末利益慣性		45
期末財産		¥120

（出典）井尻［1984a］71 頁

　今期の売上数量 10 万単位は前期の 8 万単位と比べて 2 万単位増加しているが，これに，前期の単位当たり売上マージン 4 万円（売価 5 万円マイナス原価 1 万円）を掛けて，売上数量の増加による利益の増加を 8 億円と計算している。さらに，固定費が前期の 7 億円から今期は 5 億円に下がったので，この結果利益が 2 億円増えたと計算している。そして，これで利益慣性の前期と今期の差が全部説明ついたことになる。

　この利力計算はさらに，その他の概念を導入することにより，役立てることができる。

III　おわりに

　三式簿記の議論を振り返ってみると，三式簿記の論理，特に微分的三式簿記は極めて論理的である。しかし，発表後 30 年あまり，その実践化は図られてきていない。その困難性は「新しい 3 次元の概念，勘定，測定を要求する」（井尻［1984a］125 頁）からであるといえる。井尻がニュートン力学の理論を引いているように，企業活動の評価は「位置」に相当する静的・時点的な財産勘定に加えて「速度」に相当する動的・期間的な利益勘定が必須である。しか

し，これだけでは不完全である。そこで必要になるのが加速度に相当するものである。そこで，井尻は微分的三式簿記では加速度の概念に相当する利力の概念を導き，利力勘定を導入している（井尻［1984a］53-55, 60-61頁）。

　利力は三式簿記の理論において重要な概念である。井尻は利益の速度である利速の増減の理由を示す作速を時間で微分したものを利力と定義している。そして，利力勘定は作速を絶えず加えていく利力の諸勘定であり，利力の効果が存在する限り継続して作速を加え続けるものであるとしている。利力は企業が利益を生み続ける能力である利益慣性の変動を釈明するものである（井尻［1984a］55-56頁）。理論の構築プロセスでは，利益慣性は不変であるという仮定を設けることができるが，現実の場面ではそれは絶えず変化するものである。

　では，利益慣性の認識・測定はどう行われるべきだろうか。実は，企業においては，井尻の利益慣性に極めて近い形で分析が行われている。伊藤は，その例として証券アナリストが企業を分析する際，彼らのレポートやIRミーティングで頻繁に使う「モメンタム」（相場の勢いを示す際の表現として使われる。業績モメンタム，株価モメンタムなど）という用語を捉えて，井尻のいう「利力」とほぼ同義であると指摘している（伊藤［2017］35頁）。

　井尻の三式簿記の理論は一見綺麗に整理されているが，その基本等式とされる未来＝現在＝過去はあくまで発想の手順であり，現実的な事象の流れではない。また，これらの等式で述べられる微分はあくまで差分であり，数学的には微分とは言い難い。企業のマネジメント・コミッティなどで討議される資料には，その企業独自で分析された利力と似たような概念に基づく分析資料により，経営判断がなされることがある。その点では，井尻の視点は現実の企業経営においても貴重な示唆となるものであるといえる。

【参考文献】

　井尻雄士［1976］『会計測定の理論』東洋経済新報社。
　井尻雄士［1984a］『三式簿記の研究』中央経済社。
　井尻雄士［1984b］「三式簿記の論理について」『企業会計』第36巻第9号, 11-16頁。
　井尻雄士［1990］『利速会計入門』日本経済新聞社。
　伊藤邦雄［2017］「思い出の井尻先生，そして三式簿記・利速会計」『企業会計』第69号

第 12 号, 32-39 頁。

Ijiri, Y. [1981] *Historical Cost Accounting and its Rationality*, Canadian Certified General, Accountants Research Foundation.

【写真出所】

『インタビュー日本における会計学研究の軌跡』(同文舘, 1990 年)

(一瀬嘉彌)

第17章　森川八洲男と複式簿記機構

森川八洲男

【略歴】
1937 年　三重県生まれ。
1959 年　明治大学卒業。
1964 年　明治大学大学院商学研究科博士課程修了（単位修得），明治大学商学部専任助手。
1966 年　明治大学商学部講師。
1969 年　明治大学商学部助教授。
1974 年　明治大学商学部教授。
1977 年　商学博士（明治大学）。
1982 年～1986 年　公認会計士試験第二次試験委員。
1982 年～1985 年　不動産鑑定士試験第二次試験委員。
1987 年～1989 年　税理士試験委員。
1992 年～1995 年　公認会計士試験第三次試験委員。
2005 年～2008 年　日本簿記学会会長。
2007 年　明治大学商学部名誉教授。

【主要業績】
『フランス会計発達史論』白桃書房, 1978 年。
『精説簿記論［Ⅰ］』白桃書房, 1984 年。『精説簿記論［Ⅱ］』白桃書房, 1985 年。
『制度会計の理論』森山書店, 1986 年。
『財務会計論』税務経理協会, 1988 年。
『体系　財務諸表論』中央経済社, 2005 年。

1　はじめに

　森川八洲男（以下，森川）の簿記に関する主要業績としては，森川 [1986；

2003] のほか森川 [2005] があげられる。また，書名は財務会計論（財務諸表論）となっているが，森川 [1988；2008] からも，森川の複式簿記に関する考え方を理解することができる。これは，後述するように，森川は，複式簿記が企業会計の技術的構造を形成すると理解していることに関わると解される。森川 [1988；2008] の特徴の 1 つとして，設例という形式で簿記処理が豊富に取り上げられていることを指摘できる。

　森川 [1988] を執筆するにあたって自身が留意した点の 1 つとして，次のように説明している。「本書（森川 [1988]―筆者）では，会計学の実践科学としての側面をも考慮に入れて，個々の理論問題の説明にあたり，できるだけ，〔設例〕という形でそれにかかわる具体的な計算や処理の方法を取り上げて解説している点である。こうした計算技術的なレベルの問題に精通することによって，理論問題についての理解も深まり，財務会計の特質をよりよく把握することが可能になる。」（森川 [1988] 1 頁）以下，本章では，森川 [1986；1988；2003；2005；2008] に主として依拠しながら，森川の複式簿記に関する考え方の一端を明らかにする。

　考察に入る前に，森川の研究上の関心について簡単に触れておきたい。次節以降の考察に密接に関わるためである。森川は，フランスおよびドイツ会計を中心とした制度会計研究に取り組み，多くの研究成果を公表した。

　森川の制度会計に関する研究は，商法会計を基軸とする日本の制度会計の構造とその特質を，特にドイツやアメリカの会計制度との比較を通じて解明するとともに，国際的動向をも視野に入れて，日本の会計制度の展開方向を指示したものである。森川 [1986] は，法的会計が基本的には期間損益計算の論理を取り入れる関係にあると考えた上で，それをどのように取り入れ，またその根拠をなす法の目的をよりよく実現するために，どのような限定を課しているか，さらにそのような限定が会計理論に照らして合理的なものであるか否かという視点から，法的会計に接近し，次の諸点を解明した。

　まず，制度会計の基底をなす商法会計は，会社内容の開示と配当可能利益の計算という 2 つの側面をもつが，商法会計の中核をなすのは配当可能利益の計算であることが明らかにされた。また，配当可能利益の計算構造に焦点を当て

た分析により，日本における 1962 年商法改正の配当可能利益の計算構造は，基本的には，その基礎に企業会計上の期間損益計算体系を取り入れて近代化を図る一方で，特に債権者保護のための資本維持の要請から，これに一定の限定を加えていることが解明された。続いて，日本の商法の配当可能利益計算構造の特質が，ドイツ法（西ドイツ法）やアメリカ法における計算構造との比較を通じて考察され，ドイツ法の計算構造と基本的に同一であることが明らかにされた。

さらに，商法会計に内在する 2 つの問題点として，会計処理の弾力化・操作化の余地を内包し，配当可能利益計算の基礎をなす期間損益計算を歪め，債権者や株主の利害を侵害する可能性があるという点，および情報開示の視点から必要とされる企業の経済的現実に適合した開示要請に必ずしも十分に応えられないという点を指摘した上で，ドイツの商法会計制度の改正などを手がかりとしながら，その改善方策を模索し，制度会計の展開方向を明らかにした。

商法会計の構造上の問題点をめぐる研究は，森川 [1986] の後も継続された。前者の問題点については，会計処理の継続性や公正な会計慣行に関連する研究成果が公表された。また，後者の問題点については，リース会計や時価情報の開示に関する研究成果が公表された。時価情報の開示に関する研究では，ドイツおよびアメリカの主要な論者の学説の精緻な検討を通じて，原価主義会計の特質と限界，物価変動会計の構造を解明するとともに，時価評価に関するイギリスの会計基準ないし会社法の展開過程およびアメリカの会計基準の動向を詳細に分析し，その会計理論上の意義を解明した。

さらに，こうした時価評価論の研究を土台にして，1990 年代以降にアメリカの会計基準や IAS（国際会計基準）などに新たに見受けられるようになった金融商品に関する時価評価の動向と，伝統的な会計理論である原価主義会計との関わりを解明する研究成果を公表している。

II　複式簿記機構

1　複式簿記の意義

森川 [2008] によると，会計の技術的構造を形成するのは，組織的簿記とし

ての複式簿記の機構であるとされる。「複式簿記は，企業の経済活動に関して生じる取引事象を『勘定』（account, a/c）という特殊な計算の形式を用いて原因と結果の両面から二面的に記録する方法であり，貸借対照表や損益計算書などの財務諸表を作成する基礎となる組織的な勘定記録を導出するための技術的な仕組みである。」（森川［2008］31頁）企業会計は，このような複式簿記を企業の経済事象を貨幣計数により認識・測定・伝達するための技術的な基礎として組み込むことによって有効に機能しているとする（森川［2008］31頁）。

　森川は，複式簿記の主要な特徴として以下の3点を指摘している（森川［2008］32, 33頁）。

(1)　勘定による二面記入

　複式簿記は，企業の取引対象を，勘定を用いて例外なしに原因と結果の両面から二面的に記入する。複式記入が可能になるのは，特有な計算の形式として勘定が用いられるためであり，勘定および勘定体系こそ複式簿記機構の骨格をなすとし（森川［2008］32頁），勘定体系は，基本的には実在勘定（ストック勘定）と，名目勘定（フロー勘定）から構成されるとする（森川［2005］11頁）。

(2)　損益計算書と貸借対照表の導出

　複式簿記では，1つの簿記機構の中から損益計算書と貸借対照表という2つの基本財務諸表が同時に導き出される（森川［2008］32頁）[1, 2]。

---

1) 複式簿記の機構の中に，損益勘定や残高勘定に相当するような，キャッシュ・フロー計算書または株主資本等変動計算書の母体となる装置は組み込まれていないが，これらの計算書も勘定記録を基礎に作成される。キャッシュ・フロー計算書は，現金収支額を算定するために各科目に一定の調整を行うことにより作成し，株主資本等変動計算書は，純資産の部の各項目の勘定記録を集計して作成するとされる（森川［2008］34-38頁）。

2) 簿記の目的が，外部報告目的に限定して理解されているわけではない。森川［2003］では，財産保全目的，経営管理目的，外部報告目的の3つをあげている（森川［2003］5, 6頁）。また，森川［1986］では，財産の保全や管理との関わりから，帳簿組織について詳細に論述している。

(3)　損益法と財産法の結合

　複式簿記では，計算技術的見地からみると，損益計算が損益法と財産法という2つの異なる方法で同時並行的に行われ[3]，両者の計算結果の一致をもって計算の正確性が検証されることになるとする。これを損益法と財産法の結合とよび，複式簿記の優れた長所としている（森川[1988]88頁；[2008]32, 33頁）。

2　簿記と会計の関係

　上述のように，森川は，複式簿記機構が会計の技術的構造を形成すると捉えていることから理解されるように，簿記と会計の関係を次のように説明している。「経済活動に関する記録・計算が行われるためには，その前提として，経済活動において生起する諸事象のうち，どのような条件を備えてものがその対象としてとりあげられるべきか（これを「認識」（recognition）という），また認識された経済事象にどれだけの金額をあてはめるべきか（これを「測定」（measurement）という）が明らかにされなければならない。さらに，記録計算の結果をまとめて関係者に報告するためには，どのような情報をどのような形式で提供すべきか（これを「伝達」（communication）という）が明らかにされなければならない。こうした認識・測定・伝達の原理的基礎を示すものが会計（accounting）であると考えられる。したがって，簿記が経済活動に関する記録・計算・報告技術であるのに対して，会計はその基礎をなす原理を提示するのである。このような理解のもとでは，簿記は，認識・測定・伝達に関して会計の提示する原理を前提として，企業会計の経済活動を記録・計算・報告する技術として存立するものであるということができる」（森川[2003]12頁）とする。

III　企業会計の枠組みに関する2つの見方と複式簿記機構

　森川は，企業会計の枠組みを2つの見方に大別する。本節では，この2つの

　3）計算技術的見地とは別に，会計思考の見地からは，財産法と損益法は，損益計算原理に関する相対立する2つの立場を表すものとされる（森川[1988]88頁）。

見方と，それぞれの枠組みと複式簿記の関係をめぐる森川の見解を確認する。

　企業会計の枠組みの見方の1つは，受託責任会計ないしその発展形態である利害調整会計の枠組みとみる説であり，もう1つは，意思決定会計の枠組みとみる説である。

1　受託責任会計と利害調整会計

　受託責任会計は，企業会計を，資本の委託・受託の関係を基礎にして，その受託者たる企業ないし経営者が委託者たる出資者に対して負う受託責任に基づき，委託された資本をどのように管理運用したかについて，その顛末を報告するシステムと捉える見解である（森川 [2005] 2頁）。受託責任会計は，企業の巨大化・複雑化を背景に，特に報告の客体（受け手）の中に現在の株主と債権者あるいは現在の投資家と将来の投資家のように，企業利益の分配をめぐって利害の対立する異質的な利害関係者が含まれるようになると，実質的には，企業利益の分配—持分の帰属をめぐるこれらの利害関係者間の利害の対立を調整するという役割を担うことになる。ここに，受託責任会計は，利害調整会計という形態をとって展開されることになる（森川 [2005] 3頁）。

　また，受託責任会計の枠組みでは，経営者は受託者として株主から委託された資本を誠実に管理運用する主体と想定されているが，経営者も合理的な経済人として行動する主体であり，しかも経営に直接関与しない株主に比べて有用な情報を支配する立場（情報優位の立場）にあるから，その立場を利用して，株主の利益の犠牲において自己の利益を図ることができる。そのため，株主との間に利害の衝突が生じることになる。会計報告は，こうした経営者の行動を監視する装置の1つとして，経営者が株主から委託された資本の管理運用の状況を報告することによって，彼らの間で生じる利害の対立を調整ないし緩和する機能をも果たすことになり，利害調整の一層の展開が図られるとする（森川 [2005] 3頁）。

　以上のような利害調整会計のもとでは，特に企業財産をめぐる異質的な利害関係者間の取り分の調整計算，具体的には分配可能利益の計算—持分確定計算が中心課題とされる。この場合，分配可能利益は，原理的には，投下資本（取

得原価）の維持を前提としてその回収剰余として捉えられるから，この枠組みのもとでは，測定原則として取得原価主義が採用され，それを支える検証可能にしてかつ組織的な帳簿記録が重視されることになるとする（森川［2005］4頁）。

2　意思決定会計

これは，近年における資本市場の発展を背景にして，特にそこに参加する投資家等の資本提供者に対して彼らの資源分配に関する合理的な経済的意思決定に有用な会計情報を提供するための会計を重視する見解である。

意思決定会計のもとでは，会計報告は，なによりも投資家を中心とした情報利用者の経済的意思決定に伴う不確実性を減じ，将来の予測に役立つ特性を備えた情報を提供することが要求され，そのような情報こそが有用な情報とみなされる。それゆえ，この場合には，会計情報の適性は，基本的には，投資家等の情報利用者の利用目的への関連性に基づいて判定されるから，目的適合性が基本的な情報特性を示すものと考えられる。

意思決定会計のもとでは，取得原価基準に基づく回顧的な測定構造に代えて，時価基準や割引現在価値基準などの現在ないし将来展望的な測定属性，または取得原価基準に加えて，時価基準ないし割引現在価値基準をも含む混合測定属性が採用されるのもそのためであるとみられる。このようにして，意思決定会計においては，会計情報は，情報利用者の意思決定に有用であるとみなされれば，委託された資本の管理運用の事実を示す過去の取引事実を反映した客観的・組織的な帳簿記録を基礎に，それから誘導して作成することは必ずしも必要とされないかもしれないとされる（森川［2005］4, 5頁）。

IV　現行企業会計制度と複式簿記機構

1　現行企業会計制度の立脚点

森川［2005］によれば，日本の企業会計制度では，経済環境の変化に伴う新しい取引形態の発展への対応と，IASないしIFRS（国際財務報告基準）との調和化（当時）を目的として，取得原価基準と実現基準に基づく「企業会計原

則」を保持しながらも，その周辺に「リース取引に係る会計基準」（1993年公表）をはじめとする新会計基準[4]が個別的に設定されてきたとする（森川［2005］9頁）。

これらの新会計基準では，（ⅰ）金融商品の発生の認識に関する契約主義の導入，（ⅱ）ファイナンス・リース取引の借手側でのリース資産・負債のオンバランス化の要請，（ⅲ）一定の金融商品その他の項目についての時価評価の採用，（ⅳ）固定資産の減損処理についての回収可能額による測定の指示，（ⅴ）キャッシュ・フロー計算書の採用などにみられるように，情報開示の視点から改善が図られており，随所に意思決定会計の影響が浸透している様子が見受けられるとされる（森川［2005］10, 12頁）[5]。

こうした新しいルールに従う認識・測定の結果も複式簿記の枠内で複式記入のルールに基づいて組織的に記録・計算され，最終的に会計報告に反映されることになる（森川［2005］12頁）。しかし，複式簿記の視点からは次のような問

---

4) 森川［2005］は，企業会計審議会により公表された「リース取引に係る会計基準に関する意見書」から「企業結合に係る会計基準」（2003年10月公表）に至る会計基準を対象とし，森川［2008］は，その対象範囲を広げ，企業会計基準委員会により公表された企業会計基準第14号「『退職給付に係る会計基準』の一部改正（その2）」（2007年5月公表）までを対象としている。

5) こうした見方は，情報会計の制度化という理解を前提としていると考えられる。森川［1986］によれば，情報会計は，コンピュータ技法およびそれに依拠した情報科学や行動科学などの関連諸科学の急速な発展と，他方における企業活動の一層の巨大化・複雑化を背景にして，広く会計領域全般にわたって成立し，法的規制の枠にとらわれずに，企業内外の各種情報利用者に対して，その経済的資源の配分についての意思決定に有用な多元的な情報を提供することを目的とする会計をいい，意思決定会計説を基礎とする。情報会計は，多元的目的に応えるために，貨幣情報および物量情報，過去情報および未来情報，さらに歴史的原価情報および時価情報などを含む諸種の情報を提供しうるような多元的測定・伝達構造という形をとって存立する点に主要な特徴を見出している。この情報会計は，本来，会計領域の全般にわたって生成してきた1つの理論であり，法的規制の枠の有無を前提として成立する概念ではない。しかし，企業が取り巻く環境諸条件の変化のもとで，何からかの動機によりそれに対する社会的要請が生ずれば，法的規制の枠内に取り入れられていくものと理解されている（森川［1986］11, 12頁）。

題点が指摘される（森川［2005］10頁）。

　　(a)　上記（ⅰ）は，財貨等の引渡しを内容とする伝統的な取引概念の拡張を表すものである。

　　(b)　複式簿記の基本的な機能である客観的な取引事実についての組織的な取引記録の導出という機能からみると，上記（ⅲ）はこの機能に適合するものとはいいがたい。特に上記（ⅳ）に関して，使用価値が適用される場合には，主観的な見積りや判断が介入し，恣意的にならざるをえない。

　　(c)　その他有価証券の時価評価差額の処理について，全部純資産直入法または部分純資産直入法が採用されていることから財務諸表の連携は切断され，その基礎に複式簿記機構は予定されていない。

　以上のように，新会計基準には，情報開示の視点に立った意思決定会計が取り入れられている。しかしながら，営業用資産については取得原価基準に基づく評価を採用し，営業収益の認識については実現基準を採用している。また，金融商品の評価について全面時価評価ではなく，保有目的アプローチに基づく部分的時価評価を採用し，その他有価証券の時価評価差額の処理方法について純資産直入法が採用されている。これらの点に特徴的に示されているように，現行の企業会計制度を全体としてみると，現在のところまでは，利害調整会計が依然としてその中心をなしていると考えられるとしている（森川［2005］12頁）。

　そして，こうした利害調整会計では，その目的の実現のためには，取引事実についての組織的・客観的な帳簿記録の導出と，それに基づく会計報告の算出を可能にする仕組みが用意される必要があるとして，ここに複式簿記の積極的な存在理由が求められると考えられるとしている（森川［2005］12頁）。

2　その他有価証券の時価評価差額の処理と複式簿記上の問題点

　上述したように，森川は，新会計基準に従う認識・測定の結果も複式簿記機構を通じて組織的に記録・計算されるものの，そこには複式簿記の視点から問題点があることを指摘している。新会計基準のもとでの複式簿記の問題点を直

接取り上げた論稿ではないものの，金融資産の時価評価に関する森川の複数の論稿を基礎として，彼が指摘した複式簿記の視点からの問題点（上記 c：その他有価証券の時価評価差額の処理）に接近してみたい。

　森川［1998；2000］では，金融商品の時価評価の主要な問題として，まず時価評価差額の性格を「維持すべき資本」との関わりで検討し，貨幣資本維持の見地から評価差額は損益としての性格を有することを明らかにしている（森川［1998］7頁；［2000］150, 151頁）。そして，評価差額利益説に立った場合でも，評価差額の処理方法には複数の方法があることを指摘し，「金融商品に係る会計基準」[6] における金融商品の時価評価には，評価差額の処理について2つの形態があるとする。周知のように，1つは，売買目的有価証券やデリバティブ取引にかかる評価差額を当期の損益に計上する方法（第1形態の時価評価）であり，もう1つは，その他有価証券にかかる評価差額を資本の部に直記する方法（第2形態の時価評価）である（森川［2001］6, 7頁）。

　森川［2000；2001］では，実現可能性基準に関して詳細な検討を行った上で，これら2つの形態の時価評価は「実現」ないし「実現可能性」基準を満たすか否かという点で区別されるとする。第1形態の時価評価では，貸借対照表上，資産価額または負債価額は時価基準で計上され，それに対応して，当期利益は実現可能性基準で計上されることになる。その意味で，第1形態の時価評価は利益計算作用的であるとする。他方，第2形態の時価評価では，資産価額および資本価額は時価基準で計上されるが，当期純利益は狭義の実現基準で計上されることになる。その意味で，第2形態の時価評価は利益計算中立的であるとする。このように，これら2つの時価評価は利益計算の視点からみて異質的な仕組みを有するとする（森川［2000］151, 152頁；［2001］6, 7頁）。

　そして，森川［2000］は，第2形態の時価評価に含まれる問題点として次の

　6）森川［2001］が執筆された当時の状況のままの記述としている。周知のように，「金融商品に係る会計基準」は，現在では企業会計基準第10号「金融商品に関する会計基準」となっているし，その他有価証券評価差額金は，個別財務諸表では純資産直入法により処理され，連結財務諸表ではその他の包括利益として表示される。

2点を指摘する。第1は，評価差額は損益の性格を有し，それ自体一定の財務業績（「資産・負債観」に基づく1期間における資本取引以外の取引源泉による純資産の増加分という意味での）を表すものとみられるのに，損益計算書系統の計算書（財務業績計算書）に計上されないという点である。第2に，この処理方法は，貸借対照表と損益計算書の連携を切断して，「クリーン・サープラス」（これは，貸借対照表上の剰余金は損益計算書で算定された純利益（利益処分を除く）をそのまま集計したものに等しいことを意味する）を侵害し，「ダーティー・サープラス」（これは，貸借対照表上の剰余金に損益計算書に表示された純利益以外の不純物が含まれることを指す）を生ぜしめるという点である（森川 [2000] 153頁）。

　こうした問題点が，先に述べたように，その他有価証券の時価評価差額の処理の基礎に複式簿記機構は予定されていないという記述につながっていると解される。繰り返しになるが，森川は，複式簿記の主要な特徴として，（1）勘定による二面記入，（2）損益計算書と貸借対照表の導出，（3）損益法と財産法の結合をあげている。その他有価証券の時価評価差額の処理は，勘定により二面的に記入され，複式簿記機構から導出される貸借対照表と損益計算書に反映される。しかし，その他有価証券の時価評価差額の処理を前提とすると，計算技術的な視点から損益法と財産法を同時並行的に行うという複式簿記の特徴が失われていると理解される。

V　おわりに

　本章では，森川の主要研究業績に依拠して，彼の研究成果の概要に言及しながら，複式簿記に関する考え方の一端を考察した。

　森川は，動態論の形成・発展過程を解明するとともに，受託責任会計として理解される商法会計の基本的枠組み，その中核をなす配当可能利益の計算構造とその特質を解明し，商法会計の構造上の問題点に対する改善方策を模索するとともに商法会計の展開方向を示した。また，森川は，受託責任会計の発展形態である利害調整会計に対する意思決定会計の影響に研究上の関心を向けてきたと解される。

利害調整会計は，企業利益の分配をめぐる異質的な利害関係者間の利害を直接的に調整する機能を担うことになると理解され，この枠組みのもとでは測定原則として取得原価主義が採用される。複式簿記は，取得原価主義を支える仕組みとして必要とされると解される。近年は，情報開示の視点から新会計基準による改善が図られていることにより，利害調整会計やその技術的構造をなす複式簿記機構にいかなる影響が生じているかを解明しているところに，森川の簿記に関する研究の特徴があるということができる。

【参考文献】

森川八洲男［1986］『制度会計の理論』森山書店。

森川八洲男［1988］『財務会計論』税務経理協会。

森川八洲男［1998］「金融資産の時価評価―企業会計審議会「公開草案」を中心として―」『企業会計』第 50 巻第 9 号，4-11 頁。

森川八洲男［2000］「時価評価差額の性格と処理―FASB の取り組みを中心として―」『明大商学論叢』第 82 巻第 2 号，149-165 頁。

森川八洲男［2001］「金融商品包括的時価評価の構想―JWG「基準案」の公開に寄せて―」『企業会計』第 53 巻第 5 号，4-12 頁。

森川八洲男［2003］『精説簿記論［Ⅰ］〔改訂版〕』白桃書房。

森川八洲男［2005］「企業会計と複式簿記―特に「新会計基準」に言及して」『明大商学論叢』第 87 巻第 1・2・3・4 号，1-13 頁。

森川八洲男［2008］『体系　財務諸表論〈第 2 版〉』中央経済社。

【写真出所】

『明大商学論叢』第 89 巻第 2 号（2007 年 2 月）

（渡邉雅雄）

第18章　笠井昭次と二面的勘定分類機構

笠井昭次

【略歴】
1939年　東京都生まれ。
1963年　慶應義塾大学卒業。
1966年　中央大学卒業。
1970年　慶應義塾大学大学院修了。
1972年　慶應義塾大学助手。
1975年　慶應義塾大学助教授。
1987年　慶應義塾大学教授。
1991年　商学博士。
1992年～1996年　公認会計士第二次試験委員。
2004年　慶應義塾大学名誉教授。
2004年　芝浦工業大学大学院教授。
2007年　名古屋経済大学大学院教授。

【主要業績】
『会計構造論の研究―ケーファー理論とワルプ理論との比較・分析―』同文舘出版, 1986年。
『会計的統合の系譜―会計構造論の類型論的体系化』(慶応義塾大学商学会商学研究叢書17) 慶應通信, 1989年。
『会計構造の論理』税務経理協会, 1994年。
『会計の論理』税務経理協会, 2000年。
『現代会計論』慶應義塾大学出版会, 2005年。

I　はじめに

笠井昭次先生古稀記念論作集編集委員会から笠井昭次（以下，笠井）の論文

集『第1巻 笠井昭次先生古稀記念論作集 現代日本会計学説批判 評価論に関する類型的検討Ⅰ～Ⅳ』（2009年）が刊行されている。この4冊と同じシリーズのものとして『第2巻 笠井昭次先生古稀記念論文集』，『第3巻 笠井昭次先生の人と学問』が刊行されている。この2冊とさらに先行する文献においても笠井の業績については，すでに多くの論者によって，その「会計構造」観について，多角的検討がなされている。

　笠井の研究の基点が，山桝忠恕と軌を一にする企業資本等式の計算構造にあることは，自他ともに認識されているところである。その山桝理論を承継，発展させて会計構造に関する膨大な研究業績を築いたものが笠井理論である。

　本章の目的は，笠井理論の先行研究との重複を極力回避し，笠井独自の「会計構造論」の中の簿記的側面の問題意識の素描に限定して，その特徴の抽出を試みるものである。

Ⅱ　会計（学）と簿記（学）を峻別する意義

1　会計（学）と簿記（学）の関係

　笠井は，会計学と簿記学の関係を峻別することを重視する立場をとる。簿記理論に会計理論（会計構造論）と首尾一貫した基礎を積極的に提供させようとする立場に立っている。笠井は，簿記と会計について，次のように説明している。

　「簿記（学）は会計（学）に包摂されなければならないと思われるが，問題は，会計（学）における簿記（学）の具体的位置づけである。この点については，例えば『会計＝理論面，簿記＝技術面』とか，『会計＝内容，簿記＝形式』とかといった表現で，会計と簿記との関係が語られることがある。しかし，こうした抽象的な表現によって，簿記（学）と会計（学）との実相がどの程度明らかになったのであろうか」（笠井 [1993] 59頁）としている。

　笠井の「会計（学）と簿記（学）の関係」（笠井 [1993]）に関する関心の所在を明示するために，その言及の論旨を笠井 [1993] をもとに一覧化すると，図表18-1のようになる。

　そして，会計（学）と簿記（学）の関係の理解に関する理論研究上の立場

第18章　笠井昭次と二面的勘定分類機構 | 245

図表18-1　笠井の会計学と簿記の関係に関する視点

（Ⅰ）問題の所在	（1）教育レヴェルにおける問題
	（2）理論研究レヴェルにおける問題点
（Ⅱ）会計と複式簿記との関係 —その領域的関係—	（1）独立の「簿記学」と会計学の一領域としての「簿記論」
	（2）「簿記学」という感覚での教育の問題点
	（3）基本的等式選定の意義
（Ⅲ）会計と複式簿記との関係 —その実質的関連—	（1）理論・技術あるいは内容・形式という対比
	（2）［複式簿記＝構造］という見方
（Ⅳ）会計構造と複式簿記との関係	（1）複式簿記機構についての3つの見方
	（2）会計構造と複式簿記との分別の意義
（Ⅴ）簿記一般と会計構造との関係	
（Ⅵ）結語	

を，笠井［1993］の引用で確認したい。

「今日，複式簿記が軽視されているにもかかわらず，現実に取り上げられているのは，損益計算書・貸借対照表等の複式簿記により産出される情報だけなのである。そうであれば，複式簿記機構の特質を理解しないかぎり，損益計算書・貸借対照表等の特質も明らかにならないはずである。したがって，この複式簿記の意義を今日の会計学のなかに適切に位置づけることが，どうしても必要になる。本稿は，複式簿記をもって会計の構造とみる立場から，会計（学）と簿記（学）との関係を論じている。」（笠井［1993］49頁，下線波線は筆者加筆）

　第1の着目は，上記の下線波線「複式簿記により産出される情報だけ」に関連する。損益計算書・貸借対照表が，複式簿記以外の別の数値産出システムから作成されていれば複式簿記の論理に拘泥しなくてもいい。しかし，損益計算書・貸借対照表の数値の産出（算出）は，複式簿記機構に依存している。その産出プロセスをブラックボックス化[1]させるわけにはいかないことへの言及で

1）笠井［1993］53頁にも同様の表現がある。

ある。

　後述するが，笠井は「取引」という始点から「(損益勘定・残高勘定)，財務諸
表の作成」という終点に至るまでの簿記一巡（複式簿記のプロセス）の全体構造
について，始点を基点とするか，終点を基点とするか，あるいはその「過程」
に基点をおくか，そしてそれらを首尾一貫してどのように説明するかを重視し
ていると解される[2]。

　第2の着目点は，上記の波線下線「複式簿記をもって会計の構造とみる立
場」に関連する。これは，「複式簿記をもって会計の純然たる記録機構とみる
立場」と対比される。記録機構とみる立場は，会計（学）は簿記（学）と評価
（論）からなり，会計の重心は評価にあり，簿記は，会計されたものの純然た
る記録機構とする理解になる。設計をするのが会計で，それを設計図どおりに
建築するのが簿記という関係と類似する。

　他方，「複式簿記をもって会計の構造とみる立場」でも「複式簿記」と「会
計構造」の完全一致を意味するものではない。会計構造（観）に制約を受ける
複式簿記とも解されるものである。この点について，次に検討する。

2　会計構造と複式簿記との分別の意義

　笠井は，次の2点を理由として，「会計構造と複式簿記との分別の意義」を
説明している。その言及について，少し引用が長くなるが，次の2点を検討し
たい。

　「まず第1は，今日実践されている簿記形態を絶対視してしまう傾向の存在
である。今日の簿記機構は，言うまでもなく，期首貸借対照表および期中取引
を総合化した『試算表』が一度損益計算書と貸借対照表とに分割されたうえ
で，損益計算書利益額のいわゆる振替により貸借均衡した貸借対照表が形成さ
れる。そうした実践形態に影響されて，ともすれば，複式簿記は，もっぱらそ
うした機構としてのみ理解されがちである。逆に言えば，複式簿記はそれ以外
の機構ではあり得ない，というような観念が形成されがちなのである。そこで

---

　2)　笠井 [2000] 405 頁参照。

第 18 章　笠井昭次と二面的勘定分類機構 | 247

は，複式簿記機構と，いわゆる振替関係を前提とした期間損益計算にかかわる
こうした記録機構とが，不二一体の形で結び付けられてしまっている。そうし
た認識は，今日現実にそのように複式簿記が実践されているという制度的事実
からしても，やむを得ないことなのであろうが，しかし，複式簿記自体の内在
的ポテンシャリティからすれば，それは，単なる先入主にすぎない。複式簿記
は，振替関係を前提にした期間損益計算に関わる記録機構と専一に結びついて
いるわけではない。損益計算以外の計算目的の体系，（損益計算という計算目的
に限定しても）期間損益計算以外の形態の損益計算の体系，（期間損益計算に限定
しても）いわゆる振替関係以外の体系等の記録機構でもありうるのである。」
（笠井［1993］65 頁，下線波線は筆者加筆）

　この点について，笠井は脚注にて補足説明を行っているが，笠井は「損益計
算以外の計算目的の体系」として，「資本計算体系」の重視について，種々の
論考で言及している。この点については後述する。また，さらに，別の箇所に
おいて，次のようにも表現している。

　「……複式簿記機構においては，貸借複記による機構の自己完結性こそ問題
になり，財産計算とか損益計算とかのすぐれて経済的な意味を具える必要は，
まったくないという点である。そしてその取扱う対象が非経済的システムであ
るかぎり，それでも，もちろん何の支障もないのである。……以上のように考
えれば，会計学とは別個の簿記学（学とまで言ってしまってよいのかどうかについ
ては，問題があろうが）の領域が一応は認められよう。」（笠井［1993］56 頁）

　以上が，笠井の「会計構造と複式簿記との分別の意義」について，筆者が捉
えた第 1 の要点とその関連箇所である。

　筆者の理解によれば，特定の目的観が措定（設計）されて，その設計図どお
りに機能させる筋道（簿記一巡の手続の複式簿記における運用）が一度できてしま
うと，それ以外の目的と運用の可能性が選択肢から消えることへの危惧であ
る。特定の目的に沿った特定の会計構造観と複式簿記の運用形式が不即不離の
一対一の対応になってしまうことへの懸念の表明と解される。

　また，非経済的システムにまで拡張しなくとも，細目管理を勘定口座として
捕捉して，その集計を統制勘定として，さらにその上位の統制勘定（集合勘

定）を設定して，その階層関係を何層にするか等，知りたい情報別に，勘定の割当て・分類，そして集約していくことは可能である。これらの細目情報管理から集約情報管理への積み上げのように，貸借複記で首尾一貫して行うことについて，複式簿記機構としてはいかようにも設定可能である。

ただし，この分類と階層性は，会計特有のことではなく，あらゆる領域に共通して備わったものといえる。部分と全体，細目性と一覧性，この分類とそのソート化の仕方は，コンピュータシステムの発達に伴って，瞬時にその時々の目的にしたがって，コストをかけずに並べ替え，ソート化可能である。別言すれば，見方によっては会計固有のシステムに依存しなくても価格データの集積を用意することも可能である。会計の会計たるゆえん，他のシステムに代替されない基幹はどこであろうか。それは，複式簿記システムにあると解される。それを複式簿記システム思考に拘束して捉える必要はどこにあるのであろうか。

この点に関連して，笠井は次のように言及している。「会計の基本的職能としては測定および伝達が挙げられるが，そのいずれの職能も，勘定というものと深く結び付いている。つまり，測定とは，一般に，対象への数値の割当てと理解されているが，しかし，こと会計学に関するかぎり，勘定への数値の割当てと理解すべきであろう。また伝達にしても，伝達一般ではなく，情報利用者に対する勘定（財務諸表）の伝達なのである。このように，会計学における測定および伝達は，あくまで勘定概念を媒介とした対象と数値との関係，および諸勘定を計算目的にかかわらせて集合した計算目的勘定（財務諸表）を媒介とした数値と利用者との関係を意味している。そして，それらの諸勘定は，けっして無秩序な存在ではなく，二面性（Duality）に基づく構造を形成している。複式簿記機構というのは，正に，この二面的構造を反映しているのである。」（笠井［1993］53 頁，下線波線は筆者加筆）

さらに，次のようにも表現している。「会計学における情報とは，基本的には損益計算書・貸借対照表等に限定されている。そして，言うまでもなく，損益計算書・貸借対照表等の産出のためには，複式簿記機構が不可欠なのである。損益計算書・貸借対照表等とは異なった情報を産出するための独自の機構，複式簿記とは異なった独自の機構の構築は，一部を除き，ほとんど試みら

第18章　笠井昭次と二面的勘定分類機構 | 249

れていない。」（笠井 [1993] 52頁）

　笠井は「会計構造と複式簿記との分別の意義」の第2について，次のように説明する。「第2は，複式簿記には特有の癖があるという点である。つまり，会計構造をそのままに反映するのではなく，ある癖をもって変換しているのである。したがって，複式簿記機構は，会計構造を具体的に反映したものであるから，逆に言って，複式簿記機構によって会計構造が推察できるのではあるが，しかし，複式簿記機構の現象形態それ自体に過度に目を奪われると，会計構造の実相を見誤るおそれがあるのである。複式簿記のこうした癖としては，負数忌避などが挙げられる。これは，負数を反対側に移すことによっていわば正数として取り扱うことを意味する。このことによって，複式記入がすべて借方と貸方とへの二面的記帳（貸借複記）になり，複式記入は，記録機構としては，きわめて整然としたシステムになった。しかし，その反面，会計構造の本質を誤認させる可能性をもつようになった。例えば本来の借方項目も，その負数は貸記される。そのため，この貸記された項目が，あたかも本来の貸方項目として誤解され，そのような位置づけのもとに会計構造が推量されてしまうという危険が生ずるのである。」（笠井 [1993] 65-66頁）

　この第2の点に関する言及は，笠井理論において優先される「二面性」に関連している。この点について，次に検討する。

III　笠井理論における二面性概念の諸相

1　計算対象の個別的二面性，そして総括的二面性

　対象を二面的に捉える「一物二面観[3]」，二面性，二重性，二元性，双対性（Duality）[4] とよばれるものがある。この二面性は，複式簿記を前提とすると，

---

3) 定方・青柳 [1973] 10-13頁の表現を参照した。

4) 二面性，二元性，双対性は，論者によって若干の相違があるが，いずれも英語のDualityに対応している。石川 [2015] 29-31頁では，個々の取引での関係を「複記」関係，全体の計算システムの関係を「複式」関係として2つの二元関係を区別している。ここでは，笠井の表現に則って「二面性」として記述する。

図表 18− 2　笠井［1989］における二面性分類

インプット理論　―　取引の二面性　　　　　　　　　：計算対象の個別的二面性

アウトプット理論 { P/L と B/S との二面性（資本等式）：計算方法の二面性
　　　　　　　　　 B/S の借方と貸方との二面性 ―
　　　　　　　　　　　　　　　　　　　　　　　　　　 } ：計算対象の総括的二面性
〈試算表〉理論　―　T/B の借方と貸方との二面性 ―

（出典）笠井［1989］100 頁，下線波線は筆者加筆

所与のものということもできるが，その二面性の捉え方は必ずしも一様ではない。会計における「二面性」の捉え方には，論者によって，そして文脈によって異なっており，共通する部分と異なる部分が重層的展開の様相を呈している。

　笠井［1989］においては，図表 18−2 のように，二面性を分類している。

　図表 18−2 のように，笠井の視点は，1 つにおいて，取引（インプット）を始点として，財務諸表（P/L と B/S）の作成段階（アウトプット）という終点に至る顛末を二面的に捕捉とすることに向いている。

　この笠井理論の分析視覚の起点は，笠井［1986］に確認することができる。笠井は，インプット理論（損益勘定主導型理論），アウトプット理論（残高勘定主導型理論）のように先行研究を大別した上で，これらを基点の両極として「極点理論」として位置づけ，それと異なる自らの理論的立脚点を「過程理論」として提示して図表 18−3 のように，分類整理している。

図表 18− 3　計算構造の理論類型

分析視点	ケーファー理論	ワルプ理論	山桝理論
会計プロセスの構成	極点理論		過程理論
	アウトプット理論	インプット理論	
損益勘定と残高勘定との構成	垂直的統合理論		水平的統合理論
	残高勘定主導型理論	損益勘定主導型理論	
計算原理	財産法的損益計算体系	損益法的損益計算体系	損益法的資本計算体系

（出典）笠井［1986］16 頁

上記の2つの図表を合わせみれば，個々の「取引」の二面的捕捉を基点とするインプット理論，他方，「財務諸表（損益勘定，残高勘定）」における総括的（集約的）・二面的捕捉を基点とするアウトプット理論，これらを基点の両極として「極点理論」として位置づけている。それと異なる自らの理論的立脚点を「過程理論」，すなわち，〈試算表〉理論—試算表の借方と貸方との二面性—として第3の立脚点として対置させている。そして，この第3の立脚点が，笠井の立場である。

2　勘定分類と会計構造論との関係
―取引と 損益勘定・残高勘定との関係―

図表18-4のインプット（始点）の捕捉と，アウトプット（終点）レベルの捕捉の関係について，笠井［2000］の表現によれば，「企業の経済活動を表現する勘定（現金勘定・商品勘定等）を経済活動勘定，計算課題の遂行を担う勘定（損益勘定・残高勘定，あるいは損益計算書・貸借対照表）を計算目的勘定」（笠井［2000］59頁）となる。すなわち，「経済活動勘定」，「計算目的勘定」という用語で使い分けている。

その全体像は，図表18-4のように表現されている。

上述のように，図表18-2, 3, 4の分析視覚は，会計プロセス（「簿記手続の

図表18-4　経済活動勘定，計算目的勘定の運用規約と二面的勘定分類の関係図

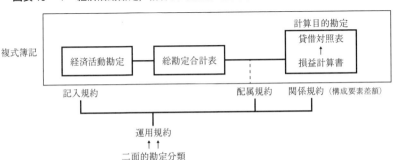

（出典）笠井［2000］255, 378頁

一巡」の時系列的流れ）の視点であり，その視点は論理構成の基点を，インプット，アウトプット，そしてその中間の「過程」のどこにおくかに向いている[5]。そして，それぞれの段階で，常に二面的勘定分類が行われていると解されることになる。

別言すれば，同時にそれは，勘定による捕捉の細目管理の段階（個別的捕捉の二面性）と，財務諸表（損益勘定，残高勘定）による一覧管理の段階（総括的捕捉の二面性）との秩序だった統合化の視点ともいえる。そして，他方において，損益計算書と貸借対照表といった財務諸表における記載場所，あるいは借方か貸方かの記載場所に向いているともいえる。

「簿記一巡の流れ」を時系列に概観すると，スタートからゴールへという流れになる。他方でそれは個別から総括へ，詳細性から概観性へ等，勘定による捕捉の階層的把握とも表現可能であり，図表18-5の両極をなして，情報のトレード・オフ関係を形成していると解釈することもできる。ここに，トレード・オフ関係とは，情報の細目性を取りに行けば，その時点では全体を概観することができなくなり，情報の一覧性を取りに行けば，その時点では詳細な情

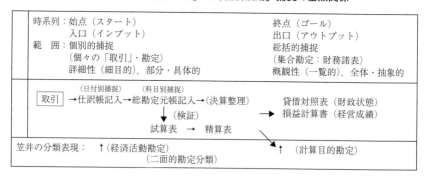

図表18-5 「簿記一巡」と「経済活動」捕捉の基点関係

---

5) ただし，ここに図表18-4中の損益計算書から貸借対照表に向かう上向きの矢印は，会計の目的観が規定する向きであり，いわゆる収益費用アプローチの場合の例示にすぎないのであって，笠井の立場を標榜するものではないとも解される。

図表18-6　勘定分類と会計構造論との関係図

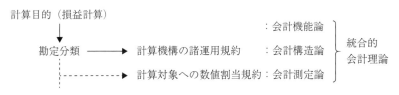

(出典) 笠井 [2000] 257頁

報を放棄せざるをえない関係を意味する。ここに，トレード・オフ関係の制約を極小化するためには，経済目的勘定と経済活動勘定，いわゆるクラスとメンバーの分類軸の観点の同一性，首尾一貫性が要求されることになる。筆者の解釈によれば，これが笠井理論の立場と解される。

ただし，他方において，会計行為（認識，測定，記録・表示）の各段階における分類規準の観点の違いを前提に立論する見解もある。

このように解釈した場合，左端の極には，勘定科目の選択レベル，すなわち「勘定分類」，経済活動勘定の割当てがあり，右端の極には，計上すべき財務諸表の選択がある。細目（下位概念）から一覧（上位概念）に統合化する際の分類軸には，観点の統一性が指向されるものと解される。

上述のような会計プロセス（「簿記一巡」）に関する理解を踏まえて，改めて勘定分類と会計理論全体との関係として俯瞰してみたい。

笠井の「会計構造論」，特に簿記的側面との関係を，笠井は図表18-6のように示している。ただし，ここにおける計算目的（損益計算）は，所与のものではなく，あくまで1つの目的観の1つの例示にすぎないと解するべきであろうことは，上記の脚注ですでに述べたとおりである。

そして，笠井[2000]は，この二面的勘定分類と会計構造論の関係を，次のように説明する。「会計構造論とは，二面的な勘定分類という概念用具を用いて，複式簿記という勘定機構の全体を説明する領域と言ってよいであろう。」
(笠井 [2000] 254頁)

3 借方と貸方との二面性，そして貸借対照表観

　図表18-2における2つの二面性のうち，計算対象の個別的二面性，総括的二面性の関係について述べてきた。ここでは，もう1つの二面性，借方と貸方との二面性に着目する。

　笠井の論考では，運用形態と調達源泉との二面に関わる記録機構を常に重視している。ここに注意すべきは，運用形態と調達源泉という用語である。財政状態を示す貸借対照表の借方としての運用形態と，貸方を示す調達源泉ではないということである。借方においては費用も運用形態の1つを構成し，貸方においては収益（稼得）も調達源泉の1つを構成する。すなわち，試算表等式の借方全体が運用形態であり，貸方全体が調達源泉となる。借方項目の借方記入，貸方項目の貸方記入の本来の由来を重視する。このいわゆる試算表重視，総勘定合計表重視の論理構成については，周知のところである。

　財務諸表の構成要素（資産，負債，資本，収益，費用）の論理よりも，「借方」項目の論理・「貸方」項目の論理の峻別を上位概念に据えて，その細目としての（資産・費用），（負債・資本・収益）であるから，細目の論理が大枠の論理を壊してはいけないとという立場になっていると解される。財貨的思考と資本的思考の対峙（笠井［2000］390頁）に基づいて，徹頭徹尾追跡していこうとする立場である。

　笠井は，貸借対照表の役割については，次のように述べている。「1時点表としての貸借対照表に，損益計算を課すことは，理論的に不可能であるし不必要でもある，というのが本書の結論である。」（笠井［2000］278頁）「損益計算書が損益計算機能を遂行しているという理論的条件が存在しているなら，貸借対照表は，在高計算に徹すればよいというのが筆者の考えである。」（笠井［2000］308頁）

　そして，次のように笠井［2000］は締めくくられている。「企業会計の基底にはこの二面性概念（二面的な勘定分類あるいは二面的勘定系統）が流れていると仮定するならば，企業会計の全体がヨリ合理的に説明できるのではないか，というのが本書の考えなのである。」（笠井［2000］254頁）

Ⅳ　おわりに

　本章の目的は，笠井の会計構造論の簿記的側面の問題意識の素描に限定して，その特徴の抽出を試みるものであった。

　まず，会計（学）と簿記（学）を峻別する意義を，笠井の論考を辿って検討した。次に，笠井理論における二面性概念の諸相，すなわち，計算対象の個別的二面性と総括的二面性の関係に言及した。それは，取引（インプット）と損益勘定・残高勘定（財務諸表：アウトプット）との関係であり，またそれは，経済活動勘定と計算目的勘定として表現されるものであった。最後に，笠井理論における二面性概念のもう１つの側面，借方と貸方との二面性，そして貸借対照表観についても，その特徴について言及した。

　貸借対照表の役割に関する論及，貸借対照表には損益計算を担わせるべきではなく，貸借対照表は，在高計算に徹すればよいという笠井の立場は，2018年３月に公表された改訂版 IASB（国際会計基準審議会）概念フレームワークの立脚点に通じるものがある。改訂版 IASB 概念フレームワークは，損益計算書（財務業績の計算書）が損益計算機能（財務業績計算機能）を遂行し，貸借対照表（財政状態計算書）は，在高計算重視の計算体系である。その理論的基礎を多角的に検討すること，その基礎研究の先行研究としての役割を，笠井理論の現代的意義の１つとして指摘しておきたい。

【参考文献】

石川純治 [2009]「試算表等式論覚書―「２面的損益計算」説と「企業資本運動」説」『笠井昭次先生の人と学問』107-157 頁。

石川純治 [2015]『簿記学対話　複式簿記のサイエンス〔増補改訂版〕』税務経理協会。

上野清貴 [1998]『会計の論理構造』税務経理協会。

上野清貴 [2009]「総勘定合計表学説の研究」『笠井昭次先生の人と学問』159-202 頁。

大西新吾 [2009]「笠井学説研究序説―会計的認識の基底構造を探る」『笠井昭次先生の人と学問』233-264 頁。

笠井昭次 [1986]『会計構造論の研究―ケーファー理論とワルプ理論との比較・分析―』同文舘出版。

笠井昭次［1989］「二面性概念の諸相―会計構造と複式簿記の交錯を巡って―」『三田商学研究』第 32 巻第 5 号, 89-100 頁。

笠井昭次［1993］「会計（学）と簿記（学）との関係を巡って」『三田商学研究』第 36 巻第 5 号, 49-70 頁。

笠井昭次［1996］「勘定分類論の会計学上の身分」『現代会計の潮流』243-258 頁。

笠井昭次［1999］「測定機構としての企業会計と二面性」『三田商学研究』第 41 巻第 6 号, 47-64 頁。

笠井昭次［2000］『会計の論理』税務経理協会。

定方鷲男・青柳文司［1973］『会計学総説』同文館出版。

田口聡志［2009］「笠井学説における会計構造論」『笠井昭次先生の人と学問』23-63 頁。

田中茂次［1999］『会計深層構造論』中央大学出版部。

中村　忠［2005］『新稿　現代会計学［九訂版］』白桃書房。

安平昭二［1994］『会計システム論研究序説―簿記論的展開への試み―』神戸商科大学経済研究所。

【写真出所】

『現代日本会計学説批判―評価論に関する類型論的検討― I 』（慶應義塾大学出版, 2009 年）

（徳山英邦）

第 19 章　新田忠誓と管理簿記

新田忠誓

【略歴】
1944 年　福島県生まれ。
1967 年　福島大学卒業。
1974 年　一橋大学大学院修士課程修了。
1974 年　神奈川大学専任講師。
1976 年　神奈川大学助教授。
1977 年　一橋大学大学院博士課程単位修得。
1981 年　慶応義塾大学助教授。
1987 年　慶応義塾大学教授。
1987 年　商学博士（一橋大学）。
1993 年～1996 年　公認会計士第二次試験委員。
1994 年　一橋大学教授。
2001 年～2004 年　不動産鑑定士第二次試験委員。
2005 年～2006 年　公認会計士第三次試験委員。
2007 年～2009 年　税理士試験委員。
2007 年～2011 年　財務会計研究学会会長。
2008 年　一橋大学名誉教授，帝京大学大学院教授。
2009 年　埼玉学園大学教授。
2011 年～2014 年　日本簿記学会会長。

【主要業績】
『動的貸借対照表原理』国元書房, 1987 年。
『財務諸表論究 動的貸借対照表論の応用』中央経済社, 1995 年。
『動的貸借対照表論の原理と展開』白桃書房, 1995 年。
『会計学・簿記入門』白桃書房, 1997 年。
『エッセンス簿記会計』森山書店, 2004 年。

I　はじめに

　新田忠誓（以下，新田）は，「簿記の目的と会計学」と題する論文（『飯野利夫先生喜寿記念論文集 財務会計の研究』に所収，以下，新田 [1995] とする）において，次の内容を記している。

　「平成 5 年，日本簿記学会第 9 回全国大会が一橋大学で行われたが，その時の統一論題のテーマが『簿記学と会計学』についてであった。この大会をお手伝いしたとき，中村忠会長から筆者に，これについてどのように考えるかとの意見を求められた。これが本稿を書く動機になった。

　さて，その時の中村先生の基調講演では，『初級会計学が簿記である』という御見解であったと記録している。確かに，現実の教育課程を見る限り（大抵の大学では，簿記は，1，2 年のうちに教授されている），簿記は初級会計学であるといいうる。しかし，一部の大学では，簿記が例えば簿記処理として専門課程で講じられることがある。このような場合には，会計学とは異なる簿記そのものの原理が必要となろう。

　本稿は，このような状況のもとでの簿記学と会計学の関係とくに違い（いわば簿記の独自性）を敢えて考えようとしている」（新田 [1995] 79 頁）と述べている。

　この記述にあるように，新田が執筆してきた著書・論文の中には，簿記学と会計学との違い，簿記学の独自性およびその原理について論じているものが多数ある。また，1999 年における雑誌『會計』第 155 巻第 4 号から第 6 号および 156 巻第 1 号から第 3 号では，6 回に渡って，「簿記の原理」について，論文を執筆している[1]。

　そこで，本章では，簿記理論の探求のため，新田における簿記理論について検討する。

　1）新田は，全国商業高等学校協会会計事務検定運営委員，全国経理教育協会簿記上級試験審査委員など歴任し，簿記教育にも力を注いでいる。

II 簿記学と会計学

1 簿記学と会計学の相違

　新田によれば，簿記は一般的に，会計学を視点においた場合，形式であり会計学がそれに実質を与えるものであると理解されるかもしれないとしている（新田［1999a］99頁）。そして，簿記を形式として捉えた場合には，会計学が簿記を実質的に支配していることになってしまうが，果たして，そうであろうかという疑問を呈している（新田［1997］1頁）。それは，「なぜ，大学で『学』として『簿記原理』が講じられるのかという問が発せられたとき，答に詰まるかもしれない」（新田［1997］1-2頁）からである。

　そこで，新田は，簿記学と会計学の関係，そこから導き出される簿記学の独自性について論じている。

　簿記学と会計学との実質の相違は如何なるものか。この点について，実質を簿記学と会計学がそれぞれ数値として把握しているものとした上で，その相違について示している。

　「会計学上のものとは，会計学上の判断により把握するものつまり企業会計の目的が損益計算におかれることを認めた上で企業会計原則第二――Aにいう『すべての費用及び収益は，その支出及び収入に基づいて計上し，その発生した期間に正しく割当てられるように処理しなければならない』会計（収支に基づく会計）の下で財務諸表本体に計上される数値のことを指し，現象として現れる簿記（会計）実務でいうと決算において損益勘定ならびに残高勘定にまとめられるもの具体的には総勘定元帳の構成要素になるものを考える」（新田［1997］2頁）としている。

　一方，「簿記学上のものとは簿記記録の対象となるもの総てつまり総勘定元帳はいうに及ばずいわゆる補助元帳，補助簿をも含む記録の全体を指している」（新田［1997］2頁）としている。そして，補助元帳，補助簿について，「補助」という表現が使用されているが，総勘定元帳，場合によっては仕訳帳（普通仕訳帳，特殊仕訳帳）の記録に対する補助という意味ではなく，簿記記録とし

ては，主要簿と同等であるという（新田［1997］2頁）。

このことから，会計学において数値として把握されるものは，財務諸表本体に計上される数値のことを意味しており，総勘定元帳の構成要素となる。一方，簿記学において，数値として把握されるものは，会計学でいうところの総勘定元帳の数値はもちろん，簿記記録の対象となるものすべてを含む点において，会計学が対象とする範囲より広いことになる。そして，新田によれば，会計学上の取引は損益計算を予定し収入支出に帰着するのに対し，簿記が本来把握しているものは具体的な財産変動であるという（新田［1997］10頁）。このことは，企業が事業を始めときに行われる記録

　　　（借）　現金預金　×××　　　（貸）　資　本　金　×××

についての簿記学と会計学との解釈の違いからもみてとれるとしている（新田［1997］9頁）。

会計学の見地によれば，「貸方から見て，資本金としての収入（資本の拠出）があり，これが現金預金として運用されていると見ることができる。ここでの現金預金は支払手段として現金預金に運用されているという意味であり，他の資産に運用されていても解釈に変わりはない。この見方では収支が枠を作っているが，この現象を規定しているのは企業に拠出された収入，実質的には資本である。つまり，収入およびこの運用つまり収入あっての支出が総てを支配し，現象は総てこの枠内で意味付けられる」（新田［1997］9頁）ことになる。

簿記学の見地によれば，会計学のように「資本が現金預金に運用されているとは見ないで，現金預金そのものが存在していると見るものである。この解釈によると，貸方も株主が投資した金額つまり（継続企業ではありえないけれども）将来の解散時に第一に返済すべき金額いわば株主の権利価額を示していると解釈できる。ここでは，現金預金はいうに及ばず実際に存在する財産の個別の把握が問題となり，把握している数値さらに対象は会計学にように損益計算の目的から誘導される数値や対象とは関係がない」（新田［1997］9-10頁）ということになる。

以上のことから，簿記学と会計学とでは，認識している対象が異なる。そして，それは，簿記学が具体的な財産の変動を把握することを対象としているの

第 19 章　新田忠誓と管理簿記 | 261

に対して，会計学は，損益計算を目的として，総勘定元帳の構成要素となるものを対象としているのである。第 2 項および第 3 項では，割賦販売と受取手形記入帳を例にとり，簿記学と会計学とで認識としている対象の違いをみていくことにする。

2　割賦販売における簿記学と会計学の役割

新田 [1995] では，割賦販売を例にあげ，簿記学と会計学が対象としているものの違いを述べている。そこで，次のような例を提示している。

例　1 月 20 日 p 社へ，A 商品代金 1,200,000 円を，10 回の割賦で販売する。回収期限は，毎月 20 日（ただし，1 月 20 日は，商品を手渡すのみとする）。また，2 月 25 日，4 月 5 日にそれぞれ第 1 回，第 2 回割賦金が入金されたものとする。決算日は，3 月 31 日（新田 [1995] 71 頁）。

企業会計原則によれば，割賦販売について，「収益の認識を慎重に行うため，販売基準に代えて，割賦金の回収期限の到来の日又は入金の日をもって売上収益実現の日とすることも認められる」（注解 [注 6]）とされている。回収期限到来基準により収益を認識すれば，次のように記録され，回収期限到来の日に収益が計上されることになる（新田 [1995] 71-72 頁）。

　　1 月 20 日　記録（仕訳）はされない。
　　2 月 20 日　（借）売　掛　金　120,000　（貸）売　　　上　120,000
　　　　25 日　（借）当座預金　120,000　（貸）売　掛　金　120,000
　　3 月 20 日　（借）売　掛　金　120,000　（貸）売　　　上　120,000
　　　　31 日　決算
　　4 月 5 日　（借）当座預金　120,000　（貸）売　掛　金　120,000

この方法によれば，回収期限到来日に収益が計上されているため，会計学の見地，すなわち期間損益計算上，問題はないとしている。しかし，簿記学の見地，すなわち，財産の管理という見地に立てば問題であるとしている。その理由は，1 月 20 日の相手側への財産の引き渡しの事実，つまりは財産の変動が

記録されていないからである（新田 [1995] 72頁）。そこで，これを解決するための方法として，備忘記録法をあげている。そして，次のような備忘記録を，それぞれ 20 日の記録に加えている（新田 [1995] 72頁）。

1月20日	（借）	割賦売掛金	1,200,000	（貸）	割賦仮売上	1,200,000
2月20日	（借）	割賦仮売上	120,000	（貸）	割賦売掛金	120,000
3月20日	（借）	割賦仮売上	120,000	（貸）	割賦売掛金	120,000

このことから，会計学上，妥当な処理であっても，簿記学上，財産の管理からすれば，記録としては，不十分ということになる。そして，これは備忘記録であるため，商品の手渡しの事実を簿記の本体で把握するとすれば，次のような方法が可能であるとしている（新田 [1995] 72頁）。

1月20日	（借）	割賦売掛金	1,200,000	（貸）	売　　上	1,200,000
2月20日	（借）	売　掛　金	120,000	（貸）	割賦売掛金	120,000
25日	（借）	当 座 預 金	120,000	（貸）	売　掛　金	120,000
3月20日	（借）	売　掛　金	120,000	（貸）	割賦売掛金	120,000

まず，販売時に，販売基準により収益を計上し，これに見合って，売上原価，売上総利益が計算される（新田 [1995] 72頁）。決算にあたっては，割賦売掛金に含まれている回収期限到来基準からみた未実現利益を控除し，これを売上総利益から控除および調整して，最終的に利益のみを回収期限到来基準にするという（新田 [1995] 72頁）。

ところで，新田 [1995] では，総勘定元帳と補助元帳について，次のような見解を示している。「財産の管理という見地から見た場合，総勘定元帳としての売掛金勘定に対して，得意先元帳が個別の財産の管理のために作成される。すなわち，総勘定元帳が全社的な資産の管理もっといえば企業会計の目的たる損益計算の見地での資産の管理のために使用されるのに対して，個別の得意先の債権の管理のためには，補助元帳としての得意先元帳が必要であり，現にそのようになっている」（新田 [1995] 73頁）という。

上述の商品の手渡しの事実を簿記の本体で把握する方法によれば，売掛金が2つ（割賦売掛金と売掛金）出てくることになる（新田 [1995] 73頁）。これに基づき，新田は，一連の個別の財産を管理する帳簿として，図表19-1を示して

第19章　新田忠誓と管理簿記 | 263

図表19-1　個別の財産を管理するための帳簿

〔例-1〕得意先元帳

<u>　p　　　　社　</u>（割賦販売先）

〈x頁〉

日付		摘要	丁数	売上高				期限到来高			
				借方	貸方	借/貸	残高	借方	貸方	借/貸	残高
1	20	A　商　　品	売6	1,200,000		借	1,200,000			借	0
2	20	1月販売分	8		120,000	〃	1,080,000	120,000		〃	120,000
	25	Z銀行振込	〃						120,000		0
3	20	1月販売分	9		120,000	〃	960,000	120,000		〃	120,000
	31	次期繰越高	✓		960,000						
	〃	次期繰越未回収高	✓						120,000		
				1,200,000	1,200,000			240,000	240,000		
4	1	前期繰越高	✓	960,000		借	960,000	120,000		借	120,000
	5	Z銀行振込	1						120,000		0
	20	前期1月販売分	〃		120,000		840,000	120,000		〃	120,000

＊この記録では，特殊仕訳帳として売上帳のみを使用し，他は普通仕訳帳に記入されることを前提
としている。なお，補助元帳には，特殊仕訳帳から個別転記される。

（出典）新田［1995］73頁

いる。

　ここでは，会計学でいうところの販売基準で認識された売掛金（割賦売掛金）と回収期限が来た売掛金の2つの債権が管理されていることになる（新田［1995］73頁）。このことから，補助元帳により，すべての財産の管理が貫徹されることになり，補助元帳の目的は総勘定元帳の目的とは異なるのである。合計転記される総勘定元帳の記録は，会計学上，期中にその時々の有高を示すことは要求されないし，このような有高計算の必要性は決算のため，すなわち，期間利益計算のためである（新田［1995］72-73頁）。これに対して，期中における個別財産の管理は補助元帳で行われ，これが会計学から独立した簿記学の独自の目的であると指摘している（新田［1995］74頁）。

　新田［1999b］によれば，「そもそも簿記は債権債務の記録を目的として成立してきたと言われる。従って，簿記は債権債務の把握では，より論理を貫徹する。即ち，簿記は割賦売掛金を財を引き渡したことに対応する債権，売掛金を代金請求権が発生したという意味での債権であると見る。従って，会計学（収

益の認識基準）とは関わりなく，債権を記録しようとする自己の論理を貫徹する」（新田 [1999b] 129 頁）という見解を示している。

　以上から，簿記学から要請される記録と会計学から要請される記録には違いがあることが明らかとなった。そして，個別の財産の管理においては，補助元帳が重要な役割を果たすことになる。

3　受取手形記入帳における簿記学と会計学の役割

　新田 [1999b] では，受取手形記入帳は補助簿としても特殊仕訳帳としても機能しえるとした上で，特殊仕訳帳としての記入帳として，図表 19-2 を示している。

　新田によれば，簿記書において手形記入帳（特殊仕訳帳）が総勘定元帳とされているものに出会ったことはないとして，手形記入帳そのものの性質から，総勘定元帳になれない理由を考えている（新田 [1999b] 125-126 頁）。

　そこで，この特殊仕訳帳の顛末欄に注目し，3 月 25 日の取引には次の 2 つの仕訳が可能であるとしている（新田 [1999b] 126 頁）。

3 月 25 日　（借）当 座 預 金 20,000　（貸）受 取 手 形 20,000
　　　　　　　　　裏書手形義務見返 20,000　　　　裏書手形義務 20,000

図表 19-2　特殊仕訳帳としての受取手形記入

受取手形記入帳

日付		摘要	丁数	売掛金	諸口	手形種類	手形番号	支払人	振出人または裏書人	振出日			満期日			支払場所	金額	顛末	
										年	月	日	年	月	日			日付	摘要
4	5	p社売上	✓		30,000	約	14	p社	p社	11	4	5	11	6	25	X銀行y支店	30,000	6 25	取立済
6	10	q社	得5	30,000		約	49	p社	q社	11	5	6	11	7	25	X銀行y支店	30,000	6 25	割引
1	11	r社	得3	10,000		為	21	r社	当社	11	1	11	12	4	10	Y銀行z支店	10,000	2 25	割引
2	5	s社	得7	20,000		為	05	r社	s社	11	3	10	12	5	25	W銀行v支店	20,000	3 25	譲渡
		売掛金	4	60,000	30,000														
		諸　口	✓		30,000														
				90,000															

［注］丁数欄について，4 月 5 日の「　」は売上帳から転記されていること，「得 5」などの記入は得意先元帳へ転記したこと，諸口の「　」はこの記入帳からは転記しないことを示している。
（出典）新田 [1999b] 125 頁

第 19 章　新田忠誓と管理簿記 | 265

　この仕訳は，帳簿上，受取手形債権が消滅したことを示しているが，裏書き
に伴う遡求義務から免れた訳ではないという（新田［1999b］126 頁）。そこで，
その義務を備忘記録で示せば次のようになる（新田［1999b］126 頁）。

　　　3 月 25 日　（借）　当座預金　20,000　　（貸）　裏書手形　20,000

　裏書手形勘定は受取手形勘定の評価勘定であるが，この両者の仕訳にはそれ
ぞれ問題があるという。「会計学上期末には貸倒引当金を設定しなければなら
ない。これについて，前者では，r（及び s）社が支払不能になった場合の貸倒
引当てが受取手形勘定の記録による限り手当てできない。一方，後者では，こ
の引当損は計上できるけれども，裏書手形債務の消滅を直接に知ることができ
ず，場合によっては確証できない限りいつまでも計上されたままになる可能性
もある」（新田［1999b］126 頁）としている。

　会計学は，期間損益計算を目的としていることから，期間が区切られること
になる。そのため，決算が終了すれば，仕訳帳と元帳は締切られ，特殊仕訳帳
としての受取手形記入も締切られことになる。しかし，受取手形記入の顛末欄
に記載されている情報（裏書譲渡にせよ割引にせよ）は，いつ遡及されるかわか
らないことから，次期，そしてそれ以降も情報として手許に保管しておかなけ
ればならない情報である（新田［1999b］127 頁）[2]。

　すなわち，受取手形記入帳に記録されている内容は，簿記学の対象とすべき
ものであり，決算により締切られる会計学の記録（仕訳帳および総勘定元帳の記
録）に馴染むものではないということになる。

　新田によれば，「簿記の役割はこの語に依るまでもなく，何かを記録するこ
とにある」（新田［1999b］130 頁）という。簿記学において対象となるものは，

2）新田によれば，「補助元帳と総勘定元帳の情報の相違に基づく関係づけは得意
　先元帳と売掛金勘定との間でも言える。そもそも人名により管理するという点で
　得意先元帳は形態別分類を採っていると言えるが，この帳簿は決算に際して売掛
　金勘定と照合のために便宜上締切られることがあっても，得意先元帳の情報は継
　続したものであり（締切られず），債権が決済されない限り（また後の個々の様々な
　トラブルに対する証拠のためにも）保管し続けるべきものである。そして，会計学
　上必要である貸倒引当金は，期間計算に役立ち決算において締切られる売掛金勘
　定に対し設定され，そのように表示される」（新田［1999b］127-128 頁）としている。

会計学が要求するところの，最終的に総勘定元帳に纏められたものも含まれるが，それを超えていることになる（新田 [1999b] 130 頁）。そして，これを超えた部分が簿記固有の領域であり，個別の財産（マイナスも含む）の記録であると指摘する（新田 [1999b] 130 頁）。つまり，簿記学は個別の財産（マイナスも含む）を形態により管理する場面を対象とすべきであり，上述の固有の領域が，具体的には補助元帳，補助簿という形で展開されていることになるのである（新田 [1999b] 130 頁）。

第 2 項および本項より，簿記学と会計学とが認識している対象が異なることが明らかとなった。新田によれば，「認識している対象が異なるのであるから，簿記学には会計学とは違った簿記学自体の原理があるはずである」（新田 [1997] 10 頁）としている。

4 簿記学の原理

新田は，一般に，簿記は簿記等式を基礎とし，会計学は，貸借対照表等式すなわち会計等式を基礎とした上で，簿記学と会計学が前提とする式の違い，つまりはその原理の違いについて論じている。

新田 [1999a] によれば，「わが国の簿記学の権威・故沼田嘉穂教授による伝統的な説明によるまでもなく，簿記学では取引の説明を『簿記等式』により行うのが常となっている」（新田 [1999a]）という。

簿記等式とは，「A（資産）−P（負債）＝K（正味財産）」で表される式である。この式によれば，簿記学における第 1 の認識対象は資産と負債になり，正味財産は資産と負債の差として求められることになる（新田 [1995] 69 頁）。

一方，会計学で基礎とされている会計等式（貸借対照表等式）は，「A＝P＋K」となる。この式が意味するところは，調達されてきた資本（P＋K）がどのように運用されているか（A）ということである（新田 [1995] 69 頁）。すなわち，「これは調達源泉のうち，とくに利益獲得活動からどれだけの資本が得られたか，つまり利益の計算が重視されることになる。これを強く表現すれば，確認すべき運用されている資産は損益計算の立場で決められた資産，損益計算的資産である」（新田 [1995] 69 頁）と指摘している。

第 19 章　新田忠誓と管理簿記 | 267

　新田によれば，この簿記等式こそが，簿記学の原理であると論じている。簿記等式，すなわち，資本等式では，「プラスつまり資産からマイナスつまり負債が控除される。ここでは先ず，プラスのもの（個々の資産）及びマイナスのもの（個々の負債）の把握が前提となる。この時，これら個別の資産負債については，発生と消滅があり，従って，その流入と流出の記録が可能でありかつ必要である。この記録が最も原始的な簿記の役割である」（新田 [1999b] 131頁）としている。

　そして，「資本等式を成立させ，差額を計算するためには価額を付さねばならない。このとき，控除することに意味がなければならない。つまり，資本等式が意味するものは負債を返済（控除）した後の正味財産（身代）の"計算"であり，均衡つまり貸借の一致（複式記録）を予定することは論理に反する。更に，これは財産の計算であるから，財産に付す価値は損益計算書の見地に縛られる必然性はなく，その時々の要請に応じて様々な価値が採用される」（新田 [1999b] 131頁）としている。

　その上で，新田は，「簿記は正味財産乃至正味財産の増分の計算という目的が遺漏無く達成されるように記帳の工夫を行わねばならない。換言すれば，簿記学は資本等式を原理として，これを支えるよう展開されねばばらない」（新田 [1999b] 132頁）と論じている[3]。

　本節では，簿記を形式として捉えた場合には，会計学が簿記を実質的に支配していることになってしまうが，果たして，そうであろうかという疑問をもとに，簿記学と会計学とでは，認識している対象および拠り所となる原理の違いを明らかにした。これを踏まえて，次節では，簿記の役割についてみていくことにする。

---

3) 簿記学は，個別の財産の把握を重視しているため，認識の対象となるのは，具体的な資産および，これに対応するマイナスの財産つまり負債となる（新田 [1995] 78頁）。このことから浮かび上がるのは，簿記等式でいうところの「A－P」の側面であり，そうであれば，簿記は簿記等式から逃れられず，これが，会計学とは区別される簿記独自の領域となるように思われると指摘している（新田 [1995] 78頁）。

III 簿記の役割

　新田によれば，簿記の役割には，日記帳としての役割，財務諸表作成を目的とした役割，財産管理としての役割があるとしている。

　第1に，企業の日記帳として，簿記学に求められる役割は，企業活動のあらゆる場面を把握することであり，この企業活動を記録するため，仕訳帳が使用されることになる（新田［2004］13頁）。

　「現実の企業にはさまざまな活動や部門があり，これらが独立して運営される。このような場合，企業全体の仕訳帳に対して，個々の活動や部門毎の仕訳帳も用意される，例を挙げれば，販売部門の日々の活動を把握するための帳簿すなわち『売上帳』が仕訳帳として，また，仕入部門では『仕入帳』が仕訳帳として用意される。このように特定の活動を把握するために設けられた仕訳帳を特殊仕訳帳といい，『特殊仕訳帳』が設けられた場合，これまでの企業全体の活動を把握する仕訳帳を普通仕訳帳という。」（新田［2004］13頁）

　このように，仕訳帳が分化されると，特殊仕訳帳と特殊仕訳帳相互関係および特殊仕訳帳と普通仕訳帳との関係を考えなければならない（新田［2004］13頁）。そして，仕訳帳の取引は元帳に転記されるため，仕訳帳と元帳の関係も考える必要性も出てくる（新田［2004］13頁）。

　「このように，日記の側面では，企業活動のある局面を把握するためには，どのような特殊仕訳帳を備えるべきか，また，その記入法にどのような工夫を行うべきか，さらに，これが最も重要な課題だが，当該特殊仕訳帳と他の帳簿との関係の組み立て方『帳簿組織の構造』が簿記学の対象」（新田［2004］13-14頁）になるとしている。

　第2に，財務諸表作成の役割として，簿記学に求められることは，会計報告書作成のための基礎資料の側面となる（新田［2004］14頁）。そして，「基礎資料の提供をするのは元帳であり，よって，元帳としての勘定の設定および勘定間の繋げ方いわゆる『仕訳の原則』が問題になる。これは一般に『勘定理論』といわれるが，従来から簿記理論固有の領域として，さまざまな勘定理論が提案

されてきた。しかし，これは結局，会計報告として何を求めるかにより決められるものであり，つまりは会計理論に服するものである。したがって，これが簿記学固有の領域であるとはいえないように思える」（新田 [2004] 14 頁）という見解を示している。

　第3に，財産管理の役割として簿記学に求められるものは，個別の財産管理である。「財産の管理のためには，時々の財産目録に留まらず，会計学上の数値とは関わらない，企業が管理すべき財産や企業が負う可能性がある負債など企業が必要とするあらゆる情報を記録しておくべきである。このように会計学上の数値とは関わらない企業が必要とするあらゆる情報を記録するのも補助簿の役割となる」（新田 [2004] 14 頁）としている。よって，新田によれば，補助簿には，「補助」という表現がついているが，主要簿と同等である。

　簿記学の役割は，財務諸表作成のための基礎資料を提供する（これだと，簿記が会計学に支配されてしまっていることになる）ことだけではない。簿記学は，日記帳としての役割に留まることなく，企業における個別の財産管理としての役割があり，これが，会計学とは異なる簿記学固有の領域となるのである。

Ⅳ　おわりに

　新田は，簿記学と会計学とで把握される数値の違いから，次のように簿記学と会計学との相違について指摘した。すなわち，会計学において数値として把握されるものは，財務諸表本体に計上される数値のことを意味しており，総勘定元帳の構成要素となる。一方，簿記学において，数値として把握されるものは，会計学でいうところの総勘定元帳の数値はもちろん，簿記記録の対象となるものすべてを含む点において，会計学が対象とする範囲より広いことになる。その上で，会計学上の取引は損益計算を予定し，収入支出に帰着するのに対し，簿記が本来把握しているものは具体的な財産変動であるという見解を示した。

　このことについて，本章では，具体的に新田 [1995] および新田 [1999b] の論文において，取り上げられていた割賦販売と受取手形記入帳を例に，さらな

る検討をした。そして，簿記学と会計学とでは，認識している対象が異なるため，その原理の異なるという見地のもと，簿記学の原理とは如何なるものかという検討をした。

一般に，簿記学は簿記等式（「A－P＝K」）を基礎とし，会計学は貸借対照表等式すなわち会計等式を基礎とする。この簿記等式こそが簿記の原理であると結論づけた。すなわち，簿記学を補助元帳，補助簿を含む簿記記録の全体として論ずる場合，簿記の目的として個別の財産の把握が重視される（新田 [1995] 78 頁）。この場合，認識されるのは，具体的な資産いわば財産および，これに対応するマイナスの財産つまり負債であり，簿記等式でいうところの「A－P」の側面となる（新田 [1995] 78 頁）。そうであれば，簿記は簿記等式から逃れられず，これが，会計学とは区別される簿記独自の領域となる（新田 [1995] 78 頁）。

これらの内容を踏まえた上で，簿記の役割には，日記帳としての役割，財務諸表作成を目的とした役割，財産管理としての役割があるとした。

ただし，新田 [2012] では，近年，国際会計基準の影響により，資産負債アプローチの考え方が導入され，簿記の会計化が進んでいるとしている。

「簿記は，簿記の論理に従って，現金を始めとする債権・債務（人名勘定）の動きならびに日記帳としての売上帳や仕入帳などに基づく記録を行っている」（新田 [2012] 9-10 頁）としている。これに対して，資産負債アプローチでは，「計算上の貸借対照表（残高試算表）と実際上の期末貸借対照表とを対比させるためには，残高試算表つまり総勘定元帳の段階で，営業取引の記入を期末に作成される貸借対照表と対比可能な情報にしておく要請が見られる」（新田 [2012] 10 頁）という見解を示している。

そこで，例えば，現下の実務指針に従って，当期のリース料を支払った場合の仕訳例を示せば，以下のようになる（新田 [2012] 10 頁）。

  （借）　リース債務　457,400　　　　（貸）　当 座 預 金　505,000
     支 払 利 息　 47,600

これは，決算つまり会計を意識した仕訳であり，当座預金出納帳係が知り得る情報ではないとして，日々の記録（当座預金を管理する当座預金係の段階）で

は，次のような仕訳になるとしている（新田 [2012] 10 頁）。

（借）リース債務　457,400　　　（貸）支払リース料　505,000
　　　支 払 利 息　 47,600

　新田によれば，「資産負債アプローチの強引な導入は，そもそもの簿記記録，私見では，企業活動の日記記録（特に各部門の特殊仕訳帳記録）を会計の立場から歪める恐れ無しとしないと危惧している。いわゆる簿記の会計化である。しかも，企業自体のためではなく，投資家・株主のために，である」（新田 [2012] 10 頁）としている。

　簿記学は，日記帳としての役割に留まることなく，企業における個別の財産管理としての役割があり，これが，会計学とは異なる簿記学固有の領域であった。そうであるならば，簿記の会計化，すなわち，簿記学が財務諸表作成のための簿記になることを危惧しているといえる。

【参考文献】
　新田忠誓 [1995]「簿記の目的と会計学」『飯野利夫先生喜寿記念論文集 財務会計の研究』税務経理協会, 69-79 頁。
　新田忠誓 [1997]「会計学が示しうるものと簿記が示しているもの」『會計』第 152 巻第 4 号, 1-12 頁。
　新田忠誓 [1999a]「簿記の原理―簿記学の対象と会計学の対象―（その一）」『會計』第 155 巻第 4 号, 99-109 頁。
　新田忠誓 [1999b]「簿記の原理―簿記学の対象と会計学の対象―（その六・完）」『會計』第 156 巻第 3 号, 123-135 頁。
　新田忠誓 [2004]「第 1 章　会計学上の数値と簿記学上の数値」『大学院学生と学部卒業論文テーマ設定のための 財務会計論・簿記論入門 [第 2 版]』白桃書房, 1-23 頁。
　新田忠誓 [2012]「会計アプローチと複式簿記」『會計』第 182 巻第 4 号, 1-12 頁。

【写真出所】
　富士大学ホームページ

（丸岡恵梨子）

人名索引

ア

安藤英義……………………… 82, 213
飯野利夫…………………………… 1
石川純治……………………………249
井尻雄士……………………………215
伊藤邦雄……………………………229
稲葉　襄……………………………108
井上達雄……………………………111
上野道輔……………………… 19, 30
大倉　学……………………………142
太田哲三……………………… 2, 42
大藪俊哉……………………… 85, 173

カ

笠井昭次……………………… 208, 243
片野一郎………………………………70
鹿野清次郎 …………………………23
木村重義……………………… 103, 124
ギルマン……………………………187
クルツバウア………………………125
黒澤　清…………… 43, 56, 58, 97, 112
ケスター……………………… 24, 38
ケーファー…………………………199
コジオール……………………………68
小島男佐夫…………………………169
兒林百合松……………………………17
小堀好夫……………………………108

サ

シェアー………… 19, 38, 45, 125, 135, 199
嶌村剛雄……………………………141
下野直太郎……… 1, 19, 42, 48, 116
シュマーレンバッハ…………… 4, 68, 199
杉本徳栄……………………………199
スプレイグ……………………………38

タ

高寺貞男……………………………154
武田隆二……………………………183
田島四郎………………………………17
チェルボーニ…………………………36
戸田義郎……………………………108

ナ

中村　忠………………… 2, 170, 185
ニックリッシュ………………………38
新田忠誓……………………………258
沼田嘉穂……………………… 83, 177

ハ

ハットフィールド……………………38
パーペ………………………………100
ヒュックリ……………… 38, 43, 125
平井克彦……………………………125
藤井秀樹……………………………213
藤芳誠一……………………………125

ペイトン………………………38, 187

マ

松本康一郎……………………… 199, 200

ムーニッツ……………………… 187

メイ………………………………… 124

茂木虎雄………………………… 125

森川八洲男……………………… 231

ヤ

安平昭二………………………… 199

山下勝治…………………………96

山桝忠恕………………………97, 244

吉田良三……………………… 16, 48, 55

ラ

リトルトン……………………… 187

ワ

渡部裕亘………………………… 112

ワルプ……………………………… 48, 68

事項索引

ア

アウトプット理論……………………… 250

在高・損益二勘定系統説… 125, 132, 135

意思決定会計………………………… 237

因果的複式簿記………………………… 216

インプット理論……………………… 250

カ

開業財産目録……………………………76

会計学………………………………… 261

会計過程……………………………… 157

会計公準……………………………… 185

会計構造と複式簿記との分別……… 246

会計構造論…………………………… 253

会計公理……………………………… 216

会計制度の公準……………………… 188

会計責任………………………………72, 216

会計等式……………………………… 266

会計（学）と簿記（学）の関係…… 244

拡張収支計算…………………………… 62, 67

過程理論……………………………… 250

借方と貸方との二面性……………… 254

環境公準……………………………… 188

勘定学説………………………………35, 200

勘定系統の公準………………… 186, 192

勘定公準…………………………… 186, 189

勘定組織……………………………… 128

勘定体系図…………………………… 134

勘定による二面記入…………… 234, 241

勘定簿記…………………………… 155, 168

勘定理論……………………………… 200

期間帰属記帳………………………… 194

企業会計原則………………………… 118

企業資本運動等式………………… 163, 165

企業資本等式……………… 163, 164, 244

企業資本二重分類簿記……………… 169

企業資本の運動……………………… 157

企業資本の二重性…………………… 161

企業資本の保全……………………… 107

擬人説………………………………… 173

記帳技術論…………………………… 184

基本的会計公準……………………… 188

給付勘定……………………………… 205

行列簿記…………………………… 155, 168

金銭出納日記帳…………………………10

経営管理会計……………………………72

経済活動勘定………………………… 251

計算目的勘定………………………… 251

決算財産目録……………………………76

現金収支計算……………………………60

合計仕訳帳制……………………………92

個別的捕捉の二面性………………… 252

サ

財貨と貨幣の対流関係…………………60

サイクル・メソッド……………………84

財産管理計算制度………………………72

財産管理の役割················· 269
財産計算書················· 225
財産・資本二勘定系統説·············· 135
財産目録·············· 14, 49, 74, 115
────の地位················80
財務諸表················· 117
────作成の役割················ 268
────的簿記················ 122
作速················· 229
三式簿記················· 217
残高計算法················62
資産会計················· 141
時制的三式簿記················· 220
実体勘定················· 209, 210
実体・名目二勘定系統説········ 199, 208
支払勘定················· 205
資本計算················66
────書················· 226
資本等式················· 174, 201, 267
資本方程式················· 33, 37
収支動態論················49
収支簿記················· 6, 9
自由選択性資金················72
受託責任会計················· 73, 236
取得原価会計················· 215
取得原価主義················73
純財産学説················· 201
処理的記帳················· 193
人的一勘定系統説················36
人的勘定学説················· 200
人的二勘定系統説················36
成果学説················· 205
精算勘定················94

静態論················· 43, 48, 50
総額計算法················62
総括的捕捉の二面性················ 252
総勘定元帳と補助元帳················ 262
損益勘定················12
損益計算················· 97, 107
────書等式················· 167
────書と貸借対照表の導出
················· 234, 241
────方法················· 103
損益法と財産法の結合········· 235, 241

タ

貸借対照表················· 12, 49
────学説················· 174, 203
────等式········ 63, 167, 174, 203, 266
────方程式················· 33, 37
棚卸表················75
単一仕訳帳・元帳および補助簿制······90
単一仕訳帳・元帳制················89
帳簿················84
────組織················ 84, 85
通例的操作群················ 160
動機の公準················ 189
動態論················· 43, 50
特殊仕訳帳制················90
取引合計等式················ 166
取引残高等式················ 166
取引要素················19
────の結合関係········· 25, 176, 180
────の要素数················23

事項索引 | 277

ナ

二重分類簿記……………………… 156, 165
日記帳としての役割……………… 268
二面性……………………………… 250
二面的勘定分類…………………… 252

ハ

微分的三式簿記…………………… 224
評価………………………………… 196
　　　──論……………………… 185
複合二勘定説………………………45
複式簿記……………………………86
　　　──機構…………… 234, 248
　　　──の完全仮説…………… 217
　　　──の目的………………… 101
負数忌避…………………………… 249
物的一勘定系統説…………………37
物的二勘定系統説………… 37, 45, 174
分割仕訳帳・分割元帳制……………91
分配可能利益……………………… 132
分類的複式簿記…………………… 216
簿記…………………………………86
簿記学……………………………… 260

　　　──と会計学の関係………… 259
簿記公準…………………………… 186
簿記史……………………………… 196
簿記等式…………………………… 266
簿記の管理機能………… 143, 144
簿記の目的……………… 114, 142
簿記の役割……………… 265, 268

マ

名目勘定………………… 209, 211
目的公準…………………………… 188

ヤ

要素説……………………………… 4
四勘定系統説……………………… 207

ラ

利益慣性…………………………… 224
利益計算作用的…………………… 240
利益計算中立的…………………… 240
利害調整会計……………………… 236
利力………………………………… 224
　　　──勘定…………………… 224
　　　──計算書………………… 226

《執筆者一覧》

第 1 章　小野　正芳（千葉経済大学）

第 2 章　島本　克彦（大和大学）

第 3 章　成川　正晃（東北工業大学）

第 4 章　中野　貴元（全国経理教育協会）

第 5 章　金子　善行（帝京大学）

第 6 章　堀江　優子（明星大学）

第 7 章　望月　信幸（熊本県立大学）

第 8 章　市川　紀子（駿河台大学）

第 9 章　金子　友裕（東洋大学）

第 10 章　島崎　杉雄（国士舘大学）

第 11 章　浅野　千鶴（明治大学）

第 12 章　吉田　智也（中央大学）

第 13 章　竹中　輝幸（全国経理教育協会）

第 14 章　石山　　宏（山梨県立大学）

第 15 章　石田万由里（玉川大学）

第 16 章　一瀬　嘉彌

第 17 章　渡邉　雅雄（明治大学）

第 18 章　徳山　英邦（帝京大学）

第 19 章　丸岡恵梨子（流通経済大学）

《編著者紹介》

上野清貴（うえの・きよたか）

1950 年　和歌山市に生まれる。
1973 年　中央大学商学部卒業
1977 年　中央大学大学院商学研究科博士前期課程修了
1980 年　神戸大学大学院経営学研究科博士後期課程単位取得
　　　　　九州産業大学経営学部専任講師
1986 年　九州産業大学経営学部助教授
1988 年　ユタ大学経営学部客員研究員（～1990 年）
1992 年　九州産業大学経営学部教授
1994 年　長崎大学経済学部教授
1995 年　博士（経済学）（九州大学）
2001 年　税理士試験委員（～2003 年）
2008 年　中央大学商学部教授

主要著書

『スターリング　企業利益測定論』（訳）同文舘出版, 1990 年
『会計利益測定の理論』同文舘出版, 1991 年
『会計利益測定の構造』同文舘出版, 1993 年（日本公認会計士協会学術賞受賞）
『会計利益概念論』同文舘出版, 1995 年
『会計の論理構造』税務経理協会, 1998 年
『キャッシュ・フロー会計論』創成社, 2001 年
『公正価値会計と評価・測定』中央経済社, 2005 年
『会計利益計算の構造と論理』（編著）創成社, 2006 年
『公正価値会計の構想』中央経済社, 2006 年
『現代会計基準論』中央経済社, 2007 年
『企業簿記の基礎（第 2 版）』中央経済社, 2012 年
『現代会計の論理と展望』創成社, 2012 年
『簿記のススメ』（監修）創成社, 2012 年（日本簿記学会学会賞受賞）
『会計測定の思想史と論理』中央経済社, 2014 年
『連結会計の基礎（第 3 版）』中央経済社, 2014 年
『会計学説の系譜と理論構築』（編著）同文舘出版, 2015 年
『人生を豊かにする簿記』（監修）創成社, 2015 年
『現場で使える簿記・会計』（編）中央経済社, 2017 年
『会計理論研究の方法と基本思考』中央経済社, 2017 年
『全国経理教育協会　公式簿記会計仕訳ハンドブック』（共編著）創成社, 2017 年
『スタートアップ会計学（第 2 版）』（編著）同文舘出版, 2018 年
『収入支出観の会計思考と論理』同文舘出版, 2018 年
『財務会計の基礎（第 5 版）』中央経済社, 2018 年

（検印省略）

2019 年 3 月 20 日　初版発行　　　　　　　　　　　　　略称—簿記学説

日本簿記学説の歴史探訪

編著者	上 野 清 貴	
発行者	塚 田 尚 寛	

発行所　東京都文京区　　**株式会社　創 成 社**
　　　　春日2-13-1

電　話　03（3868）3867　　　FAX 03（5802）6802
出版部　03（3868）3857　　　FAX 03（5802）6801
http://www.books-sosei.com　　振　替　00150-9-191261

定価はカバーに表示してあります。

©2019 Kiyotaka Ueno　　　　　組版：緑舎　印刷：エーヴィスシステムズ
ISBN978-4-7944-1533-2 C3034　　製本：カナメブックス
Printed in Japan　　　　　　　　落丁・乱丁本はお取り替えいたします。

―――――― 簿記・会計選書 ――――――

日本簿記学説の歴史探訪	上 野 清 貴 編著	3,000円
全 国 経 理 教 育 協 会 公式 簿記会計仕訳ハンドブック	上 野 清 貴 吉 田 智 也 編著	1,200円
現 代 会 計 の 論 理 と 展 望 ― 会 計 論 理 の 探 究 方 法 ―	上 野 清 貴 著	3,200円
人 生 を 豊 か に す る 簿 記 ― 続・簿 記 の ス ス メ ―	上 野 清 貴 監修	1,600円
簿 記 の ス ス メ ― 人 生 を 豊 か に す る 知 識 ―	上 野 清 貴 監修	1,600円
IFRS 教 育 の 実 践 研 究	柴 健 次 編著	2,900円
IFRS 教 育 の 基 礎 研 究	柴 健 次 編著	3,500円
非 営 利 組 織 会 計 テ キ ス ト	宮 本 幸 平 著	2,000円
監 査 人 監 査 論 ―会計士・監査役監査と監査責任論を中心として―	守 屋 俊 晴 著	3,600円
社 会 的 責 任 の 経 営・会 計 論 ―CSRの矛盾構造とソシオマネジメントの可能性―	足 立 浩 著	3,000円
社 会 化 の 会 計 ― す べ て の 働 く 人 の た め に ―	熊 谷 重 勝 内 野 一 樹 著	1,900円
活動を基準とした管理会計技法の展開と経営戦略論	広 原 雄 二 著	2,500円
ラ イ フ サ イ ク ル・コ ス テ ィ ン グ ― イ ギ リ ス に お け る 展 開 ―	中 島 洋 行 著	2,400円
ア メ リ カ 品 質 原 価 計 算 研 究 の 視 座	浦 田 隆 広 著	2,200円
ソ フ ト ウ ェ ア 原 価 計 算 ―定量的規模測定法による原価管理―	井 手 吉 成 佳 著	2,700円
会 計 の 基 礎 ハ ン ド ブ ッ ク	柳 田 仁 編著	2,600円
監 査 報 告 書 の 読 み 方	蟹 江 章 著	1,800円

(本体価格)

―――――― 創 成 社 ――――――